Fritz Krohn

Kriegserinnerungen

1870/71

Fritz Krohn

Kriegserinnerungen
1870/71

ISBN/EAN: 9783337413767

Hergestellt in Europa, USA, Kanada, Australien, Japan

Cover: Foto ©ninafisch / pixelio.de

Weitere Bücher finden Sie auf **www.hansebooks.com**

Kriegserinnerungen
1870/71

von

Fritz Krohn,
Königl. Preuß. Baurath,
Chef der ehemaligen Feldeisenbahn-Abtheilung V.

Als Handschrift gedruckt.

Mit 15 Abbildungen und einer Karte.

Berlin 1895.
Gedruckt in der Königlichen Hofbuchdruckerei von E. S. Mittler & Sohn
Kochstraße 68—71.

Lieben Gönnern,

Kriegskameraden und Freunden

gewidmet

vom

Verfasser.

Vorwort.

Die großen Ereignisse der Kriegsjahre 1870/71 liegen nun 25 Jahre hinter uns. Inzwischen 62 Jahre alt geworden, bin ich doch kühn genug und ergreife die wenig geübte Feder, um das Scherflein, welches die Feldeisenbahn-Abtheilung V zu den Erfolgen beigetragen hat, dem Strome der vollständigen Vergessenheit zu entreißen. Viele der alten Kameraden sind schon zu den Vätern versammelt. Den noch lebenden stifte ich diese als Handschrift gedruckten Erinnerungen mit der Bitte um gütige Nachsicht, wenn sie hier und da Lücken oder Darstellungen darin finden sollten, die sich mit ihrer Auffassung nicht vollständig decken.

Detmold, Juli 1895.

Der Verfasser.

Inhalts-Verzeichniß.

		Seite
29. Septbr.	Im Ministerium	2
30. "	Abreise	5
2. Oktober.	In Straßburg	7
3. "	Nach Karlsruhe	11
8. "	Nach Lunéville	15
10. "	Nach Raon l'Etape	17
11. bis 14. Oktober.	Rekognoszirung der Bahn Blainville-Epinal	19
15. Oktober.	Nach Remiremont	27
16. "	Nach Xertigny	27
17. "	Brand in Charmes	29
18. "	Nach Nancy—Blesme Epernay	31
Brücke bei Bayon		34
25. Oktober.	Godel und Spitzmüller gefangen	34
26. "	Nach Remiremont	35
27. "	Betriebseröffnung Blainville—Charmes	42
28. "	Befehl zur Wiederherstellung der Bauwerke auf der Strecke Charmes—Besoul	43
30. "	Nach Nancy	44
4. Novbr.	Viadukt bei Epinal	47
7. "	Nach Metz	49
9. "	Differenz mit Johannitern	51
10. "	Mosel-Brückenbau bei Charmes	55
13. "	Nach Aillevillers	63
16. bis 25. Novbr.	In Charmes	68
Zweite Fahrt nach Aillevillers		69
29. Novbr.	Eintreffen der preußischen Pionier-Kompagnie	71
8. Dezbr.	Nach Aillevillers	73
Zusammentreffen mit Kolonnen		78
13. Dezbr.	Mosel-Brücken-Eröffnungsfest	79
Betrieb Blainville—Toumour		81

		Seite
Arbeitsplan		81
16. Dezbr.	Nach Bayon. Brückenbeschädigung	83
18. "	Nach Remiremont	84
21. "	Nach Aillevillers. Franktireurs	84
23. "	Prinz Wilhelm von Baden verwundet	86
24. "	Weihnachtsfeier	87
Sorgenvolle Tage		88
24. bis 28. Dezbr.	Skandal mit Franzosen	89
29. Dezbr.	Nach Besoul zum General	92
Brief an meine Eltern		94
Kauffmanns Rückzug		97
Transport der Betriebsmittel von Toumour nach Xertigny		101
10. Januar.	Rückzug	106
17. "	In der Nacht nach Xertigny	108
19. "	Vor- und Rückwärtsbewegung	111
22. "	Nach Aillevillers und St. Loup	112
23. "	Befehl zur Wiederherstellung der Mosel-Brücke bei Fontenoy	113
24. "	Ankunft in Fontenoy	118
Bauausführung		120
Arbeiterverhältnisse. Graf Renard		124
29. "	Eisernes Kreuz und Kapitulation von Paris	130
Bauzeit		130
Der Ueberfall bei Fontenoy		132
4. Februar.	In die Vogesen zurück	135
6. "	Nach Besoul auf der Bahn	136
7. "	Nach Belfort. Ognon-Brücke	137

— VIII —

	Seite		Seite
9. Februar. Nach Xertigny	141	2. März. Nach Nuits zur Weinprobe	169
12. " Nach Gran	142	3. bis 5. März. Nach Besoul	171
13. " Nach Dijon zum General v. Manteuffel	143	7. März. Prinz Wilhelm von Baden kehrt zurück	172
14. " Als Parlamentär in Auxonne	145	8. " Nach Dôle	173
Garibaldianer in Gray	148	9. " Mit dem General nach Besoul	175
18. Februar. Einzug in Belfort	150	10. " Mit dem General nach Belfort	177
20. " Nach Besoul und Dôle	156		
24. " Erste Fahrt über den Viadukt bei Xertigny und Baubeschreibung	159	12. " Mit dem General nach Nancy. Kaiserempfang	178
		15. " Nach Besoul	181
26. " Präliminar-Friedens-schluß	168	22. " Nach Straßburg	183
		25. " Nach Karlsruhe	187
28. " Nach Dijon zur Konferenz	168	30. " Nach Berlin	187

Anlagen.

	Seite		Seite
I. Bericht an die Exekutivkommission	191	IV. Bericht an das Generalkommando des XIV. Armeekorps	199
II. Bericht an das Generalkommando des XIV. Armeekorps	193	V. Betrifft die Rechnungslegung	201
III. Bericht an die Exekutivkommission	196		

Bilderverzeichniß.

	Seite		Seite
1. Titelbild.		9. Viadukt bei Aillevillers	66
2. Steinthor in Straßburg	8	10. Brücke bei Fontenoy	121
3. Unsere Führer	9	11. Desgleichen	122
4. Brücke bei Bayon	33	12. Ognon-Brücke bei Lure	137
5. Viadukt bei Epinal	48	13. Viadukt bei Xertigny	160
6. Mosel-Brücke bei Charmes	56	14. Desgleichen	161
7. Desgleichen	57	15. Desgleichen Querschnitt	163
8. Ansicht eines Brückenpfeilers	58		

Die Uebersichtskarte befindet sich am Ende des Buches.

Berichtigungen.

Lies Seite 25 Zeile 14 von unten, Freunde statt Feinde.
" " 64 " 3 " oben, eben statt aber.
" " 85 " 7 " " Sorgenvolle Tage statt Sorgenvolles Lager.
" " 94 " 5 " " gerichteten statt geschriebenen.
" " 103 " 12 " unten, Stirnjochen statt Stirnjoche.
" " 145 *) unten, General der Kavallerie à la suite statt kommandirender General.
" " 162 Zeile 6 von unten, und 3 statt und 6.

Auf die Ehre, den uns in so frivoler Weise aufgedrungenen Krieg gegen das übermüthige Frankreich als Soldat mitzumachen, mußte ich verzichten, weil ich nicht gedient hatte. Der Gedanke war mir aber peinlich, im Alter von 37 Jahren daheim bleiben zu sollen, während viel ältere, verheirathete Männer gegen den Feind zogen, um sich fürs Vaterland verdient zu machen.

Ich stellte mich deshalb, nachdem der Verwaltungsrath der Nordhausen—Erfurter Eisenbahngesellschaft, deren Betriebsdirektor und Oberingenieur ich war, die Genehmigung dazu ertheilt hatte, gleich bei Beginn des Krieges dem königlich preußischen Ministerium für Handel, Gewerbe und öffentliche Arbeiten zwecks beliebiger Verwendung im Feindeslande zur Verfügung, erhielt aber keine Antwort auf die schriftliche Eingabe. Nachdem ich dann gelegentlich der auf Ersuchen des Nordhäuser Hülfskomitees übernommenen Führung eines Transports von Liebesgaben nach Ars sur Moselle vor Metz die Ueberzeugung gewonnen hatte, daß manche der im Feindeslande thätigen Kollegen sich nach der Heimath zurücksehnten, andere überanstrengt und nicht mehr ganz an ihrem Platze waren, richtete ich wiederholt ein Gesuch an das oben bezeichnete Ministerium, mich, wenn sonst keine Vakanz vorhanden sein sollte, an Stelle eines oder des anderen verheiratheten Kollegen im Feindeslande verwenden zu wollen.

Groß war meine Freude über die dann am 28. September auf telegraphischem Wege mir zugehende Anfrage des Ministers, ob ich bereit sei, als Chef einer neu zu bildenden Feldeisenbahn-

28. September.

Abtheilung Nr. V, welche nach der Einnahme von Straßburg der unter dem Befehle von General v. Werder zu formirenden Vogesen=Armee beigegeben werden solle, sofort nach Frankreich abzureisen.

Das im ersten Augenblick gehegte Bedenken, ob ich einer derartigen, voraussichtlich sehr schwierigen und verantwortungsvollen Stellung ohne spezielle Vorbereitung und hinreichende Sprachkenntniß wohl gewachsen sein würde, beseitigte mein lieber Freund, der Betriebsdirektor Pomme der Halle—Casseler Eisenbahn, durch warmes Zureden.

Kurz nachdem der Draht meine zusagende Antwort übermittelt hatte, telegraphirte der Ministerialdirektor Weishaupt von Berlin aus: „Ich bitte, sofort reisefertig hierher zu kommen, um Instruktionen zu erhalten." Da war Freund Pomme wieder der Helfer in der Noth! Während ich rasch meine Sachen packte, von einigen Freunden Abschied nahm und in aller Eile geschäftliche Angelegenheiten ordnete, ließ Pomme einen Extrazug zusammenstellen, mit dem ich in der Nacht nach Halle fuhr und Anschluß an den 8 Uhr früh in Berlin eintreffenden Postzug fand.

29. September.
Im Ministerium.

Im Ministerium, wohin ich mich sofort begab, saß der Ministerialdirektor Weishaupt schon fleißig an der Arbeit. Derselbe bekleidete damals die Stelle des ersten technischen Mitgliedes der das gesammte Kriegs=Eisenbahnwesen unter dem Chef des Generalstabes der Armee, General v. Moltke, leitenden Exekutivkommission und war nur vorübergehend in Berlin anwesend.

Da mir dieser hochgestellte Gönner schon in meinen früheren Stellungen Beweise seines Wohlwollens gegeben hatte, fand ich um so mehr Veranlassung, ihm für das mir aufs Neue geschenkte Vertrauen herzlich zu danken. Als ich ihm dann meine Bedenken mittheilte, sagte er: „Krohn, Sie werden die Sache schon machen. Gehen Sie zum Herrn Minister hinein, da werden Sie das Nähere erfahren. Ich habe leider nicht viel Zeit, weil ich nach Versailles zurück muß."

Der Graf v. Itzenplitz empfing mich sehr gnädig, erkundigte sich aber zu meinem Erstaunen danach, welche Verwendung ich in Frankreich finden würde, und fuhr dann nach erfolgter Aufklärung fort: „Ja, ja — jetzt fällt mir's ein. Das betrifft die Depesche von Moltke, wonach der Werder demnächst in die Vogesen rücken soll. Das scheint mir eine mysteriöse Aufgabe zu sein! Machen Sie Ihre Sache gut; mit Gott für König und Vaterland!"

Noch ein deutscher Händedruck, und ich war entlassen.

„Wissen Sie jetzt Bescheid?" sprach der Ministerialdirektor, als ich dessen Zimmer wieder betrat, lachte bei Mittheilung der stattgehabten Unterredung und fuhr dann fort: „Suchen Sie sich an der Hand dieses Verzeichnisses der in Berlin zur Verfügung stehenden Beamten die geeigneten aus, welche dann benachrichtigt werden sollen, und fahren Sie spätestens morgen Abend zum General v. Werder nach Mundolsheim bei Straßburg ab. Inzwischen werden wir das Ministerium in Karlsruhe ersuchen, den Feld=eisenbahnzug mit den noch fehlenden Beamten zu stellen. Die Badenser können auch etwas für das hauptsächlich aus deren Landsleuten zu bildende XIV. Armeekorps thun. Bei uns ist nichts mehr zu haben, nachdem schon vier Abtheilungen ausgerüstet sind!"

Darauf ersuchte der Ministerialdirektor den anwesenden Stabs=offizier aus dem großen Generalstabe, das weiter Erforderliche veranlassen zu wollen, und verschwand, um sofort die Rückreise nach Versailles anzutreten.

Nun stand ich mit dickem Kopfe da —, sollte die geeigneten Beamten aussuchen und hatte doch keine Ahnung von der Zusammen=setzung und den eigentlichen Aufgaben einer Feldeisenbahn=Abtheilung. Ich suchte meine Unkenntniß so viel wie möglich zu bemänteln und bat zunächst um Aushändigung der die Bildung sowie Führung einer Abtheilung betreffenden Vorschriften. Zu diesem Zwecke wanderten wir nach dem Kriegsministerium, wo ich einem in der einschlägigen Richtung beschäftigten anderen Stabsoffizier vorgestellt wurde, welcher sich meiner mit großer Zuvorkommenheit annahm, sofort ein Exemplar der „Organisation des Etappenwesens zur Zeit des Krieges mit den Bestimmungen für Feldeisenbahn=Abtheilungen" herbeiholte und mir in liebenswürdiger Weise Rath wegen Beschaffung der Uniformen und in sonstigen Privatangelegenheiten ertheilte.

Nach diesen Reglements, welche ich während eines guten Diners bei Hiller, Unter den Linden, eifrig studirte, war es Aufgabe der Feldeisenbahn=Abtheilung, zerstörte Eisenbahnstrecken nebst Zubehör an Brücken, elektrischen Telegraphen u. s. w., betriebsfähig wieder herzustellen, kurze Verbindungsstrecken zu bauen, den Betrieb auf denselben einzuleiten und bei der Zerstörung von Eisenbahnen eisen=bahntechnische Hülfe zu leisten. Die zur mobilen Armee zählende Feldeisenbahn=Abtheilung sollte, wie folgt, zusammengesetzt sein:

a) Das technische Eisenbahnpersonal.
1. Der Chef der Abtheilung. Ein höherer Eisenbahntechniker, Mitglied einer Eisenbahndirektion. Derselbe ist zugleich technischer Beirath des General-Etappeninspecteurs in allen Eisenbahnangelegenheiten.
2. Zwei Eisenbahnbaumeister.
3. Zwei Baumeister zu deren Assistenz.
4. Sechs Bahnmeister.
5. Zwei Bauaufseher.
6. Zwei Maschinenwerkmeister.
7. Zwei Telegraphenaufseher.
8. Ein Bauführer als Ober-Materialienverwalter.
9. Ein Materialienverwalter.
10. Ein Rechnungsbeamter.

b) Die Eisenbahn-Kompagnie.
c) Das Vorarbeiterkorps.
d) Das Hülfsarbeiterkorps.

Die verantwortliche Führung der Abtheilung lag reglementsmäßig dem technischen Chef ob, während dem Truppenkommandeur das militärische Kommando der Kompagnie mit den Befugnissen eines detachirten Bataillonskommandeurs verblieb. Die Kompetenzen des Chefs waren folgende:
1. Diäten 15 Mark pro Tag, neben 1 Portion und 3 Rationen.
2. Mobilmachungsgeld 450 Mark.
3. Zur Anschaffung eines zweispännigen Wagens nebst Geschirr für die zu liefernden Pferde 450 Mark.
4. Ausrüstung eines Reitpferdes 60 Mark.*)

Auch heute noch schäme ich mich nicht, es auszusprechen, daß mir's nach diesem Studium wieder etwas weich ums Herz wurde.

Indeß was half's? „Wem Gott ein Amt giebt, dem verleiht er auch Verstand" dachte ich. Und nun ging's, mit folgendem Schreiben in der Tasche, munter drauf los!

---

*) Für die preußische Armee waren bereits vier Feldeisenbahn-Abtheilungen gebildet und im Feindeslande thätig.
Chef der Abtheilung 1 war der Regierungsbaurath Dirksen.
  =   =   =   2 =   =   =   Wer.
  =   =   =   3 =   =   Geheime Regierungsbaurath Simon.
  =   =   =   4 =   =   Eisenbahnbauinspektor Menne.

"An
den Oberingenieur der Nordhausen—Erfurter Eisenbahn=
gesellschaft Krohn
z. Z. hier.

II. 18150. Sogleich.

Gemäß hierher gelangten Befehls aus dem königlichen Haupt=
quartier soll nach dem Falle von Straßburg sogleich ein Korps,
welches auf andere Bahnen kommt, abgehen.

Herr General v. Moltke hat die Bildung einer improvisirten
Eisenbahnabtheilung für dieses Korps angeordnet. Ew. Wohlgeboren
übertrage ich die Funktion des Chefs der gedachten Abtheilung nach
Maßgabe der bezüglichen Vorschriften in der Organisation des
Etappenwesens zur Zeit des Krieges vom 2. Mai 1867, nach
welchen Sie auch die Ihnen zustehenden Kompetenzen von der Militär=
verwaltung empfangen werden.

Sie wollen sich sogleich über Wendenheim nach Mundolsheim
begeben und bei dem kommandirenden Korpsgeneral, Herrn v. Werder,
melden.

Der Baumeister v. Ruttkowski wird Ihnen zugetheilt, ebenso
die Bauführer Crüger und Wiebe, deren Entlassung vom Militär=
dienste nachgesucht ist, und der Bahnmeister Bier. Wegen Ueber=
weisung weiteren Personals bleibt Verfügung in Verfolg der Ihnen
mündlich gegebenen Information vorbehalten.

Der Minister für Handel, Gewerbe und
öffentliche Arbeiten.
Im Auftrage:
Weishaupt."

Ungeachtet ich mit den nothwendigsten Besorgungen und Besuchen *Abreise 30. September.*
noch nicht fertig war, wurde, wie befohlen, die Reise abends 10 Uhr
angetreten, nachdem erst wenige Minuten vor Abgang des Zuges die
Uniform eingetroffen war, bei deren Ueberreichung der Schneider
erklärte, daß er einen neuen Rock in der kurzen Zeit nicht habe an=
fertigen lassen können.

Wenn der eigentlich für einen Dragoneroffizier gebaute, mir
jedoch wie angegossen passende und mit dem richtigen Besatze ver=
sehene Rock der abweichenden, hellen Farbe wegen nicht genehm sein
sollte, so wolle er ihn zurücknehmen. Bei der in dem mangelhaft
beleuchteten Eisenbahncoupé vorgenommenen Metamorphose fiel mir

dies nicht so sehr auf, aber später habe ich noch oft gelacht, wenn meine blaue Uniform von vorübergehenden Sachverständigen mit fragenden Blicken betrachtet wurde.

In Erfurt fand sich der Bahnmeister Bier*) von der Nordhausen—Erfurter Eisenbahn ein, der mich gebeten hatte, ihn mitzunehmen, so daß das Personal der Abtheilung nun doch schon aus zwei Personen bestand.

Verschiedene alte liebe Nordhäuser Freunde ließen sich's nicht nehmen, sich die Nacht um die Ohren zu schlagen, um mich auf dem Bahnhofe zu beglückwünschen und Abschied zu feiern.

1. Oktober. Den folgenden Abend gelangte der Zug bis Weißenburg. Da in den Wirthshäusern kein Platz war, schickte ich Bier nach der Mairie, um Quartierbillets zu besorgen. Derselbe kam ganz aufgeregt zurück und schrie, ohne mir Zeit zur Ertheilung eines Rüffels wegen des langen Ausbleibens zu lassen, los: „Das ist ja eine ganz verfluchte Wirthschaft hier in Frankreich, das reine Irrenhaus, und dabei sind die Kerle so dumm, daß sie nicht einmal Deutsch verstehen!"

Und das war keineswegs Spaß, sondern bitterer Ernst von Bier, der den ganzen folgenden Tag noch den betrübenden Eindruck machte, wie wenn er tiefsinnig werden würde.

Ein Bayer hatte das Gespräch mit angehört. Es sei dahin gestellt, ob er Gefallen an Bier und dessen Kraftausdrücken gefunden oder die Absicht gehabt hat, denselben zu belehren; kurz, er ging ihm zunächst bei Besorgung des Gepäcks zur Hand, und als die Beiden unter einer sehr mangelhaft leuchtenden Straßenlaterne die Quartierbillets erfolglos studirten, trat eine freche Französin, deren alte giftige Gesichtszüge auf den ersten Blick den Deutschenhaß erkennen ließen, heran und sprach: „Soldat, mir hergeben! Französinnen auch im Dunkeln lesen können!" Das Weib hätte rascher verschwinden müssen, wenn es der derben wohlverdienten Ohrfeige von Bruder Bayer ausweichen wollte.

Bier gefiel diese Grobheit sehr, und ich muß gestehen, daß ich später selbst zu einer ähnlichen Behandlung mit Erfolg übergegangen bin, weil ich mich überzeugte, daß viele Franzosen eine bessere nicht vertragen können.

Die meisten der im Kriege auf unserer Seite vorgekommenen Ausschreitungen haben sie durch Unverschämtheit und Dummheit selber verschuldet.

---

*) Befindet sich noch in derselben Stellung.

Das Haus, worauf unser Quartierbillet lautete, wurde nach längerem Klopfen von einer ältlichen Dame geöffnet, welche in klagendem Tone bedauerte, uns nicht aufnehmen zu können, weil alle Zimmer schon belegt seien.

Als ich darauf wieder Kehrt machen und die Thür schließen wollte, klemmte der Bayer den Koffer dazwischen und sprach zu mir gewendet:

„Dös Frauenzimmer lüagt; loaßens Ihna nur nöt abweis'n, Herr Lieutnant. I wett, die Alte hat Platz genuag. Sie kenne die Lumpe hie nöt!"

Ein herzhafter Druck mit dem Koffer gegen die schon fast wieder geschlossene Thür, und Bruder Bayer war im Hausflur, während das Weib, zwischen Wand und Thür eingeklemmt, herzzerreißende Klagelaute ausstieß.

„Schau'ns, Herr Lieutnant, wia schö das hier is", sagte der Bayer, als er den Koffer in dem ersten besten leeren Schlafzimmer niedersetzte.

Er hat dann für sich selbst und Bier auch noch gute Betten in der Wohnung ausfindig gemacht und trat um 3 Uhr früh mit einem vorzüglichen Kaffee nebst Gebäck an. Wie er das fertig gebracht hat, weiß ich nicht.

Ich belohnte ihn mit einigen Cigarren und fuhr, ohne einen Menschen außer der Hausbesitzerin am Abend vorher gesehen zu haben, mit dem Vieruhrzuge weiter.

Der Morgen war herrlich. Die Sonne brannte schon bei der gegen 9 Uhr erfolgten Ankunft in Wendenheim derart auf den dicken Uniformrock, daß ich viel darum gegeben hätte, wenn es möglich gewesen wäre, denselben mit dem gewohnten leichten Civilanzuge, der beim Aufenthalte in Erfurt zum Fenster hinausgeworfen war, zu vertauschen.

2. Oktober. In Straßburg.

Ich meldete mich im Etappenbüreau, um ein Fuhrwerk nach Mundolsheim gestellt zu bekommen, war nicht wenig erfreut, zu hören, daß der General v. Werder schon vor zwei Tagen seinen feierlichen Einzug in Straßburg gehalten hatte, und nahm auf einem bereitstehenden Leiterwagen neben verschiedenen Offizieren, welche sich die Festung ansehen wollten, Platz. Hunderte von Wagen verfolgten auf der breiten Landstraße dieselbe Richtung, alle Insassen fein geputzt und in Sonntagsanzügen. Anfangs war es ein Bild, wie wenn es zur Kirmeß ginge. Witze aller Art wurden gemacht und mit den hübschen Bauernmädchen im Vorbeifahren viel gescherzt. Aber wie

— 8 —

rasch schlug die Stimmung um, als wir auf dem 10 km weiten Wege der Festung näher kamen und Wagen hinter Wagen im langsamen Schritt abgebrannte Dörfer, rechts und links von Laufgräben

Steinthor in Straßburg.

und Geschützständen begrenzt, passirten, bis endlich am Eingange in die Festung das ganze grausige Bild des Krieges in vollendeter Gestalt vor unseren Augen stand.

Die deutschen Geschütze hatten eine furchtbare Wirkung gehabt. Es war die Angriffsseite, von der wir in die Festung gelangten. Trümmer aller Art von eingeschossenen und niedergebrannten Häusern behinderten bald die Fahrt, und das Steinthor mit der daran liegenden Brücke war selbst für Fußgänger kaum zu passiren.

Beschreiben läßt sich eine solche Zerstörung nicht; man muß das gesehen haben, um es für möglich zu halten. 500 Gebäude, darunter das Museum, die Gemäldesammlung, die Bibliothek mit 200 000 Bänden, das Theater, das Gymnasium, die neue Kirche, die Kommandantur, die große Fintmattkaserne u. s. w., waren während der kaum vierwöchigen Beschießung vollständig zerstört und zum Theil fast dem Erdboden gleich gemacht. Es ist demgegenüber auffallend, daß der Verlust an Todten und Verwundeten in der Festung nicht mehr als 2500 Soldaten und 1500 Einwohner betragen haben soll, zumal wenn man bedenkt, daß der Belagerer 200 000 Granaten, Bomben und Schrapnels sowie 130 000 Flintenkugeln verbrauchte. Gegen Abend meldete ich mich bei dem General v. Werder*) und dem Generalstabschef, Oberstlieutenant v. Leszczynski,**) im Hotel de Paris.

v. Grolman.   v. Leszczynski.

Der erste Eindruck, den diese Herren auf mich machten, ist ein unvergeßlicher. Statt der Freude über die so rasch gelungene Einnahme

---

*) Gestorben 1887.
**) Zur Zeit General der Infanterie z. D.

der Festung war der ganze Ernst des Krieges auf deren Gesichtern ausgedrückt. Wenn auch das Soldatenherz bei den erzielten Erfolgen, durch welche eine uns seit langer Zeit auferlegte Schande endlich gesühnt wurde, höher schlagen mochte, so glaubte ich doch beiden großen Männern anzusehen, daß das Elend, welches über diese alte deutsche Stadt gekommen war, auch auf die gefeierten Sieger einen tiefen Gemüthseindruck machte.

Der für seine Verdienste im österreichischen Feldzuge mit dem Orden pour le mérite geschmückte, damals 62 Jahre alte General war im Vergleich mit seinem kühn und ritterlich aussehenden Generalstabschef klein, dabei sehr lebhaft und machte einen schneidigen, aber gleichzeitig außerordentlich menschenfreundlichen Eindruck.

Nach kurzer militärischer Meldung gab er seiner Freude Ausdruck, einen Techniker zur Hülfe zu bekommen, und befahl mir, zunächst die Gasbeleuchtung wieder in Ordnung zu bringen, damit dem nächtlichen Unfug besser gesteuert werden könne.

Erstaunt über diesen Auftrag, erlaubte ich mir, darauf aufmerksam zu machen, daß Excellenz bezüglich meiner Bestimmung im Irrthum zu sein scheine, und überreichte den im Vorstehenden angeführten ministeriellen Erlaß, dessen Inhalt den General sehr zu überraschen schien.

Nachdem ich dann in sehr freundlicher Weise aufgefordert war, nach einer Stunde wieder vorsprechen zu wollen, verließ ich etwas verblüfft den Salon, und erst als ein zweiter Generalstabsoffizier, der Major v. Grolman,*) welcher die Begegnung mit angesehen hatte, die Frage an mich richtete, was denn eigentlich los und der Inhalt des von mir überreichten Schreibens sei, ging mir ein Licht auf, und ich erfuhr, daß der General noch gar keine Kenntniß von der ihm bevorstehenden Aufgabe und der befohlenen Bildung der Feldeisenbahn-Abtheilung hatte.

Als ich mich wieder meldete, bestätigte derselbe dies mit lächelnder Miene, ertheilte mir den Befehl, zunächst die Bahnen um Straßburg herum zu rekognosziren und ihm Bericht darüber zu erstatten, in welcher Zeit dieselben wieder betriebsfähig hergestellt werden könnten.

---

*) Zur Zeit General der Infanterie und Gouverneur des Invalidenhauses zu Berlin.

Hierbei traf ich mit badischen Eisenbahningenieuren zusammen, welche im Auftrage ihrer Regierung zu demselben Zwecke von Karlsruhe herübergekommen waren.

3. Oktober. Nach Karlsruhe.

Doppelt brauchte die Arbeit nicht gemacht zu werden, und da es wichtiger war, die Bildung der Feldeisenbahn-Abtheilung beschleunigen zu helfen, fuhr ich mit Genehmigung des Generals selbigen Tags nach Karlsruhe, wo sich der Kriegsminister v. Beyer und der Chef der Generaldirektion der Verkehrsanstalten, Geheimrath Zimmer, die mich sehr zuvorkommend empfingen, der gestellten Aufgabe mit solchem Eifer angenommen hatten, daß kaum noch etwas zu fehlen schien und der Feldeisenbahnzug jeden Augenblick abgelassen werden konnte.

Das war aber auch sehr nöthig gewesen, denn schon am folgenden Morgen depeschirte der General: „Befehl zum Ausrücken erhalten. Bildung der Feldeisenbahn-Abtheilung zu beschleunigen. Major v. Grolman ist beauftragt, wegen Ueberweisung der Pionierdetachements Erforderliches zu veranlassen."

Mittags traf ich wieder in Straßburg ein, wo mir zum ersten Male die Ehre zu Theil wurde, beim General zu diniren und Seiner Königlichen Hoheit dem Prinzen Wilhelm von Baden vorgestellt zu werden, einem außerordentlich leutseligen hohen Herrn, dessen Aeußeres unwillkürlich an unseren stattlichen Kronprinzen Friedrich erinnerte. Noch am späten Abend widmete sich mir in zuvorkommender Weise der mit der Bildung des Pionierdetachements beauftragte Major v. Grolman. Dasselbe wurde schon am folgenden Morgen überwiesen und bestand aus:

dem Premierlieutenant Walter als Kommandeur,*)

4 Unteroffizieren,

27 Pionieren,

7 Trainsoldaten,

1 Lazarethgehülfen.

Diese Zusammensetzung entsprach zwar lange nicht der reglementsmäßigen Stärke einer Abtheilung. Nach Mittheilung des Majors konnten aber von der Belagerungs-Armee vorläufig nicht mehr Mannschaften abgegeben werden.

---

*) Zur Zeit Oberst der Eisenbahn-Brigade z. D.

Aus Berlin und Karlsruhe waren inzwischen eingetroffen:
Die Baumeister v. Ruttkowski*) und Wiebe,**)
der Ingenieur Gockel,***)
= Maschinenwerkmeister Spitzmüller,†)
= Obertelegraphist Seith,
die Bahnmeister Biehler, Reiher und Schmidt,
12 Vorarbeiter.

} badische Beamte

Es wurde mir nun vom Generalstabe Folgendes zur Beachtung mitgetheilt: „Das aus den Truppen des Belagerungskorps gebildete XIV. Armeekorps hat den Auftrag erhalten, den Vormarsch gegen die obere Seine in der Richtung auf Troyes und Châtillon anzutreten, dabei die sich in den Departements Vosges, Haute Marne und Aube ansammelnden Truppenmassen des Gegners auseinanderzusprengen, die Bevölkerung zu entwaffnen und möglichst für Herstellung und Nutzbarmachung der Eisenbahn Blainville—Epinal—Faverney—Chaumont zu sorgen." Die Feldeisenbahn-Abtheilung sollte spätestens am 8. Oktober fertig zum Ausrücken sein.

7 bis 8. Oktober. Dazwischen lagen zwei böse Tage. Der von Karlsruhe eingetroffene Zug mußte, wie sich jetzt herausstellte, betreffs der zur Wiederherstellung von Eisenbahnen mitzuführenden Materialien und Geräthe noch erheblich vervollständigt werden. Das Fehlende wurde genommen, wo man es fand.

Inzwischen waren auch Mitglieder der Eisenbahn-Betriebskommission in Nancy auf der Bildfläche erschienen, welche den ersten Anspruch auf die in Straßburg erbeuteten Gegenstände zu haben behaupteten und sehr ungehalten darüber waren, daß meine Leute — man denke sich! — sogar die Werkzeugkästen der französischen Lokomotiven erbrochen und deren Inhalt ausgeführt hatten. Ernstliche Differenzen wurden durch das Dazwischentreten unseres von Versailles herübergekommenen höchsten Eisenbahnchefs Weishaupt verhindert, welcher dahin entschied, daß die Bedürfnisse der Abtheilung in erster Linie zu berücksichtigen seien, und recht herzlich lachte, als mir der entrüstete dicke Obermaschinenmeister Heberlein — ganz ernstlich gemeint — das Prädikat Räuberhauptmann beilegte.

---

*) Zur Zeit Oberbaurath in Hannover.
**) Gestorben 1876. Oberingenieur der Marienburg—Mlawkaer Eisenbahn.
***) Großherzoglich badischer Oberingenieur in Karlsruhe.
†) Großherzoglich badischer Werkstattsvorstand.

Große Umstände machte die Anschaffung der Pferde. In dem Beutepferdedepot standen zwar Gäule genug; da aber die Truppen schon vorher Auslese gehalten und schlechtes Zeug für die mitgenommenen guten Pferde zurückgelassen hatten, gelang es nur, vier geeignete Wagenpferde ausfindig zu machen, während deren zehn Stück gebraucht wurden. Langschwänzige Berberhengste, welche in der französischen Armee sehr verbreitet waren, schien der betreffende Depotrittmeister am liebsten los sein zu wollen.

Ich versuchte auf einem solchen Galoppgänger zu reiten, konnte mich aber nicht mit ihm verständigen, und als dann nach langem Suchen endlich ein hochbeiniger Schimmel für mich ausgewählt war, trennte sich dieser bald von meinem Burschen, warf denselben etwas unsanft gegen einen Baum und wurde nur mit Mühe wieder eingefangen.

Und so ein Schimmaas, wie es der Bursche nannte, sollte Einer reiten, der seit Jahren auf keinem Pferde gesessen hatte! Das war eine wenig erfreuliche Aussicht für mich.

Es mußte ferner ein Wagen sowie Geschirr und Sattelzeug für meine Rechnung beschafft werden. Diese verschiedenen Besorgungen waren bei dem allgemeinen Trubel kein leichtes Ding, zumal der Verkehr auf den Nebenstraßen wie den Wegen außerhalb der Wälle noch immer durch Trümmer aller Art, Laufgräben u. s. w. sehr erschwert wurde und auf dem zerschossenen, mit französischen Betriebsmitteln vollgepfropften Bahnhofe kaum durchzukommen war.

Zudem fehlte noch jeder Zusammenhang innerhalb des Personals der Abtheilung, welches sich zum Theil nicht einmal von Angesicht zu Angesicht kannte und weder eine Ahnung von den Rechten und Pflichten des Einzelnen noch der Organisation des Ganzen hatte. Bei dem Durcheinander auf dem Einquartierungsbüreau der Mairie fand der Eine den Anderen nicht, und die Herren im Generalstabe waren so überlaufen, daß man derselben zur Ertheilung von Auskunft oder Rath kaum habhaft werden konnte.

An einem dieser Tage hatte ich die große Freude, das 67. Regiment, dem ich von Nordhausen aus einen Liebesgabentransport nach Metz zugeführt hatte, einrücken sehen und begrüßen zu können.

„Donnerwetter, Krohn" — sagte bei dieser Gelegenheit der Adjutant v. Byren —, „wir haben da einen Kollegen von Ihnen schon seit einiger Zeit im Schreiberbüreau beschäftigen müssen, weil er wegen eines Fußleidens nicht marschiren kann. Können Sie den netten Kerl, der sich natürlich höchst unglücklich fühlt, nicht besser verwenden?" Welch ein Glück war das für den lieben Stalweit!*) Eine Depesche an die Exekutivkommission, und nach Verlauf weniger Stunden war die Sache in Ordnung. Der Kleine, wie er seit der Zeit seiner Beschäftigung als Bauführer bei mir in Vorpommern genannt wurde, vertauschte die leinene Schreiberjacke mit der Feld=eisenbahn=Uniform, bezog von da ab monatlich 270 Mark Bau=meisterdiäten und setzte sich, wenn er nicht laufen konnte, in seinen Einspänner oder aufs Pferd.

Der letzte Tag in Straßburg war ein hochinteressanter! Nach=dem ich dem General Meldung davon gemacht hatte, daß die Abthei=lung zum Ausrücken bereit stehe, wurde ich zum Diner geladen und nach Beendigung desselben zu einer Besichtigung der sehenswerthesten Punkte der Festung aufgefordert, wobei ich zum ersten Mal seit Jahren hochberitten erschien und meinem Schöpfer gedankt habe, daß sich der Schimmel in der großen Kavalkade verständig aufführte und selbst bedenkliche Hindernisse nahm, ohne sich von mir zu trennen. Das gute Diner und der dabei reichlich geflossene Sekt mußten mir wohl festen Sitz verschafft haben.

Der General bedauerte sehr die wenn auch nur unbedeutende Zerstörung des herrlichen Domes.

Da strenger Befehl bestanden habe, denselben unter allen Um=ständen zu schonen, sei nur anzunehmen, daß die Beschädigungen absichtslos in dunkler Nacht erfolgt seien. Verschiedene Jahre später wußte ich es besser. Einer meiner Bahnhofsrestaurateure zeigte mir den vom September 1870 datirten Brief seines Sohnes, der die Belagerung als Artillerist mitgemacht hatte, worin geschrieben stand: „Wir haben diese Nacht, gegen strengen Befehl, den Guckkasten auf dem Dome gründlich angepfeffert, von dem aus die hundsfottschen Franzosen unsere Stellungen unausgesetzt beobachten; das Leben ist uns lieber als der Dom!"

Abends wohnte ich einer sehr interessanten und lehrreichen Generalstabskonferenz auf Befehl des Generals bei, in welcher die Disposition für den Vormarsch in die Vogesen festgestellt und mir erst klar wurde, was Alles in einem solchen Falle zu bedenken und

---

*) Gestorben 1891 als Geheimer Postrath und vortragender Rath im Reichs=Postamt.

wie schwierig es ist, das Rechte zu treffen, wenn weder die Stärke noch die Stellung des Feindes bekannt ist, den man in einem Gebirge aufsuchen soll, welches nur auf wenigen vorhandenen Landstraßen überschritten werden kann und es nothwendig macht, sich von den andere Wege einschlagenden Trains zu trennen.

Bekannt war nur im Allgemeinen, daß zahlreiche Franktireurbanden und Mobilgarden in der Gegend von Baccarat und Ramberviilers die Eisenbahn von Zabern nach Lunéville bedrohten, und daß im Rücken derselben unter dem General Cambriels eine Vogesen=Armee in der Bildung begriffen sei. Zur Sicherung der Eisenbahn Zabern—Nancy vor einem Handstreiche war bereits eine gemischte Truppenabtheilung der badischen Division unter dem Befehl von General v. Degenfeld durch die Vogesen in der Richtung nach Raon l'Etape vorangeschickt.

Um die Eisenbahnverbindung mit dieser herzustellen, erhielt die Feldeisenbahn=Abtheilung den Auftrag, sogleich über Wendenheim nach Lunéville zu fahren und von da aus die Strecke nach Raon l'Etape zu rekognosziren, beziehungsweise in Betrieb zu setzen.

Der Abschied von meinem Quartier wurde mir nicht schwer. Das Bett war zwar, wie fast überall in Frankreich, gut, aber es stank in dem sonst feinen Hause derart nach Knoblauch, daß ich zuerst glaubte, in wenig feine, jüdische Gesellschaft gerathen zu sein. Später machte ich leider die Erfahrung, daß es in manchen gut christlichen Häusern, was Knoblauchgeruch und Mangel an Reinlichkeit anbetrifft, nicht besser bestellt ist.

8. Oktober. Nach Lunéville 117 km.

In Wendenheim angekommen, fand die Abtheilung gleich Gelegenheit, sich nützlich zu machen, indem sie einen entgleisten Militärzug wieder auf die Schienen brachte. Infolge des hierdurch entstandenen Aufenthalts gelangten wir an diesem Abend nur bis Zabern. Da hier keine Einrichtungen zur Verpflegung von Truppen auf dem Bahnhofe bestanden, rückten wir dem im nahegelegenen Orte stationirten Etappenkommandanten auf die Bude, der anfangs sehr ungehalten darüber war, im frühzeitig angetretenen Schlafe gestört zu werden, sich dann aber, wenn auch leider ohne Erfolg, bemühte, Quartiere und Verpflegung zu besorgen. Wir mußten uns mit einem Stückchen Käse und dem Strohlager im Eisenbahnwagen begnügen. Mit leerem Magen wurde die Fahrt am frühen Morgen fortgesetzt. Nicht weit von Zabern riß der hintere Zugtheil ab und lief im Gefälle rückwärts. Obwohl der Lokomotivführer das nicht ungefährliche Manöver, demselben nachzufahren und die Wagen einzufangen, sehr geschickt ausführte, gab es doch einen solchen Stoß, daß die Hängelampe von der Decke flog und einige Beulen noch längere Zeit an diese Fahrt erinnerten. Mittags trafen wir in Lunéville ein.

Die Absicht, an demselben Tage die Rekognoszirung in der Richtung nach Raon l'Etape anzutreten, wurde dadurch vereitelt, daß der mir schon bekannte Kommandant, Major Rochs, unter dessen Offizieren ich viele Nordhäuser Freunde traf, die Gegend als sehr unsicher bezeichnete und keine Bedeckungsmannschaften abgeben zu können behauptete, weil sein Landwehr=Bataillon kaum der ihm gestellten Aufgabe gewachsen sei, die vom Feinde ernstlich bedrohten Etappenorte zu schützen.

Erst vor einigen Tagen wäre ein zu Strafzwecken in besagte Gegend ausgerücktes Detachement von überlegenen feindlichen Streitkräften zum Rückzuge genöthigt worden und der Gefahr, gefangen genommen zu werden, nur mit knapper Noth durch schneidiges Benehmen des Vizefeldwebels Schmidt*) aus Nordhausen entgangen, welcher für diese Leistung das Eiserne Kreuz erhalten hat.

Derselbe war, wie ich später erfuhr, beauftragt, mit einer halben Kompagnie 31er Landwehr und 50 Husaren den Maire der 24 km von Lunéville entfernten, 5000 Einwohner zählenden Stadt Baccarat gefangen zu nehmen, weil derselbe eine von dem Präfekten in Nancy erlassene Proklamation mit dem Bemerken zurückgeschickt hatte, daß die Deutschen ihm nichts zu sagen hätten. Der übermüthige Beamte wurde seines Postens enthoben und nebst sechs Gemeinderäthen am folgenden Morgen als Geiseln fortgeführt. Auf dem Rückmarsche erhielt das Detachement in einem Walde nicht weit von Baccarat heftiges Feuer von überlegenen feindlichen Streitkräften. Die Husaren, welche in diesem Terrain nicht gegen den Feind zu verwenden waren, gingen mit den zur Umkehr sehr geneigten, requirirten Fuhrleuten und deren Wagen rasch auf der Chaussée vor. Die den Letzteren entstiegenen Geiseln wurden, einer hinter dem anderen, derart auf der Chaussée postirt und geführt, daß es Schmidt gelang, seine Leute unter dieser Deckung plänkelnd ohne nennenswerthe Verluste aus dem Walde zurückzuziehen und den Feind kaum in's Freien zu werfen.

---

*) Zur Zeit Stadtrath in Nordhausen.

Nach obiger Auskunft war vorläufig nichts zu machen. Wir vertrösteten uns auf den folgenden Tag und verlebten in Lunéville einen fidelen Abend mit den Offizieren des Landwehr-Bataillons, welche ein sehr beschauliches Leben unter ihrem gemüthlichen Kommandeur führten, wobei es auch nicht an pikantem weiblichen Verkehr mangelte, indem die frühere französische Kavalleriebesatzung die sogenannten Offiziersfrauen zurückgelassen hatte, welche, wie ich glaube, eine nichts weniger als rühmliche Ausnahme von dem patriotischen Benehmen der Mehrzahl ihrer Landsmänninnen machten.

Bedeckung war auch am folgenden Tage nicht zu bekommen. Doch klärte sich die Situation, als ein Gefangenentransport aus der von uns einzuschlagenden Richtung, und mit diesem die Nachricht von einem glücklich verlaufenen Gefechte bei La Bourgonce, unweit des 30 km von Lunéville entfernten Städtchens Raon l'Etape eintraf. Obwohl man uns auch jetzt noch bange machte, beschlossen Walter und ich, die Rekognoszirung allein in einer französischen Kalesche auszuführen. Während der Zeit, in welcher diese requirirt wurde, machte mich der originelle Kommandant mit seinem dementsprechend komischen Pseudo-Harem bekannt. Es war ein Wetter, bei dem man keinen Hund hinaus zu jagen pflegt. Aber was half's? „Ich mußte mit." „Bei gutem Wetter", sagte er, „sind keine Schnepfen da, wie Sie als Jäger wissen müssen." Der Wind blies den vom Regen gepeitschten Wasserdichten des korpulenten Kommandanten derart auf, daß man hätte glauben können, ein kleiner Elephant liefe vor Einem her. So ging es nun mit beschleunigten Schritten über die Bahnhofsgeleise hinweg direkt auf einen großen Güterschuppen zu, unter dessen überhängendem Dache man schon von Weitem einen langgestreckten, niedrigen Strohhaufen erblickte. Als wir nahe herangekommen waren, hieß es: „Nun geben Sie Acht", und als dann der Major mit Stentorstimme „rasch heraus, ihr Frauenzimmer, gleich kommt ein Zug", gerufen hatte, fing der Strohhaufen an lebendig zu werden wie ein Ameisenberg, und es sah höchst possirlich aus, als demselben plötzlich mit großer Hast ein Heer von weiblichen Wesen entstieg. Alle trugen Körbe, Taschen, Beutel und dergleichen mehr mit Freßalien und Getränken aller Art, welche sie ihren mit den Eisenbahnzügen erwarteten gefangenen oder verwundeten Landsleuten spenden wollten. Nun begann ein förmliches Sturmlaufen auf den behäbigen Major und ein Geschnatter, daß derselbe, selbst wenn er besser französisch verstanden und gesprochen hätte,

10. Oktober. Nach Raon l'Etape.

nicht in der Lage gewesen wäre, die Fragen alle zu beantworten, welche an ihn gerichtet wurden. „Wann kommt der Zug? Sind es Verwundete, Gefangene, von welchem Truppentheile?" und so fort. Als der Major dann mit dem Rufe: „Silentium" beide Hände erhob, hörte das Geschnatter auf, und Alle lauschten seinen Worten, die, von einigen französischen Brocken begleitet, etwa wie folgt lauteten: „Ihr dummes leichtgläubiges Weibervolk, geht nach Hause. Heute kommt weder ein Verwundeten= noch ein Gefangenenzug. Uebrigens könnt ihr meinetwegen noch den ganzen Tag bei dem Hundewetter im Stroh bleiben, wenn ihr mir nicht glauben wollt!" Den Sinn der Ansprache hatte die Gesellschaft mehr den Gestikulationen als den Worten entnommen. Einige trollten unzufrieden ab; die Mehrzahl kroch aber enttäuscht mit ungläubigen, traurigen Gesichtern wieder unters Stroh.

Das scharfe Auge des Majors kam einem lüsternen Landwehr= manne schlecht zu statten, dessen Feldmütze verrätherisch hervorlugte. Dieser hatte sich's neben der dicken Köchin so schön gedacht und zog eine sehr verdutzte Miene, als er von dem mißgünstigen hohen Vor= gesetzten am Ohrzipfel hervorgeholt wurde.

„Rührend ist es aber doch Krohn", sprach der Major auf dem Rückwege, „daß diese opferfreudigen Wesen, und das sind nicht etwa nur Köchinnen und Dienstspritzen, sondern größtentheils Personen aus besseren Familien, oft halbe Tage lang bei Sturm und Regen da im Stroh herumhocken, ohne daß sie ihre Liebesgaben los werden können. Glauben Sie wohl, daß unsere Landsmänninnen in gleicher Lage ebenso patriotisch handeln würden?"

Als wir am Stationsgebäude wieder eintrafen, stand unsere Kalesche bereit. Wir konnten während der ersten Stunde die mit der Chaussee ziemlich parallel laufende Eisenbahn, ohne häufig aus= steigen zu müssen, im Auge behalten und trafen dann eine befreundete Kavalleriepatrouille, unter deren Schutze die weitere Strecke über Baccarat hinaus bis Raon l'Etape begangen wurde. Diese war an verschiedenen Stellen durch Beseitigung der Schienen und kurz vor Baccarat durch die Sprengung einer größeren Brücke über die Meurthe unfahrbar gemacht. Wir erfuhren jetzt erst, daß der französische General Dupré bereits Anfang Oktober mit etwa 15 000 Mann und 12 Geschützen bei Raon l'Etape gestanden hatte und für die schwachen Etappentruppen an der Pariser Eisenbahn jedenfalls ver= hängnißvoll geworden wäre, wenn der General v. Degenfeld den Feind nicht noch rechtzeitig nach heißen Kämpfen bei Raon l'Etape und

Ramberviller's zurückgeworfen hätte, in welchen die Franzosen einen Verlust von 300 Todten, 500 Verwundeten (darunter der General Dupré) und 600 Gefangenen beklagten.

Das letztgenannte Gefecht hatte erst am vergangenen Tage stattgefunden, und wir wären also hübsch mit hineingekommen, wenn die nach dem Gesagten sehr begründeten Bedenken des Majors Rochs nicht einen Strich durch die selbigen Tags beabsichtigte Rekognoszirung gemacht hätten.

Fast gleichzeitig mit uns traf auch der General v. Werder in Raon l'Etape ein. Während der kurzen Audienz sprach derselbe seine Zufriedenheit über die gemachte Meldung aus und beauftragte uns, mit dem Generalgouverneur von Elsaß-Lothringen, dem General v. Bonin, in Beziehung zu treten, weil die Eisenbahnabtheilung voraussichtlich in der nächsten Zeit die Verbindung mit dem XIV. Korps verlieren würde, während es Aufgabe der Etappentruppen sei, dieselbe von Nancy aus aufzusuchen und dann Fühlung mit dem Korps zu behalten. Die weiteren Befehle würden der Abtheilung direkt von der zum großen Hauptquartier gehörenden Exekutivkommission in Versailles zugehen, welcher die oberste Leitung des gesammten Feldeisenbahnwesens der deutschen Armeen oblag. Vorläufig sei es nur nöthig, die Telegraphenleitung bis Raon l'Etape und die Eisenbahn bis zu der gesprengten Meurthe-Brücke wieder fahrbar herzustellen, um Kranke und Verwundete nach Lunéville evakuiren und einige Proviantzüge näher heranziehen zu können.

Durchnäßt und fröstelnd trafen wir von dieser übrigens sehr interessanten Spritztour abends 10 Uhr wieder in Lunéville ein und fanden in der Kneipe noch Gelegenheit, den Bekannten Neuigkeiten erzählen zu können.

Am folgenden Tage führte ich mit der Abtheilung den vom General ertheilten Befehl aus, und Walter fuhr nach Nancy zum General v. Bonin, welcher ihm mittheilte, daß bereits vier Landwehr-Kompagnien von dort ausgerückt seien, um in der Gegend von Charmes an der Mosel die Verbindung mit dem XIV. Korps aufzusuchen.

Als ich nachmittags mit der Abtheilung wieder in Lunéville eintraf, war schon Befehl von der Exekutivkommission eingetroffen, schleunigst die Eisenbahn Blainville—Charmes—Epinal zu rekognosziren. Der Diensteifer der jungen Abtheilung ließ nun alle für den Abend schon getroffenen Verabredungen zu Schanden werden.

11. bis 14. Oktbr. Rekognoszirung der Bahn Blainville-Epinal, 51 km.

Obwohl unsere Bekannten wie auch der alte Freund v. Bock,*) welcher als Premierlieutenant bei der Etappe in Nancy stand und auf telegraphische Einladung zu meiner Begrüßung hergekommen war, das Möglichste versuchten, um uns abends festzuhalten, dampfte der Feldeisenbahnzug in der Richtung nach Blainville ab, nachdem ich mit Walter in aller Eile noch einen Besuch bei dem Prinzen Wilhelm von Baden und dem General v. Beyer gemacht hatte, welche Herren auf dem Wege zum General v. Werder waren, Ersterer um die Führung einer badischen Brigade und Letzterer die der Division zu übernehmen.

Wir trafen spät abends in Blainville ein. Ein Eisenbahnbeamter machte uns zunächst die unerfreuliche Mittheilung, daß auf der Station weder ein menschenwürdiges Quartier noch Verpflegung zu bekommen sei. Zwei große Wirthshäuser standen zwar dem Stationsgebäude gegenüber, aber es waren keine Menschen darin und Fenster wie Thüren zerschlagen.

Auch in dem eine halbe Stunde entfernten, mit einem bayerischen Jägerdetachement belegten Dorfe gleichen Namens sei nichts zu haben.

Was war nun zu thun?

Da schon in der Frühe die Rekognoszirung angetreten werden mußte und dies ohne Bedeckung nicht möglich war, ich auch v. Bock, der sich leichtsinnigerweise noch in unserer Gesellschaft befand, nicht hungern und dürsten lassen wollte, ließ ich, ohne ein Wort zu sagen, satteln und ritt mit einem Trainsoldaten bei dunkler Nacht auf gut Glück ins Dorf hinein. Daselbst fand ich den bayerischen Jägerhauptmann in einer ganz netten Kneipe noch beim Schoppen sitzend. Er war ein freundlicher Herr von altem Adel, der sicher einen guten Raubritter abgegeben hätte, wenn er früher auf die Welt gekommen wäre. Abgesehen von seiner Sorge für gute Verpflegung und edlen Gerstensaft hatte ihn der Dienst nach seiner eigenen Aussage bisher nicht gedrückt, zumal klagte er darüber, noch nicht an den Feind gekommen zu sein, und war hoch erfreut, uns in die seiner Ansicht nach sehr unsichere Gegend begleiten und mit seinen Leuten hierbei vielleicht unter den verfluchten Franktireurs etwas aufräumen zu können.

Er bat mich, mit der Abtheilung nach dem Dorfe zu kommen, wo inzwischen für gute Quartiere gesorgt werden solle, und gab

---

*) Zur Zeit im technischen Bureau der königlichen Eisenbahndirektion in Breslau.

mir, nachdem ich dies mit Dank abgelehnt hatte, weil es der Mühe nicht mehr lohnte, an Brot, Sülze, Käse und Kognak soviel mit, als wir zwei Reiter in Handkörben tragen konnten. Der Teufel soll aber mit einer solchen Last am Arme traben. Wenn mir nicht die Freude vor Augen gestanden hätte, welche der gefüllte Korb den mit trockenen Kehlen und hungrigen Magen auf der Station Zurückgebliebenen bereiten mußte, hätte ich mindestens einen Theil des Inhalts über Bord geworfen, so lahm wurde mir der Arm.

Nur Derjenige, welcher den alten v. Bock und dessen gesunden Durst kennt, vermag sich einen Begriff von dessen Wohlbehagen beim Anblick der großen Kognakflasche zu machen.

Erst rief ich unterm Fenster; aber obwohl die Scheiben darin fehlten, wurde meine Stimme durch v. Bock übertönt, der den eben als Nachschub angekommenen, neugebackenen, unser Schicksal auf der traurigen Station theilenden Offizieren vom 1. preußischen Garde-Regiment die allertollsten Mordgeschichten von Ueberfällen und seinen Kriegsthaten aufband.

Ein fester Hieb gegen das Fensterkreuz schaffte mir Gehör! Der erste am Fenster war Bock, dessen zärtliche Danksagung und Umarmung mich fast aus dem Sattel gebracht hätte. Leider verfügte er so liberal über Speise und Trank, daß ich beim Eintreten nach kurzer Zwischenzeit, in der ich für Unterbringung der Pferde gesorgt hatte, auch nicht die Nagelprobe mehr vorfand.

Von dem allseitigen Bedauern wurde ich nicht satt! Mit vollem Magen hätte ich die Nacht wahrscheinlich besser geschlafen, denn Bock, der mit mir auf derselben Matratze lag, hörte nichts von dem Lärm, welchen die Soldaten eines auf der Station liegengebliebenen zweiten Militärzuges machten, und schnarchte dabei entsetzlich.

Obwohl ihm das Verdienst gebührte, die schmutzigen Matratzen mit besonderer Findigkeit in einem der oberen, verschlossen gewesenen Räume des Hauses entdeckt und herbeigeholt zu haben, mußte ich ihn doch bitten, das von uns getheilte Lager mir allein zu überlassen und anderswo unterzukriechen, weil ich unbedingt einiger Stunden Ruhe bedurfte. Die langen Stiefel, Rock und Hose auf dem Arme, rief er vom Treppenpodeste in die dunkele Nacht hinein: „Der arme Bock ist hinausgeschmissen, weil er schnarcht, wer hat noch Platz für den alten Bock?"

Und siehe da, der gute Onkel Walter, wie er später genannt wurde, empfand Mitleid und nahm ihn auf.

„Aber mit Schrot darf man auf mich schießen", — hörte ich, als wir bei Tagesanbruch, ohne gefrühstückt zu haben die Rekognoszirung antraten, den Zurückbleibenden sagen, — „wenn ich wieder einmal so leichtsinnig sein sollte, mein Paradies Nancy zu verlassen, um eine solche Spritztour zu machen."

Unsere Bedeckung bestand aus dem Hauptmann, einem Lieutenant und 20 Mann. Dieselbe traf mit Trompetengeschmetter rechtzeitig auf dem Bahnhof ein. Die Eisenbahn liegt größtentheils im Walde, welcher nach Ansicht des Hauptmanns voll Franktireurs stecken sollte. Es wurde deshalb die Vorsicht gebraucht, dem Zuge eine Patrouille vorausgehen zu lassen und zu beiden Seiten vorschriftsmäßig aufzuklären, während Walter mit seinen Pionieren das Gros bildete.

Ich hielt die Sache nicht für so bedenklich und ritt mit zwei Husaren voraus, um dem langsam folgenden Zuge rechtzeitig Kenntniß von etwaigen Hindernissen im Geleise geben zu können. Auf der etwa 8 km von unserem Ausgangspunkte entfernten, ganz vom Walde eingeschlossenen Station Cuivaut angelangt, fiel mir das Benehmen einiger Frauen auf, welche meinen Leuten unaufgefordert reichlich Wein verabfolgten und dabei spähende Blicke nach dem Walde warfen, wie wenn sie auf eine für uns unangenehme Ueberraschung hofften.

Da erhielt ich die Nachricht, daß der Zug noch weit zurück sei und wegen Mangels an Dampf die starke Steigung nicht hinauf könne. Nach demselben zurückgekehrt, theilte ich meine Beobachtungen dem Hauptmann mit. Hocherfreut darüber, sagte er dann: „Wenn i do a mal meine Leut mit de verdammten Lumpen von Franktireurs z'samm bringe könnt. Sie glaub'ns gar nöt, woas für a unbändige Freud' den Kerl'n dös mache würd!"

Nachdem das Feuer der starke Steigungen anscheinend nicht liebenden alten Lokomotive durch die trockene Einfriedigung eines Bahnwärteretablissements wieder aufgemuntert und genügender Dampfdruck vorhanden war, fuhren wir weiter; aber der Wunsch des Hauptmanns ging nicht in Erfüllung. Die Weiber hatten nur nach ihren sehr friedlichen Männern ausgeschaut. Es waren Streckenbeamte, welche ihren Dienst nach wie vor verrichteten, ohne einen Pfennig Gehalt zu bekommen, und sich daher diebisch freuten, als ihnen jetzt die Hälfte der früheren Bezüge zugesichert wurde, falls sie in unserem Interesse den Dienst weiter verrichten wollten. Sie versicherten, daß die Franktireurs und Mobilgarden die Gegend seit einigen Tagen verlassen und die Richtung nach Epinal eingeschlagen hätten.

Vier Kilometer weiter, wo der Wald aufhört, überblickt man das liebliche Mosel-Thal, in welches die Eisenbahn mit starkem Gefälle hinabsteigt. Leider dauerte die Fahrt nicht mehr lange. Bei dem Dorfe Froville war eine 18 m im Lichten weite und in einem 13 m hohen Damm liegende halbkreisförmig gewölbte Brücke gesprengt.*)

„Schau'ns," sprach der Hauptmann, „i versteh' zwar von Ihr'n G'schäft nöt viel, aber dös seh' i a, daß wir da nöt 'nüber kumma, und weil's höchste Zeit is, meine Leut' zu verpfleg'n, werd' i in's Dorf marschir'n; da drnnt'n is a Villa, in der wir g'wiß guat frühstücken könne."

Der Maire des Ortes trat an und erzählte Mordgeschichten von Pest und Viehseuchen, welche darin herrschen sollten, während andere Pisangs noch damit beschäftigt waren, die Stallthüren mit der Aufschrift „Peste et contagion parmi les bestiaux" zu versehen. Man bemerkte aber recht verdutzte traurige Gesichter, als von dieser Bauernschlauheit keine Notiz genommen, der Maire vielmehr aufgefordert wurde, sofort für Verpflegung der Mannschaften zu sorgen, und der Hauptmann 14 Offiziere, wozu er auch die Bahnmeister u. s. w. rechnete, in der Villa zum Frühstück anmelden ließ.

Wir wurden von dem Kaplan der vornehmen Familie empfangen und zur Tafel geführt, an der er als Vertreter des abwesenden Hausherrn mit Platz nahm. In dem anstoßenden Salon befand sich, ganz in Schwarz gekleidet, die Dame des Hauses mit ihren reizenden Kindern, ohne Notiz von uns zu nehmen. Nur wenn die Kleinen neugierig schüchterne Blicke durch die etwas geöffnete Thür warfen, was ich von meinem gegenüberliegenden Platze beobachten konnte, warnte sie dieselben mit Blicken und Geberden, wie wenn wir Räuber und Barbaren wären. Dabei machte das Auftreten des Hauptmanns, der gerade so kommandirte, wie wenn er in seinem eigenen Hause wäre, und die Gier, mit welcher Einzelne über das Dargebotene herfielen, einen derart peinlichen Eindruck auf mich, daß mir trotz meines Bärenhungers die besten Brocken fast in der Kehle sitzen blieben.

Hoffentlich hat der abwesende Herr des Hauses, wie ich später erfuhr, ein Eisenbahndirektor, der mir während eines längeren Aufenthaltes in Paris im Jahre 1867 viele Gefälligkeiten erzeigt hatte,

*) Abbildung Seite 33.

nicht erfahren, daß ich an diesem Tage mit bei ihm zu Gaste gewesen bin. Ich konnte nicht rasch genug aus dem Hause kommen, und ein Alp fiel mir von der Brust, als ich wieder auf dem Pferde saß, um die Rekognoszirung in der Richtung nach Bayon fortzusetzen, während der Hauptmann mit unserem Zuge nach Blainville zurückdampfte. Derselbe hat übrigens, wie später verlautete, nicht allein das lang ersehnte Glück gehabt, seine Leute an die Franktireurs zu bringen, sondern auch das Pech, bei einer solchen Gelegenheit gefangen genommen zu werden. Nach der Mittheilung, welche Walter von dem General v. Bonin bekommen hatte, mußte Bayon schon von Etappentruppen besetzt sein.

Diese Voraussetzung traf aber leider nicht zu. Der Ort war Anfang August beim Rückzuge von Mac Mahon von Freund und Feind stark mitgenommen worden, hatte aber seit der Zeit keine Einquartierung mehr gehabt. Bei unserem ganz unerwarteten Erscheinen entstand daher eine begreifliche Aufregung und Angst, welche Stimmung jedoch bald einer ruhigeren Platz machte, als das große Faß Bier, um welches sich die Bayern auf dem Marktplatze gelagert hatten, bezahlt wurde und Onkel Walter der allerliebsten kleinen Wirthstochter feierlich gelobt hatte, sie nebst ihren Eltern und dem ganzen Reste in Schutz gegen jede Gewaltthat nehmen zu wollen. Man soll jedoch den Tag nicht vor dem Abend loben! Die ausgestellten Posten meldeten, daß in der Nähe geschossen würde, und weg war die friedliche Stimmung. Während der bayerische Lieutenant die zu unserer Sicherheit erforderlichen Anordnungen in dem Dorfe traf, ritt Walter mit mir nach der Richtung hinaus, aus welcher die Schüsse vernommen waren. Von einem hochgelegenen Punkte aus sahen wir dann eine weder Böses ahnende noch im Schilde führende Jagdgesellschaft waldeinwärts verschwinden.

Also wieder viel Lärm um nichts! Leider war es inzwischen im Dorfe bös hergegangen. Weinend und um Hülfe flehend empfing uns am Eingange die liebe Kleine. Die Bayern, durch etwas übermäßigen raschen Biergenuß angefeuert, hatten den Maire wie verschiedene angeblich verdächtige andere Einwohner etwas unzart eingeheimst und die Häuser nach Waffen durchsucht, welche sie auf den Straßen kurz und klein schlugen. Wir trafen eben noch rechtzeitig zur Verhütung weiterer Ausschreitungen mit unserer beruhigenden Nachricht ein. Allen Respekt vor Bruder Bayer, aber als Feind möchte ich ihn nicht im Lande haben! Am besten schnitt der Onkel

Walter bei dieser Affaire ab, indem er sich durch sein menschenfreundliches vermittelndes Eintreten zum Schutze Unschuldiger rasch in das Herz des kleinen Gastwirthstöchterleins eingenistet hatte, bei welcher er bis nach Wiederherstellung der Brücke Quartier nahm und angeblich auch später noch mit Vorliebe besuchsweise platonisirt haben soll.

Am folgenden Tage stellte die Abtheilung die Telegraphenleitung zwischen Blainville und Bayon wieder her, besetzte diese beiden Stationen mit Telegraphisten und schaffte Material zum Brückenbau heran. Die Bayern kehrten nach Blainville zurück, nachdem von der badischen Festungs-Kompagnie 1 Unteroffizier mit 24 Pionieren aus Straßburg zur Verstärkung der Abtheilung eingetroffen war. Walter, Gockel und ich setzten mit 12 Pionieren die Rekognoszirung in der Richtung nach der 10 km entfernten Station Charmes fort.

Auf dem halben Wege fanden wir zwei offenbar absichtlich aufeinander gefahrene total zertrümmerte Lokomotiven, welche das Geleis versperrten. Ein Beispiel, wie unsinnig und kopflos die Franzosen bei dem Rückzuge von Mac Mahon auch in Bezug auf das Unfahrbarmachen der Eisenbahnen zu Werke gegangen sind.

Wo die Bahn aus dem Walde heraustrat, öffnete sich uns wieder ein entzückender Blick in das schöne Mosel-Thal mit dem zu unseren Füßen gelegenen freundlichen Städtchen Charmes.

Die Etappentruppen schienen die Verbindung mit dem XIV. Korps auch hier noch nicht hergestellt zu haben, denn sechs gut bewaffnete Augen waren nicht im Stande, uniformirte Feinde in der Stadt zu entdecken. Obwohl auch vom Feinde nichts zu sehen war, durften wir es doch nicht wagen, ohne Bedeckung hineinzugehen, und hielten uns abwartend in gedeckter Stellung, während Gockel, der noch Civilkleidung trug und wohl für einen Franzosen gehalten werden konnte, freiwillig auf Kundschaft vorging. Bevor derselbe zurückkam, sahen wir jedoch schon ein Infanterie-Bataillon im Anmarsch, dessen Kommandeur uns später in der Stadt mittheilte, daß er bereits die vergangene Nacht in der Nähe von Bayon gewesen sei, den Ort aber nicht habe erreichen können, weil die Chausseebrücke über die Mosel gesprengt war.

Die Abtheilung blieb zur Wiederherstellung der Strecke bis Charmes in Bayon zurück, während ich mit Gockel die Rekognoszirung in der Richtung nach Epinal fortsetzte.

— 26 —

Vier Kilometer hinter Charmes, beim Dorfe Vanglan, stürzten schäumend und zischend die Hochfluthen der Mosel über ein aus Mauertrümmern in der ganzen Breite des Flusses gebildetes 2 m hohes Wehr. Es hatte hier eine stolze 128,5 m lange Eisenbahnbrücke mit sieben flach gewölbten Oeffnungen gestanden, welche nach Sprengung des südlichen Landpfeilers wie ein Kartenhaus zusammengestürzt war.*)

Sonstige Zerstörungen fanden wir auf der 25 km langen Strecke bis zu der 14 000 Einwohner zählenden Hauptstadt des Vogesen-Departements Epinal nicht. Daselbst war unser Generalstab eben eingetroffen. Der General, welcher außerordentlich gut gelaunt zu sein schien, empfing mich ganz besonders freundlich.

Die Truppen waren nach den schon erwähnten heißen Gefechten bei Raon l'Etape und Rambervillers zwar noch einige Male auf den Feind gestoßen; derselbe hatte aber nicht mehr Stand gehalten und war auf Epinal und Remiremont ausgewichen.

Es handelte sich nun zunächst darum, einen französischen Militär-Eisenbahnzug abzufassen, welcher, ohne daß ihm die von unserer Artillerie nachgesandten dicken Bohnen Schaden zugefügt hatten, gerade noch in südlicher Richtung entwischt war, als unsere Avantgarde auf dem Höhenzuge vor Epinal erschien.

Geschwind ging es nach der nur einige Kilometer entfernten Stelle, wo die Linie nach Remiremont sich auf offener Strecke von der Hauptbahn abzweigt. Der Zug hatte, wie aus der Weichenstellung und Vernehmung der französischen Eisenbahnbeamten hervorging, die erstgenannte Richtung eingeschlagen und befand sich, da die Bahn bei Remiremont endet, in einer Sackgasse. Das war herrlich; er konnte uns ja nun voraussichtlich nicht mehr entwischen.

Leider hatten die Franzosen gleich nach Durchgang dieses letzten Zuges den vornehmen Viadukt, mittelst dessen die Bahn das reizende Thal Char d'Argeant kurz vor der vorstehend erwähnten Abzweigungsweiche überschreitet, noch in aller Eile gesprengt.**)

Die Zerstörung war jedoch glücklicherweise nicht vollständig gelungen. Eine Mine hatte versagt, so daß nur der halbe Pfeiler mit den anliegenden Gewölbetheilen in die Luft geflogen war und die sitzengebliebenen Gewölbstücke noch Tragfähigkeit genug hatten,

---

*) Abbildung Seite 56.
**) Abbildung Seite 48.

um Wagen hinüberschieben zu können, nachdem das Geleis etwas seitlich gerückt war.

Den folgenden Morgen fuhr ich mit Gockel, Spitzmüller und einigen Pionieren in einem auf dem Bahnhofe Epinal vorgefundenen, von Pferden gezogenen Eisenbahn-Güterwagen nach Remiremont, wo ein zu unserer Unterstützung kommandirtes, auf der Chaussee vorgehendes Infanteriedetachement gleichzeitig mit uns eintraf. Die Stadt war nicht mehr vom Feinde besetzt. Leider hatte derselbe aber den Eisenbahnzug in Brand gesteckt, so daß, ungeachtet wir uns sofort mit Zuhülfenahme requirirter Einwohner ans Löschen begaben, nur einige unbeschädigte offene Güterwagenuntergestelle gerettet werden konnten.

<small>15. Oktober.
Nach Remiremont
28 km.</small>

Die Einwohnerschaft hatte sich augenscheinlich an der Volksbewaffnung stark betheiligt, denn wir fanden in verschiedenen Verstecken, zumal auch über den Kirchengewölben, Waffen aller Art, die natürlich konfiszirt wurden. Eine sehr willkommene Beute bildeten ferner die massenhaft vorhandenen Regie-Cigarren. Fatalerweise hatte ich mich in den Nummern derselben geirrt, so daß unsere Leute die besten Sorten und wir die schlechteren rauchten. Gockel und Spitzmüller wurden beauftragt, das vorgefundene brauchbare Eisenbahnmaterial nach Epinal zu transportiren, und ich fuhr abends in meinem bis auf den kleinsten Raum mit Regie-Cigarren vollgepackten Wagen dahin zurück, erstattete dem General Bericht, folgte dessen Einladung zu dem im Präfekturgebäude stattfindenden Diner und erhielt dann Befehl, den nächsten Morgen die Rekognoszirung bis Xertigny fortzusetzen, in welchem Dorfe der Generalstab Quartier nehmen würde.

Auf dieser Strecke ging sich's wegen des scharfkantigen Steinschlages ganz infam schlecht. Die aus 30er Landwehr bestehende Bedeckungsmannschaft, welche das Hüpfen von Schwelle zu Schwelle nicht kannte, kam daher, obwohl sich die Leute gegenseitig durch manchen derben Fluch ermunterten, nur langsam vorwärts, so daß wir an der etwa auf dem halben Wege nach Xertigny gelegenen Kreuzung mit der Chaussee erst eintrafen, als unser Generalstab schon durchgeritten war.

<small>16. Oktober.
Nach Xertigny
16 km.</small>

Zum Ueberfluß hatten die Franzosen auch hier ihre Sprengungskünste an einem der schönsten und höchsten Viadukte*) Frank-

---
*) Abbildung bei der Baubeschreibung.

reichs mit Erfolg versucht. Derselbe hatte neun halbkreisförmig überwölbte Oeffnungen von je 12 m Spannweite bei 36,5 m größter Höhe über der Thalsohle und war 142 m lang.

Ein Pfeiler lag mit den anschließenden Gewölben vollständig in Trümmern und die übrigen zeigten bedenkliche Risse. In der 25 m langen Sprengöffnung schwebte das in vollem Zusammenhange gebliebene Gestänge.

Nachdem in Erfahrung gebracht war, daß weitere Zerstörungen auf der vorliegenden Strecke bis Xertigny nicht vorhanden waren, kehrten wir nach der Chausseekreuzung zurück, von wo die Bedeckungsmannschaft nach Epinal marschirte. Da mein Schimmel lahm geworden war, pumpte ich mir von den die Armeebagage begleitenden Merseburger blauen Husaren einen anderen Gaul, der mich rascher als erwartet werden konnte nach Xertigny brachte. Das kleine Luder scheute nämlich an der nächsten Straßenbiegung vor einem Pferdekadaver, setzte über den Graben, nahm die eine Stange zwischen die Zähne und ging bis Xertigny mit mir durch.

Es war ein merkwürdiges Zusammentreffen, daß in demselben Augenblicke, in welchem die dort aufgestellten Posten den Gaul festhielten, mein lieber Bekannter, der Rittergutsbesitzer Andreae,*) welcher als Reservelieutenant bei den Merseburger Husaren stand, mit dem Bemerken herantrat: „Donnerwetter, Krohn, wie kommen Sie an meinen Trompeterschimmel, und wo wollen Sie denn um Gottes Willen hin?"

Nach Befriedigung dieser wohlberechtigten Neugier theilte er mir mit, daß der General bei dem Curé im Quartier liege und vor dessen Hause, gleich links um die Ecke herum, mit dem Oberst v. Leszczynski auf einer hohen Freitreppe stehe.

Uebrigens könne ich doch wohl unmöglich die Absicht haben, mich in dem von oben bis unten bedreckten Aufzuge zu melden.

„Erst recht —" dachte ich; „der General ist ein kühner Reiter, auf den ich mit dem schaumbedeckten Gaule unbedingt einen schneidigen Eindruck machen werde, wenn die Ursache verheimlicht werden kann".

Also vorwärts! Nach wenigen Sätzen hatte ich den Schimmel um die Ecke und vor der Freitreppe fest.

Der Coup war gelungen; denn es war dem General anzusehen, daß ich Einen bei ihm herausgekommen sein mußte.

---

*) Zur Zeit Oekonomierath und Rittergutsbesitzer in Kl. Furra.

„Sie sind scharf geritten, kommen Sie herein und stärken sich", sprach er in wohlwollendem Tone und nickte zufrieden, als ich antwortete: „Exzellenz hatten ja heute noch Bericht verlangt, da mußte ich mich schon beeilen."

Dieser kleine Schwindel hat übrigens mein Gewissen nicht ewig belastet; denn ich fand später Gelegenheit, dem General in guter Stunde zu beichten und Absolution zu erhalten.

Die Herren waren, obwohl ich die Termine für die Wiederherstellung der verschiedenen Bauwerke möglichst kurz griff, der Ansicht, daß wenn dieselbe so viel Zeit beanspruche, man voraussichtlich besser thue, sich beim Vormarsche der Armee nach Westen auf die angeblich weniger zerstörte Bahn Chaumont—Blesme zu stützen. Es sei daher, vorbehaltlich der Bestimmung der Exekutivkommission, bei welcher dieserhalb angefragt werden solle, zunächst nur die Fahrbarmachung der Eisenbahn bis Charmes und die Instandsetzung der Telegraphenleitung bis Epinal erforderlich.

In dem Generalstabswerke ist hierauf bezüglich gesagt:

„Es stellte sich schon damals heraus, daß die Fahrbarmachung der französischerseits an mehreren Punkten zerstörten Eisenbahn nach Blainville geraume Zeit in Anspruch nehmen werde. Größere Brückensprengungen hatten östlich Bayon, bei Langlay und Epinal, sowie weiter südlich bei Xertigny und Aillevillers stattgefunden. General v. Werder berichtete daher an das große Hauptquartier, daß er den ihm vorgeschriebenen Marsch nach der oberen Seine über Neufchâteau nach Chaumont fortzusetzen gedenke, wo die von Blesme kommende Bahn einen nahen und gesicherten Anschluß an die Hauptverbindungslinie des deutschen Heeres mit der Heimath gewähre."

Nach einer beim General eingenommenen vorzüglichen Magenstärkung fuhr ich abends nach Epinal zurück und den folgenden Morgen in aller Frühe nach Charmes.

Daselbst saß im Gastzimmer des Hotels zur Post der Stadtkommandant mit dem Auditeur in ernster Berathung. Es war nämlich beim Durchmarsche eines Gefangenentransports auf die Bedeckungsmannschaften aus den Fenstern geschossen und ein Husar verwundet. Zur Strafe sollten die betreffenden Häuser niedergebrannt werden; aber kein Mensch konnte dieselben bestimmt bezeichnen. Es bleibt mir unvergeßlich, als dann nach einer längeren Pause der an der Thür stehende Armeegendarme mit dem langen,

17. Oktober. Brand in Charmes.

schönen schwarzen Barte uns Wort bat und den Vorschlag machte, das städtische Kasinogebäude und ein kleines, leer stehendes Haus in der Nähe desselben niederzubrennen. Wenn aus diesen auch nicht geschossen sein sollte, so verhindere man doch wenigstens, daß ein einzelner Unschuldiger von der einmal angeordneten harten Maßregel betroffen würde. Dementsprechend ging es an die Ausführung. Der Maire wurde von dem Vorhaben mit dem Anheimgeben in Kenntniß gesetzt, Vorkehrungen zum Schutze der Nachbarhäuser zu treffen.

Unsere Pioniere verlegten die durch den Brand gefährdeten Telegraphendrähte und die Truppen besetzten die Straßeneingänge, während die Armeegendarmen große Scheiterhaufen im Erdgeschoß der niederzubrennenden Häuser errichteten.

Die Franzosen sind in vielen Beziehungen recht kindische Wesen. Leichtgläubig, wenn sich's um etwas handelt, was sie wünschen, schwerhörig und unverständig im anderen Falle.

Der Maire hielt die Sache für Scherz, bis die Fensterscheiben durch die innere Gluth zersprengt wurden. Da war nun aber auf einmal rein der Teufel los! Es entstand eine furchtbare Aufregung. Alles rannte schreiend und um Hülfe rufend, planlos, wild durcheinander. Spritzen erschienen zwar auf der Bildfläche, aber es kam kein Wasser heran, weil in den von der Mosel bis zu den Brandstellen größtentheils von Weibern gebildeten Ketten mehr geschwatzt und gejammert als Acht auf die von Hand zu Hand gehenden Wassereimer gegeben wurde, so daß diese entweder leer oder wenig gefüllt am Ziele eintrafen.

Schließlich brachten unsere gutmüthigen Landwehrleute Ordnung in die Sache und verhinderten dadurch das Umsichgreifen des Feuers, welches die beiden dem Verderben geweihten Häuser bald in Asche legte.

Man begegnet ja bei jedem Brande unüberlegtem Handeln, aber was hier in dieser Beziehung geleistet wurde, übertraf denn doch alles in dieser Art überhaupt Dagewesene, indem mit furchtbarer Anstrengung große Billards, Spiegel, Kronleuchter und dergleichen mehr zu den Fenstern hinaus geworfen wurden, um diese Gegenstände zu retten.

Ein solche Strafvollstreckung, welche weichherzige Philanthropen vielleicht für grausam halten, und die barbarisch erscheinen mag, war in Frankreich zur Vermeidung viel größeren Unheils durchaus nothwendig, weil das leichtfertige Volk, wenn Bauer und Bürger ungestraft aus Hinterhalten hätten schießen dürfen, die Wuth unserer Leute und die Furie des Krieges zum Nachtheil aller Betheiligten nur noch mehr entfesselt haben würde.

Als ich den Schimmel wieder bestiegen hatte, um nach Bayon zu reiten, hörte ich die schnippische Kellnerin Marie mir aus dem Hotelfenster nachrufen:

„Ah voilà Monsieur Krohn, le brûleur, le rôtisseur!"

Das technische Personal fand jetzt folgende Verwendung: *Verwendung des Personals.*

Skalweit und Gockel gingen nach Charmes. Wiebe und Spitzmüller nach Epinal. Die Telegraphenabtheilung sollte die Leitung nach Epinal wieder herstellen, die Apparate auf den Stationen einschalten und diese bedienen.

Der Baumeister v. Ruttkowski hatte es nur wenige Tage bei der Abtheilung ausgehalten und war krankheitshalber schon am 13. Oktober nach Berlin zurückgekehrt. Der Bauführer Krüger wurde gleichfalls krank gemeldet.

Zur Ausfüllung dieser Lücken bot sich eine willkommene Gelegenheit, indem sich unter den badischen Pionieren zwei sehr tüchtige Ingenieure, Kräuter*) und Knoff,**) befanden, welche das badische Staatsexamen gemacht hatten und als Kriegsfreiwillige eingetreten waren. Dieselben wurden als Bauführer eingestellt und freuten sich nicht wenig, die Arbeitsjacke mit der Feldeisenbahn=Uniform vertauschen zu können.

Abends traf der Befehl ein, die Eisenbahn von Blesme nach Chaumont, in deren Bereich, wie schon gesagt, unsere Armee voraussichtlich demnächst kommen sollte, zu rekognosziren, oder mindestens nähere Erkundigungen über deren Zustand einzuziehen.

Unser Zug brachte mich am folgenden Morgen nach Nancy, wo v. Bock leider erkrankt und daher nicht in der Lage war, bei den vielen Besorgnissen helfen zu können. *14. Oktober. Nach Nancy— Blesme-Epernay 259 km.*

Ich erstand hier für schweres Geld eine feine viersitzige Kutsche als Ersatz für den in Karlsruhe gekauften unbrauchbaren Wagen. Weder der Generalgouverneur noch die Eisenbahn=Betriebskommission in Nancy war über den Zustand der bezeichneten Bahnstrecke unterrichtet.

*) Zur Zeit großherzoglich badischer Oberingenieur.
**) Gestorben 1884 als Ingenieur der landwirthschaftlichen Centralstelle in Stuttgart.

Ich wandte mich dann an die Etappe und hatte das unverhoffte Glück, in deren Büreau ein schon verloren geglaubtes Faß alten Kornbranntwein zu entdecken, welches derselben zur Weiterbeförderung an meine Adresse schon vor längerer Zeit von meinen Nordhauser Freunden zugegangen war. Ein dicker Feldwebel bemühte sich, gerade als ich eintrat, dieses Herz und Magen stärkende Beutegetränk auf Flaschen zu ziehen, und war augenscheinlich sehr unangenehm überrascht, als ich ihn aufforderte, sich nicht weiter bemühen, sondern das Faß meinem Trainsoldaten übergeben zu wollen, der das Weitere schon besorgen würde.

Weniger Glück hatte ich mit dem Nachtquartier, für welches die Betriebskommission in einem ihrer Räume hatte sorgen wollen. Das Bett war, als ich mich in der Nacht auf dem Bahnhofe einfand, zum Teufel. Nun noch auf die Suche nach einem anderen zu gehen, lohnte sich nicht mehr.

Krumm und lahm von dem harten Lager auf zwei Stühlen, wurde die Weiterfahrt am frühen Morgen mit leerem Magen angetreten.

Der Etappenonkel in Blesme war auch nicht unterrichtet, erzählte aber Mordgeschichten von der Unsicherheit der Gegend, in welche ich wollte, und weigerte sich, mir Bedeckung dahin mitzugeben.

Es blieb mir daher nichts weiter übrig, als den General telegraphisch hiervon zu benachrichtigen und um weitere Befehle zu bitten.

Eben im Begriff, unverrichteter Sache die Rückfahrt anzutreten, erhielt ich Auftrag von der Exekutivkommission, den Ministerialdirektor Weishaupt in Epernay aufzusuchen.

Ich traf mit demselben schon in Châlons zusammen und erstattete ihm unterwegs Bericht über den Zustand der Vogesen-Bahn und die Möglichkeit der Wiederherstellung der gesprengten Bauwerke.

„Krohn", sagte er dann, „Sie nehmen die Sache unbedingt zu leicht! Wir werden uns doch hüten, so bedeutende Holzbauten im Winter auszuführen. Die Mosel-Brücke gewährt überdies keine genügende Sicherheit gegen Unterspülung, wenn Sie die umgestürzten nur auf Gewölbetrümmern ruhenden Pfeiler als Basis für die Holzkonstruktion benutzen wollen. Rühren Sie ja nicht durch leichtfertige Versprechungen an der Absicht Ihres Generals, sich auf eine andere Bahnlinie stützen zu wollen. Wer weiß, wo der schon ist, wenn Sie mit den Bauten fertig sind, bezüglich welcher Sie übrigens, wie mir scheint, schon mehr versprochen haben, als gehalten werden kann. Ich werde im großen Hauptquartier Rücksprache nehmen und dann das Weitere von Versailles aus veranlassen."

Das anwesende bayerische Mitglied der Exekutivkommission war derselben Ansicht und so leid es mir auch that, auf die Ausführung der sehr interessanten Bauten verzichten zu sollen, so mußte ich mir doch auch sagen, daß die Herren nicht ganz unrecht hatten.

In Epernay wurden wir zur Besichtigung der großartigen Champagnerkeller eingeladen, wobei die besten Sorten durch die Kehle liefen. Das Zeug war aber zu warm und mundet besser bei uns zu Hause.

Die beiden folgenden Tage, an welchen es in Strömen regnete, gingen mit der Rückfahrt nach Charmes verloren.

Obwohl nun nach dem Gesagten kaum noch anzunehmen war, daß es überhaupt zur Wiederherstellung der Bauwerke kommen würde, setzten wir, schon um nicht zur unfreiwilligen Unthätigkeit verurtheilt zu sein, die schon begonnenen Vorarbeiten, bestehend in Aufnahme

Brücke bei Bayon.

der Bauwerke, Bearbeitung der Entwürfe für deren Wiederherstellung, Orientirung bezüglich der Materialienbeschaffung und dergleichen mehr eifrig fort.

Brücke bei Bayon. Inzwischen war auch die Brücke bei Bayon soweit fertiggestellt, daß schon bei meinem Eintreffen, am 23. Oktober, Wagen hinübergeschoben wurden.

Der 18 m lange, hölzerne Bau bestand aus 7 Stück durchschnittlich 11 m hohen, aus an der Chaussee gefällten Pappeln gezimmerten Böcken mit darüber gestreckten Längsbalken.

Stalweit hatte jetzt in Charmes die Mehrzahl der Arbeitskräfte vereinigt, um rasch noch diejenigen Geleiserweiterungen und Entladevorrichtungen herzustellen, welche erforderlich waren, um diesen Bahnhof vorläufig als Endstation benutzen und den Betrieb bis dahin eröffnen zu können. Wegen Uebernahme desselben seitens der Abtheilung und Feststellung der Anschlüsse in Blainville fand daselbst am 24. Oktober eine Konferenz mit dem Vertreter der Betriebskommission Nancy statt.

25. Oktober. Gockel und Spitzmüller gefangen. Nach Charmes zurückgekehrt, erhielt ich Nachricht von der in Remiremont erfolgten Gefangennahme der Ingenieure Gockel und Spitzmüller nebst einigen Pionieren, welche den Transport der Materialien von dort nach Epinal zu bewerkstelligen hatten.

Da das Generalgouvernement damals allgemein in dem Rufe stand, bei solchen Gelegenheiten zu große Milde den Franzosen gegenüber walten zu lassen, bat ich den General, von dem ich inzwischen die Nachricht erhalten hatte, daß er Befehl habe, auf Dijon zu marschiren, telegraphisch um Ergreifung strenger Maßregeln, welche von Seiten des Gouvernements nicht erwartet werden könnten.

Diese Depesche ist mir später in irgend einem Aktenstücke wieder zu Gesicht gekommen und dadurch aufgefallen, daß sie verschiedenfarbig dick unterstrichen war. Wenn es hiernach auch den Anschein hatte, wie wenn an maßgebenderen Stellen dieselbe Ansicht obwaltete, so fehlte doch im vorliegenden Falle jede Berechtigung zu einem so absprechenden Urtheile, indem der Kommandant in Epinal, ein Oberst v. Schmieden, als ich ihm früh morgens einen Besuch abstattete, schon auf Befehl des Generalgouverneurs ein Detachement württembergische Infanterie und einen Zug Blücher-Husaren mit dem Auftrage nach Remiremont geschickt hatte, entweder die Herausgabe der Gefangenen zu erzwingen oder anderenfalls eine Kontribution im Betrage von 200 000 Francs zu erheben.

Es würde gut sein, meinte der Oberst, wenn ich das Detachement noch vor dessen Eintreffen in Remiremont erreichen könnte, weil mir die Verhältnisse in dem Orte ja schon bekannt seien.

Aber wo nun so rasch einen Wagen herbekommen? Da begegnete mir zum Glück der Trainsoldat, welcher die beiden Ingenieure vor zwei Tagen mit meinen Pferden nach Remiremont gebracht hatte, auf der Straße bummelnd mit einem feinen, langen Regie-Glimmstengel in dem breiten Maule. Ein hornochsendummer Kerl, der aber so vorzüglich für die Pferde sorgte, daß ich mich nicht von ihm trennen mochte. Diesmal hatte er aber doch entschieden einen guten Riecher gehabt. Als in der verhängnißvollen Nacht Lärm in dem Vorderhause entstand und geschossen wurde, auch ein altes Weib dem Kerl mit unheimlich warnenden Geberden auf den Leib rückte, hatte er Angst bekommen und ohne Weiteres mit den Pferden Reißaus durch die Hinterthür und den Garten nach Epinal genommen. Mir war's so schon recht!

Er besorgte rasch einen Wagen und nun ging's mit eigenen Pferden flott hinter dem Detachement her, welches wir jedoch erst in Remiremont erreichten.

26. Oktober. Nach Remiremont.

Was mochte da wohl schon passirt sein? Gleich am Eingange sperrte ein Haufen geschwätziger, wehklagender Weiber und Burschen fast die Straße.

Ein Husarengaul hatte im Galopp ein Eisen verloren und dasselbe so unzart gegen ein großes Schaufenster geschleudert, daß die Glassplitter herumgeflogen waren. Man sollte es nicht für möglich halten, daß die kindische Gesellschaft hierin schon genügenden Anlaß zu einem Auflaufe und bitteren Klagen über die bösen Preußen fand.

Auf dem Marktplatze tummelte sich die einer guten Verpflegung harrende Mannschaft im Stroh herum. Den Zug der rothen Husaren führte ein mir schon bekannter schneidiger Vizewachtmeister und Gutsbesitzer aus Preußen.

„Geben Sie mal Acht", sagte derselbe nach gegenseitiger Begrüßung, „die Sache hier wird noch oberfaul: der Kommandeur faßt die Kerle da oben auf der Mairie mit Glacéhandschuhen an und ist ein altes ......" Viel anders verhielt sich die Sache in der That nicht! Es wurde end- und resultatlos verhandelt. Der gute Herr befand sich augenscheinlich noch in demselben Irrthume, welchen mir der Bruder Bauer schon beim Betreten des Feindeslandes ausgetrieben hatte. Er schenkte dem Wehklagen dieser mit allen Schauspielerkünsten so reich ausgestatteten heuchlerischen Gesellschaft ein zu aufmerksames Ohr und schien davon überzeugt zu sein, daß den Bewohnern der Stadt nichts zur Last gelegt werden könne. Die Ingenieure hätten leichtsinnigerweise in einer unbesetzten Stadt nicht einmal die Vorsicht gebraucht, mit der Mannschaft in einem Quartiere zu bleiben und wären dann von irgendwelchen Franktireurs, ohne daß ein Mensch in der Stadt etwas davon wissen konnte, aufgehoben und wer weiß wohin geschleppt. Unter solchen Umständen könne er doch unmöglich eine so hohe Kontribution verlangen.

Ich übernahm es, weitere Erkundigungen einzuziehen und siehe da, es erschienen nach und nach auf dem Marktplatze unsere schon verloren geglaubten Pioniere. Einer derselben hatte sich bei Leuten versteckt gehabt, welche den Vorfall, weil er Unheil über die Stadt bringen würde, selbst beklagten und den Souspräfekten wie den Ortsgeistlichen als diejenigen bezeichneten, welche um den Ueberfall gewußt und ununterbrochen in Verbindung mit den Franktireurs und Mobilgarden auf der anderen Flußseite gestanden hätten.

Aus dem regen Verkehr, der augenblicklich noch über die Mosel-Brücke stattfand, schien auch die Annahme berechtigt zu sein, daß derartige Beziehungen augenblicklich noch bestanden.

Inzwischen war unangenehm kaltes, stürmisches Wetter eingetreten, und die Mannschaften, welchen reichlich Getränke von den Franzosen verabfolgt waren, fingen schon an bedenklich angeheitert zu werden.

Der schneidige Vizewachtmeister hatte sich vor Aerger auch Einen angekneipt und schnarchte in dem Stalle seinen Pferden etwas vor. Dabei rückte die Dunkelheit heran. Wenn das so weiter ging, konnte ein plötzlicher Ueberfall meiner Ansicht nach sehr bedenklich werden.

Alles dies, wie auch die Thatsache, daß wir bei unserer ersten Anwesenheit in Remiremont an verschiedenen Stellen und sogar über den Gewölben der Kirche Waffenlager gefunden hatten, theilte ich dem Kommandeur mit, der immer noch auf der Mairie verhandelte, und machte den Vorschlag, die beiden dicht nebeneinander liegenden hölzernen Mosel-Brücken, von denen eine zum Zweck der Reparatur der Hauptbrücke provisorisch hergestellt war, in Brand zu stecken, um die Gefahr, welche uns vom anderen Ufer drohte, zu beseitigen.

Der Kommandeur willigte ein, bat, die Vorbereitungen treffen, dann aber mit dem Brennen noch etwas warten zu wollen.

Nun ging's mit 20 Württembergern und den Pionieren rasch zur Brücke hinunter.

Auf der einen Seite derselben befand sich eine Gasfabrik, auf der anderen ein Holzschneidewerk. Bequemer konnten wir's zu unserem Zwecke nicht haben!

Während requirirte Franzosen die schmierige Arbeit des Bestreichens der Brückenhölzer mit Theer besorgten, beseitigten unsere Leute mit furchtbarem Viereifer den Steinschlag der Brückenfahrbahn und thürmten große Holzhaufen unter den noch zum Theil wasserfreien Einfassungen der Brücken auf, welche sie dann zum Ueberfluß noch mit Theer begossen.

Der Verkehr über die Brücken wurde selbstverständlich sofort eingestellt und es dauerte nicht lange, da wimmelten am jenseitigen Ufer ganze Haufen Franzosen, jetzt bittend und wehklagend, herum, während man bis dahin nur freche, finster drohende Gesichter beobachten konnte.

Als nun der Kommandeur nach einiger Zeit durch seinen Adjutanten darum ersuchen ließ, die Brücke noch nicht in Brand zu stecken, war es glücklicherweise schon zu spät und schwarze Rauchwolken wälzten sich über die schäumende Hochfluth der Mosel. Ganz Remiremont lief zusammen!

Nun hatte das Verhandeln auf der Mairie glücklich ein Ende. Es waren nur etwa 20 000 Francs bezahlt und da die Gefangenen nicht herbeigeschafft wurden, packten wir die hohe Rathhausversammlung — es waren acht Personen mit dem Geistlichen, dessen Kirche als Waffenlager gedient hatte — in einen vierspännigen Omnibus und führten sie als Geiseln nach Epinal.

Aber das Fortkommen hatte seine liebe Noth! Der Vizewachtmeister war noch so schlecht auf den Beinen, daß wir ihn nur mit vieler Mühe und nachdem uns der schwere Kerl schon einmal auf der entgegengesetzten Seite wieder heruntergerutscht war, in den Sattel bringen konnten. Dann saß derselbe aber so fest, daß der Kommandeur, als er ihm die Umhängetasche mit den Kontributionsgeldern überreichte, seinen bedenklichen Zustand nicht zu erkennen schien.

Ich bildete mit meinem Wagen die Spitze des Zuges. Dann folgte ein Leiterwagen mit Württembergern und Pionieren, dahinter der Wagen mit Geiseln und wiederum ein Mannschaftswagen. Husaren bildeten den Schirm um den Zug.

Da nun keine Gefahr mehr von der anderen Seite der Mosel zu befürchten war, beabsichtigte der Kommandeur mit den übrigen Mannschaften in einem der nächstgelegenen Dörfer an der Chaussee zu übernachten und Remiremont am andern Morgen noch einmal zu überrumpeln, um womöglich auch den Souspräfekten zu erwischen.

Obgleich die wohl 400 m langen brennenden Brücken einen schauerlich schönen Anblick gewährten, schlief ich doch bald in der Ecke des Wagens den Schlaf des Gerechten, bis ein kräftiges „Halt" und Fenstergeklirr dem schönen Traume ein Ende bereiteten. Der tolle Vizewachtmeister ritt nebenan und würde mir, als ich an das zertrümmerte Fenster stürzte, wahrscheinlich Einen ins Gesicht verabfolgt haben, wenn sich der Säbel nicht in dem durch den heftigen Sturm um Kopf und Arm geschleuderten Wasserdichten verwickelt gehabt hätte.

Auf die bescheidene Anfrage: „Sind Sie denn ganz verrückt?" brüllte er los: „Ja Donnerwetter, Sie waren ja aber gar nicht anders hoch zu kriegen und Ihr Kerl da auf dem Bocke muß auch wie ein Bär geschlafen haben. Helfen Sie mir um Gottes Willen, ich habe die Geldtasche verloren."

Das war eine schöne Geschichte! Nun ging's mit Zuhülfenahme der Wagenlaternen bei einem Hundewetter ans Suchen. Glücklicherweise fanden wir das Verlorene bald wieder. Der Riemen war gerissen und die nasse Geldtasche geplatzt. Da lag nun im Kreise von etwa 1 m Durchmesser Gold, Silber und Papiergeld wie ein Klümpchen Elend friedlich neben- und übereinander im Chausseedreck. Der ganze Krempel wurde zusammengeschrappt, in eine Pferdedecke praktizirt und auf den Vordersitz meines Wagens gelegt. Dann ging's im flotten Trabe weiter, Galopp durch die Ortschaften, rechts und links Husaren am Schlage. Auf einmal wurde so plötzlich gehalten, daß ich vornüber in den Kontributionsschatz flog. Die Pferde saßen in den Aesten einer umgestürzten Chausseepappel fest. Ob der Sturm oder der Feind dies Hinderniß bereitet hatte, sei dahingestellt; jedenfalls war es sehr fatal und konnte erst mit großem Zeitverlust beseitigt werden, nachdem die Pioniere uns eingeholt hatten. Dies Vergnügen wiederholte sich dann noch einmal!

Als wir vor der Kommandantur in Epinal eintrafen, fehlte der Omnibus mit den Geiseln, so daß rasch noch einmal Kehrt gemacht werden mußte. Die einzelnen Theile der Kolonne hatten durch den Aufenthalt bei den verschiedenen Hindernissen in unheimlich stürmischer, dunkler Nacht so weiten Abstand voneinander bekommen, daß es den Geiseln meiner Ansicht nach ein Leichtes gewesen wäre, zu entwischen. So schlau waren sie aber nicht und verschwanden nun mit kleinmüthig traurigen Gesichtern hinter dem großen Thore der Kommandanturwache, um am folgenden Tage nach Nancy weiterbefördert zu werden.

Wie lange ihr unfreiwilliger Aufenthalt daselbst gedauert hat, ist mir nicht bekannt. Aber die gefangen genommenen Ingenieure gaben die Franzosen, ungeachtet aller unserer Bemühungen und Austauschvorschläge, vorläufig nicht frei.

Wie traurig es den Aermsten ergangen ist, geht aus dem hier folgenden seiner Zeit erstatteten Berichte von Gockel hervor:

„Dem mir ertheilten Auftrage gemäß begab ich mich nach Remiremont, um den zerstörten Eisenbahnwagen Theile zu entnehmen, die sich zur Verwendung bei Bau der Mosel-Brücke eigneten.

In meiner Begleitung befanden sich der Werkmeister Spitzmüller, 2 Pioniere, 1 Trainsoldat und 2 französische Bahnwärter, die schon längere Zeit in unseren Diensten standen. Wir kamen mittags 1 Uhr in Remiremont an und blieben dort die Nacht. Spitzmüller und ich wurden im Hôtel du cheval de bronze, die Soldaten in einem benachbarten Hause untergebracht.

Etwa nachts $\frac{1}{2}$1 Uhr wurde ich durch heftiges Pochen an der Thür geweckt, und noch ehe ich Zeit hatte das Bett zu verlassen, war dieselbe eingeschlagen und das Zimmer mit Soldaten, Franktireurs u. s. w. angefüllt. Ein Offizier, vermuthlich der Mobilgarde, hielt mir den Revolver entgegen. Während ich seine beiden Arme erfaßte, entlud sich die Waffe, jedoch ohne mich zu verletzen. Ein weiterer Widerstand war unmöglich, weil 6 bis 8 Mann mir die Bajonette auf die Brust setzten.

In derselben Weise nöthigte man Spitzmüller zur Uebergabe. Wir mußten uns nun rasch ankleiden und, nachdem man uns Waffen, Geld, Uhren u. s. w. abgenommen hatte, losmarschiren.

In St. Amarin empfingen uns Franktireurs mit lauten Bezeugungen bestialischer Freude. Wie wir später erfuhren, hatten dieselben die menschenfreundliche Absicht, uns ohne Weiteres zu erschießen. Der Kommandant des Ortes war jedoch anderer Meinung und ließ uns ins Gefängniß werfen. Dies war ein fensterloser mit Steinen gepflasterter Stall, in welchem aus einem in der Ecke befindlichen Kübel wahrhaft pestilenzialische Düfte aufstiegen. Ein

Gendarm ließ sich erweichen und beschaffte uns ein wenig Stroh. Am nächsten Morgen wurden wir weiter transportirt, und zwar dieses Mal, indem man uns wie gemeine Räuber oder Mörder mit Ketten aneinander schloß. So ging es drei lange und bange Tage vorwärts, während deren wir theils zu Fuß, theils zu Wagen immer mit unseren Ketten weiter befördert wurden.

Als ein bemerkenswerther Zwischenfall während dieser Wanderung verdient erwähnt zu werden, daß man uns in die Schule eines Dorfes führte und uns den dort versammelten Kindern wie ein paar Ungeheuer vorzeigte. Offenbar wollte man schon den jungen Gemüthern den Haß gegen die »deutschen Räuber und Diebe« einpflanzen. Die hoffnungsvollen Sprossen der großen Nation musterten uns mit offenkundig starker sittlicher Entrüstung. Sonst will ich noch anführen, daß wir in La Champelle unter Franktireurs ins Gefängniß geworfen wurden. Ein Franktireur, der an solchem Orte weilt, gehört selbstverständlich zum Kern dieser Banditengesellschaft, und man kann daher ohne Mühe ermessen, in wie guter und angenehmer Gesellschaft wir uns befanden. Unsere Mitgefangenen ergossen zuerst eine endlose Fluth der gemeinsten Schmähungen über uns, und als wir diese mit stoischer Ergebung über uns ergehen ließen, wurden sie allmählich von förmlicher Raserei ergriffen und drohten uns mit Handgreiflichkeiten. Glücklicherweise veranlaßte der laute Lärm, den dieses Treiben hervorrief, den wachehabenden Gendarm, sich über die Ursache zu unterrichten, und unseren lebhaften Protesten gegen eine fernere Gemeinschaft mit diesem Gesindel gelang es endlich, das Gemüth des Gendarmen zu erweichen. Er brachte uns in ein besonderes Gemach. Am nächsten Tage ging es weiter, aber auf unserem ganzen Wege empfing uns das Volk überall mit Schreien, Pfeifen und den gröbsten Schimpfreden. In Belfort wurden wir endlich unserer Ketten entledigt. Hier fanden wir zum ersten Mal eine freundlichere Behandlung von Seiten des Kommandanten und des Vorstandes der dortigen Eisenbahn. Es war das der einzige lichte Moment in den Trübsalen unserer Gefangenschaft. Von Belfort wurden wir nach Besançon gebracht. Hier sammelte sich nach unserer Ankunft alsbald eine dichte Menschenmenge um uns, die uns auf das Pöbelhafteste beschimpfte und offenbar Lust zu Weiterem hatte. Die Rufe: »Nieder mit den Hunden! Schießt ihnen eine Kugel vor den Kopf! An die Laterne mit den Schweinen! Zertretet sie, die deutschen Spitzbuben!« wollten kein Ende nehmen. Der Kommandant des Ortes sah sich demzufolge genöthigt, uns in verschlossenem Wagen in's Gefängniß bringen zu lassen. Nachdem wir hier acht Tage verweilt hatten, wurden wir von Neuem, und zwar nach Lyon, weiter befördert. Hier brachte man uns ins Militärgefängniß, wo wir zu unserer Gemüthserquickung wenigstens einen Strohsack als Bettlager vorfanden. Schon am nächsten Tage aber (in Lyon herrschte damals eine starke Gärung) schaffte man uns nach Clermont weiter. Während der Fahrt stiegen auf allen Stationen Söhne der großen Nation auf die Wagentritte und theilweise in den Wagen selbst, um uns zu verhöhnen und zu beschimpfen. Die uns begleitenden beiden Gendarmen konnten uns einige Male nur mit großer Mühe vor körperlichen Mißhandlungen schützen. An unsere Beköstigung auf der Fahrt wurde gar nicht gedacht, und hätten uns nicht die Gendarmen um Gotteswillen einige Bissen von ihrem Proviant gegeben, so würden wir halb verhungert in Clermont angelangt sein. Hier gab man uns unsere Uhren und einen sehr geringen Rest unseres Geldes wieder. Mit dem Fehlenden hatte man angeblich unsere Kost im Gefängniß von Besançon und an anderen Orten bezahlt. In wenigen Tagen waren unsere Mittel gänzlich erschöpft, was uns um so unangenehmer war, da wir unmöglich in Uniform ausgehen konnten, und deshalb der Civilkleider bedurften. Zu unserem Glück machten wir bald nach unserer Ankunft die Bekanntschaft von etwa 25 deutschen Offizieren und mehreren gleichfalls gefangenen Schiffskapitänen, die unserer Verlegenheit abhalfen. Bald wurde die Stimmung der Bewohner von Clermont höchst feindselig gegen uns, und der Kommandant hielt es schließlich für nothwendig, uns nach vierwöchigem dortigen Aufenthalt nach Le Puy bringen zu lassen. Hier kamen wir aber aus dem Regen in die Traufe. Kinder wie Erwachsene riefen uns die gemeinsten Schimpfnamen zu und entblödeten sich nicht, mit Schnee und Steinen nach uns zu werfen. Eine Proklamation, die wir an den Straßen dieses Ortes angeschlagen fanden, enthielt u. A. die Stelle: »Die Preußen sind keine Soldaten, welche Soldaten tödten, sondern Schurken, welche Frauen und Kinder schänden und dann morden.« Im Hinblick auf eine derartige Belehrung konnte es uns nicht Wunder nehmen, daß die Bewohner von Puy uns keine freundlichen Gesichter zeigten, und die Vergünstigung, daß wir uns gegen Abgabe des Ehrenwortes frei im Orte bewegen durften, nützte uns unter solchen Umständen sehr wenig. Am 18. Januar, also fast drei volle

Monate nach der verhängnißvollen Nacht in Remiremont, wurden wir endlich infolge Auswechselung mit französischen Gefangenen für frei erklärt."

„Wenn man von solchen Leistungen der großen Nation, welche an der Spitze der Civilisation zu marschiren behauptet, hört, so beruhigt sich das eigene Gewissen wegen der manchmal nothgedrungen harten unbarmherzigen Behandlung des Feindes, dem es sicher noch viel schlechter ergangen wäre, wenn man dem lügenhaften, unverschämten Pack nicht doch noch mehr Anstand zugetraut hätte, als nach obigen Thatsachen berechtigt erscheint."

Im Hotel Robby wurde noch ein halbes Stündchen bei der letzten aus Epernay mitgebrachten Flasche Sekt verplaudert, und dann überließ ich den mit der großen Wäsche des Kontributionsschatzes eifrig beschäftigten Vizewachtmeister seinem Schicksale.

Der Kommandeur des Detachements hat, wie mir später von einem der Herren in unserem Generalstabe mitgetheilt wurde, das Abbrennen der Brücken nicht auf seine Kappe nehmen wollen. Mir erzeigte er dadurch einen großen Gefallen, indem ich als Attentäter erkannt und von dem General belobt wurde, welcher die Vorsichtsmaßregel durchaus billigte, obwohl ihm die schwer ins Gewicht fallende für unsere Sicherheit sehr bedenkliche Weinwirkung nicht einmal bekannt war.

<small>27. Oktober. Betriebseröffnung Blainville--Charmes. 26 km.</small>

Am 27. Oktober wurde nach Fertigstellung der Brücke bei Bayon der Betrieb auf der Strecke von Blainville bis Charmes eröffnet.

In der Organisation des Etappenwesens zur Zeit des Krieges vom 2. Mai 1867 heißt es: „Mit dem Bahnbetriebe haben sich zwar die Feldeisenbahn-Abtheilungen nicht zu befassen, die Leitung desselben liegt vielmehr den hierfür besonders einzusetzenden Betriebskommissionen ob. Zur Vermeidung von Zeitverlust hat sich jedoch der technische Chef der Feldeisenbahn-Abtheilung bis zur eintretenden Wirksamkeit dieser Kommissionen auf den hergestellten Bahnstrecken auch den mit deren Inbetriebsetzung verbundenen Geschäften zu unterziehen."

Diesen Betriebskommissionen waren, unter der Oberleitung des preußischen Handelsministeriums, alle Betriebsangelegenheiten der Eisenbahnlinien im Feindeslande übertragen, welche in friedlichen Verhältnissen den Eisenbahnverwaltungen zufallen.

Auf Wunsch der Betriebskommission in Nancy übernahm jedoch die Feldeisenbahn-Abtheilung zunächst die Leitung des Betriebes, nachdem verabredet war, daß die Munitions- und Proviantzüge möglichst mit den Maschinen und dem Personale der Kommission bis Charmes durchgehen sollten.

Nun traf zu unser Aller großen Freude direkt vom General v. Moltke der überraschende Befehl ein, die sämmtlichen Bauten auf der Strecke Charmes—Besoul sofort energisch in Angriff zu nehmen und diese Bahn so rasch wie möglich betriebsfähig herzustellen.

28. Oktober. Befehl zur Wiederherstellung der Bauwerke auf der Strecke Charmes—Besoul.

Wir erfuhren erst später, daß das Kriegsbild inzwischen ein ganz anderes Gesicht bekommen hatte.

Im großen Hauptquartier wurden die Streitkräfte des Feindes im südlichen Frankreich von vornherein erheblich unterschätzt. Man war dort der Ansicht, daß die Zersprengung derselben ein Leichtes sei, und ertheilte dem General v. Werder den Befehl, zum Angriff auf den zunächst stehenden Feind überzugehen.

Das war aber leichter gesagt als gethan! Es gelang zwar den Truppen unter den allergrößten Anstrengungen sowie durch aufreibende Märsche in kaum passirbarem, bergigem und waldigem Terrain, hier und da an den Feind zu kommen und ihm mehr oder weniger empfindliche Verluste beizubringen, auch den alten Narren Garibaldi mit seinen beiden Söhnen und mit den Schaaren, welche derzeit etwa 12 000 Mann mit 12 Geschützen betragen haben sollen, durch Gewehrsalven in regellose Flucht zu jagen; aber das war auch Alles!

Eine Verfolgung und Vernichtung der in allen Ecken auftretenden feindlichen Streitkräfte wollte in der gebirgsartigen, schluchtenreichen, durch anhaltenden Regen, wie geschickt angelegte Verhaue, Gräben und Barrikaden vielfach unwegsam gemachten Gegend trotz aller Anstrengungen nicht gelingen.

„Die Kerle sind überall und nirgends" — schrieb damals der General an seine Schwester —. „Wo sie nicht überraschend auftreten können, weichen sie unseren überlegenen Truppen aus. Man kann sie nicht fassen, aber von ihnen lernen, wie auszuweichen ist, wo wenig Chancen sind."

Der General machte kein Hehl daraus, wie empfindlich kränkend es für alle Betheiligten sei, daß vom großen Hauptquartier Unmögliches verlangt und das Geleistete unterschätzt wurde.

Es ist aber später die Genugthuung nicht ausgeblieben, und selbst in dem Werke des großen Generalstabes wird ausdrücklich anerkannt, daß die Streitkräfte des Feindes, deren Zersprengung dem XIV. Korps zur Aufgabe gemacht war, schon damals eine im großen Hauptquartier noch gänzlich unbekannte Stärke erreicht hatten, und daß sich die Armee des Generals v. Werder bei ziemlich ausgedehnter Aufstellung in der That einem an Zahl mehr als dreifach stärkeren Feinde gegenüber befunden hat. Kurz und gut, soviel stand jedenfalls damals schon fest, daß die Armee noch längere Zeit in unserer faulen Ecke mit dem Feinde zu thun haben würde, und daß sich dieselbe dann auf keine andere als die Eisenbahn Blainville—Vesoul—Dijon stützen konnte.

Nun waren unsere Flitterwochen vorüber und es begann ein zielbewußtes, ernsteres Arbeiten.

Die Abtheilung war in der vorhandenen Stärke der ihr gestellten Aufgabe, neben vielen untergeordneteren Leistungen etwa 250 laufende Meter gesprengter Brücken und Viadukte, welche sich auf einer 80 km langen Strecke vertheilt befanden, wieder herzustellen, nicht gewachsen.

Skalweit und Ruoff waren durch die Bauten bei Charmes, Wiebe und Kräuter desgleichen bei Epinal, Char d'Argant und Dounoux voll in Anspruch genommen.

Dem mir seit Kurzem von der Exekutivkommission überwiesenen, von der französischen Südbahn als Deutscher entlassenen Sektionschef v. Kietzel*) lag die Leitung des am 27. Oktober eröffneten Betriebes auf der Strecke Blainville—Charmes und die Beschaffung wie Verwaltung der Materialien ob.

Die Baustellen bei Xertigny und Aillevillers konnten daher nicht besetzt werden.

Ebensowenig reichte das übrige Personal und das Pionierdetachement aus.

Zur Beseitigung dieser Noth wurde das Ministerium in Karlsruhe telegraphisch um sofortigen Ersatz für die beiden gefangen genommenen Ingenieure gebeten; ebenso das Ministerium in Berlin und die Exekutivkommission um Verstärkung des Unterpersonals wie auch des Pionierdetachements.

30. Oktober. Nach Nancy. Dann fuhr ich mit Walter nach Nancy, um Bauhandwerker und Material heranzuholen. Ich fand daselbst diesmal ein pitsjeines

---

*) Zur Zeit Kaiserlicher Bauraths a. D.

Quartier bei der Gräfin v. Mirabeau, aber leider nur wenig Unterstützung seitens des Generalgouvernements, welches jede Requisition verweigerte und die vorhandenen Bauhandwerker im eigenen Interesse zur Wiederherstellung von Chausseebrücken u. s. w. verwenden zu müssen behauptete.

Zu dieser Noth kommt die schwere Sorge der Geld- und Materialienbeschaffung. Das Reglement über die Organisation des Etappenwesens im Kriege schrieb nämlich vor, daß die von den Feldeisenbahn-Abtheilungen zu bestreitenden Ausgaben durch Kontributionen gedeckt werden sollten. Das Generalgouvernement verwies die Abtheilung zu diesem Zwecke an den General v. Werder.

Aber dessen eigene Lage ließ, ganz abgesehen davon, daß uns sein derzeitiger Aufenthalt nicht einmal bekannt war, jede Unterstützung unmöglich erscheinen. Da blieb nur noch der Präfekt in Epinal, der spätere Finanzminister Bitter, als Retter in der Noth übrig.

Es war aber keine leichte Aufgabe, von diesem schon damals mit allen Eigenschaften eines sparsamen Finanzministers ausgestatteten Herrn Geld heraus zu bekommen.

In solchen Fällen pflegte man mit der Berufung auf Moltke gute Resultate zu erzielen. Ich hob deshalb hervor, daß dieser den Befehl zur schleunigen Wiederherstellung der Eisenbahn gegeben habe und telegraphisch benachrichtigt werden würde, falls mir die dazu erforderlichen Mittel nicht sofort zur Verfügung gestellt werden sollten. Das zog! und ich erhielt vorschußweise zunächst 12 000 Francs.

Ein weiteres Klagelied in dieser Richtung befindet sich in der als Anlage 2 beigefügten Eingabe an das Generalkommando des XIV. Armeekorps vom 2. November. Mit der Beschaffung der Materialien verhielt es sich ganz ähnlich.

Um zu zeigen, wie unglaublich büreankratisch hierbei seitens des Gouvernements verfahren wurde, lasse ich den Wortlaut eines der Militärbehörde nach dem Kriege erstatteten Berichts über die Frage, wie sich nach meinen Wahrnehmungen die derzeit gültigen, die Feldeisenbahn-Abtheilungen betreffenden reglementsmäßigen Bestimmungen bewährt haben, hier folgen.

„Einige Fälle aus meiner Praxis werden die Schattenseiten dieses Verfahrens genügend kennzeichnen.

In der ersten Zeit unserer Thätigkeit wurden, je nachdem es im Interesse der Sache lag, die Materialien entweder käuflich be

schafft oder requirirt. Da erließ das Generalgouvernement in Nancy eine Verfügung, worin ich angewiesen wurde, die von dort erhaltenen Vorschüsse zu derartigen Zwecken ferner nicht zu verwenden, weil reglementsmäßig alle Baumaterialien u. s. w. auf dem ordnungs=
mäßigen Wege, d. h. im vorliegenden Falle durch die Präfekturen requirirt werden müßten.

Ich stellte infolgedessen am 11. Dezember 1870 den schriftlichen Antrag bei der Präfektur in Epinal, so rasch wie möglich 1000 Schraubenbolzen, welche beim Bau des Viadukts Xertigny Ver=
wendung finden sollten, für die Abtheilung zu requiriren. Da die=
selben in Epinal nicht beschafft werden konnten, wurde mein Antrag an das Generalgouvernement zu Nancy und von dort an die Prä=
fektur der Meurthe zur sofortigen Erledigung weiter gegeben, welche dann die Mairie in Nancy mit Ausführung der Lieferung beauf=
tragte.

Die vielfachen Hin= und Herschreibereien ließen deutlich ersehen, daß die Mairie die Erledigung absichtlich verzögerte und auf eine rechtzeitige Ablieferung nicht gerechnet werden konnte. Ich beschaffte das Erforderliche deshalb anderweit, machte aber nichtsdestoweniger das Generalgouvernement wiederholt auf die Dringlichkeit der Lie=
ferung aufmerksam.

Am 30. Dezember, also fast drei Wochen später, erhielt ich von dort die Mittheilung, daß die Mairie nunmehr unter Androhung erheblicher Strafen veranlaßt sei, mit der Bestellung der Schrauben=
bolzen vorzugehen und angehalten werde, täglich 100 Stück nach Epinal zu liefern.

Nachdem der Auftrag Mitte Januar ausgeführt war, entstanden neue Schwierigkeiten und Korrespondenzen wegen Bezahlung der Rechnung.

Die Mairie zu Nancy hielt es nämlich für ungerecht, daß man sie mit einer Ausgabe belasten wolle, welche im Departement der Vogesen nothwendig geworden war. Die Präfektur in Nancy schloß sich dieser Ansicht an und verlangte nun von der Präfektur in Epinal die Zahlung der Rechnung im Betrage von 2655 Francs. Diese weigerte sich und ersuchte mich, die Zahlung aus den säch=
lichen Fonds der Abtheilung zu leisten, welcher Ausweg auch von dem Generalgouverneur für den besten gehalten wurde. Da wir uns zu jener Zeit jedoch schon auf der Rückfahrt in die Heimath befanden und ich keine Lust hatte, die Korrespondenz in dieser An=

— 47 —

gelegenheit, welche schon so viel Zeit (3½ Monat) unnütz beansprucht hatte, noch weiter fortzuführen, lehnte ich die Zahlung ab und antwortete der Präfektur in Nancy am 10. April 1871 auf ein Schreiben vom 4. April, daß sie sich an das königliche Kriegsministerium wenden möge. Möglicherweise ist die Sache daher noch nicht erledigt."*)

In einem anderen Falle habe ich die Requisition von Hölzern für den Bau eines großen Schuppens auf Bahnhof Donnoux beantragt und nach 10 Tagen die Antwort erhalten, daß die Requisition nicht ausführbar sei, die verlangten Gegenstände daher anderweit käuflich beschafft werden könnten.

Was wäre wohl daraus geworden, wenn man sich an derartige Vorschriften hätte binden wollen? Es wurde daher munter in der bisherigen Weise selbständig weiter requirirt und beschafft.

Vielfache Neuerungen entstanden infolge der zunehmenden Unsicherheit der Gegend rund um uns herum. In Epinal war der Alarmzustand an der Tagesordnung, und auch in Charmes wurden die Arbeiten an der Mosel-Brücke manchmal dadurch gestört.

Am 4. November begleitete mich Walter nach Epinal, wo die Anordnungen wegen der Wiederherstellung des gesprengten Viadukts getroffen werden mußten.

<small>4. November. Viadukt bei Epinal.</small>

Das stolze, ein reizendes Thal überspannende Bauwerk hatte bei 24 m größter Höhe über der Thalsohle eine Gesammtlänge von 140 m und neun halbkreisförmig überwölbte Oeffnungen von 15 m lichter Weite. Je drei derselben bildeten eine Gruppe innerhalb derart verstärkter Pfeiler, daß, wenn irgend ein Zwischenpfeiler gesprengt wurde, nicht das ganze Bauwerk, sondern nur eine Gruppe von drei Oeffnungen einstürzte.

Es wurde im Vorstehenden schon erwähnt, daß die Sprengung dieses Viadukts nicht vollständig gelungen, sondern ein halber Pfeiler mit den anliegenden Gewölbetheilen infolge des Umstandes stehen geblieben war, daß eine Mine versagt hatte.

Bei genauer Untersuchung stellte sich jedoch leider heraus, daß diese Mauerreste nicht mehr die genügende Stabilität besaßen, um hinüberfahren zu können, und daß auch mit Flickereien dieser Zweck nicht erreicht werden konnte.

---

*) D. h. am 1. Juli 1871, an welchem Tage dieser Bericht erstattet wurde.

Der stehengebliebene halbe Pfeiler mußte also mit den anliegenden Gewölbstücken herunter. Das Mauerwerk abzubrechen, wäre zu umständlich und zeitraubend gewesen. Wir beschlossen deshalb die Sprengung des Pfeilers.

Viaduht bei Epinal.

Kräuter verstand es, das Gewicht des hierzu erforderlichen Pulvers zu berechnen und setzte mit einigen Pionieren die Sache ins Werk. Von den zehn in der nicht entzündeten Mine vorgefundenen, je 1 Centner schweren Pulverfässern, wurden nur vier zur Sprengung verwendet. Die Beiseiteschaffung der überzähligen und die Anfertigung einer Zündschnur aus Baumwollfäden, Spiritus und Pulvermehl nahm so viel Zeit in Anspruch, daß schon der Abend graute, als die Sprengung vor sich ging. Um so größer war aber der Effekt. Es machte in der That einen großartigen Eindruck, als mit gewaltigem Krach die von einer Feuersäule hell beleuchteten Massen hoch in die Luft geschleudert wurden und mit dumpfem Getöse, in Staub und Pulverdampf gehüllt, niederprasselten.

Da es nach der Großartigkeit dieser Erscheinung den Anschein hatte, wie wenn die Zerstörung nicht auf den beabsichtigten Theil des Bauwerks beschränkt geblieben wäre, rannten Wiebe, Walter und ich, die wir einen für die Beobachtung gut gelegenen Berg bestiegen hatten, neugierig im Trabe hinunter, hatten aber die große Freude, daß die Sprengung vollständig gelungen, der Pfeiler verschwunden und der ganze übrige Bau unbeschädigt war.

Die Sprengöffnung war 26 m lang.

Kränter erschien leider mit stark verbrannten Kopf- und Barthaaren. Er hatte das Pulver prüfen wollen und beim Entzünden wohl nicht die nöthige Vorsicht gebraucht.

Bezüglich der Ausführung des Baues wurde beschlossen, daß möglichst hohe Trockenpackungen aus den vorhandenen Mauertrümmern hergestellt und darauf entsprechend verzimmerte Böcke zur Unterstützung der auf 6 m frei zu legenden Längsträger gebracht werden sollten.

In Epinal hatte man die Detonation für Kanonendonner gehalten. Kein Wunder, daß bei der Nervosität der Etappentruppen, zumal schon am Tage vorher ein Ueberfall beabsichtigt gewesen sein sollte, sofort Alarm geblasen wurde. Das Ende vom Liede war jedoch nur, daß die württembergischen Musiker, da sie nun doch schon auf den Beinen waren, uns im Hotel eins aufspielen mußten.

Die beiden folgenden Tage wurden der Brückenbaustelle bei Charmes gewidmet.

Daselbst traf am 6. abends die telegraphische Benachrichtigung von meinem Freunde Redlich,*) derzeit Mitglied der königlichen Eisenbahndirektion in Saarbrücken, ein, daß Metz kapitulirt habe und daselbst angeblich viel brauchbares Material für Feldeisenbahn-Abtheilungen vorhanden sei.

Ich fuhr infolgedessen am nächsten Morgen vor Tagesanbruch nach Charmes, von da mit Walter auf der Lokomotive nach Blainville und dann mit dem Postzuge auf der Pariser Linie weiter bis Frouard, wo die Bahn nach Metz abzweigt.

7. November.
Nach Metz 107 km.

Hier saßen wir fest, hatten aber das Glück, den Kollegen Haucke**) von der Betriebskommission in Nancy zu treffen. Ich theilte ihm mit, daß wir auf Befehl von Moltke eiligst nach Metz müßten, um Materialien zu holen, und daß ich die volle Verantwortung zu übernehmen bereit sei, wenn er uns sofort dahin fahren lassen wolle.

Zureden half!

In Ars sur Moselle entstand ein unwillkommener Aufenthalt, indem der Stationsbeamte die Maschine nicht weiter fahren lassen

---

*) Königl. Eisenbahnpräsident a. D.
**) Zur Zeit Baudirektor in Berlin.

wollte, weil Mitglieder der königlichen Eisenbahndirektion in Saarbrücken dieselbe Strecke von Metz aus befahren wollten. Nach längerem Hin- und Hertelegraphiren wurde jedoch, nachdem ich mich wiederholt auf den von Moltke ertheilten wichtigen Auftrag berufen hatte, abgedampft.

Ich sehe noch das böse Gesicht des entrüsteten Eisenbahnpräsidenten, welcher sich bei unserer Ankunft in Metz an der Spitze der Wartenden befand und dabei gestört war, die eben wieder hergestellte, seiner Verwaltung zugetheilte Eisenbahnstrecke mit juristisch scharfem Blicke in Bezug auf die Betriebssicherheit zu prüfen und dann zu übernehmen. Es wäre bei dem etwas komischen Eindrucke, den dies Friedensbild gewährte, geblieben, wenn nicht Grund zu der Befürchtung vorgelegen hätte, daß dem Kollegen Haucke Ungelegenheiten durch mich erwachsen könnten.

Um so größer war die Freude, auch Redlich in dem großen Generalstabe des Präsidenten zu finden. Derselbe gab der Sache gleich ein freundlicheres Gesicht, indem er rief: „Das ist die Franktireurabtheilung aus den Vogesen; daran ist natürlich der Krohn schuld."

Zu weiteren Auseinandersetzungen und Vorstellungen nahmen wir uns nicht die Zeit, überließen Haucke seinem Schicksale und begaben uns schleunigst auf die Suche nach dem Feldeisenbahn-Material.

Die Dunkelheit war schon eingetreten, als wir in die Festung kamen.

Da sah es entsetzlich aus! Ein nicht zu beschreibender Schmutz auf den Straßen, dabei keine Beleuchtung und ein Gewühl von durcheinander drängenden, nach Quartieren, Vorgesetzten und wer weiß, nach was sonst noch suchenden Offizieren und Mannschaften, daß man kaum vom Fleck kommen konnte. Dazu regnete es auch noch, was vom Himmel wollte. Auf der Mairie war das Durcheinander, Gedränge und Geschimpfe womöglich noch toller als draußen. Die armen, schlecht behandelten Beamten hatten bei dem kolossalen Andrange von Quartiersuchern vollständig den Kopf verloren.

Da blieb wieder nur der Weg der Selbsthülfe übrig. Wir begaben uns auf die Suche. Die Hotels waren so voll gepfropft, daß man kaum bis ins Wirthszimmer gelangen konnte, und an den Treppenaufgängen standen Posten, welche erklärten, daß Alles schon belegt sei. Plötzlich hörten wir Skandal in der Nähe und sahen, wie Unteroffiziere kurzen Prozeß mit einigen Blusenmännern

machten, indem sie dieselben aus einer Art Fuhrmannskneipe heraus=
schmissen. Der Wirth hatte die Pisangs aufgenommen und den
Soldaten die Thür gewiesen. Das durfte freilich nicht geduldet
werden. Wir fanden bei den Herausschmeißern freundliche Aufnahme,
aber wie das nicht anders zu erwarten war, ein sehr dürftiges
Quartier.

Die Festung machte einen entsetzlich traurigen Eindruck. Zer=
störungen, welche in Straßburg das Auge fesselten, fehlten hier zwar,
weil die Wirkung unserer Geschosse nicht bis in die Festung hinein
gereicht hatte. An deren Stelle trat aber ein nicht zu beschreibendes
Elend der Menschen, zumal der vielen zurückgebliebenen kranken, ver=
wundeten und jetzt sogar theilweise betrunkenen französischen Soldaten.

Das Entsetzlichste, was ich je gesehen habe, bot der in ein
großes Lazareth verwandelte Exerzirplatz innerhalb der Festung.
Auf demselben standen in dicht geschlossenen Reihen einige Tausend
bedeckte, zweietagig ausgebaute Eisenbahngüterwagen, welche bis auf
die kleinste Ecke mit unglücklichen Kranken und Verwundeten voll=
gepfropft waren. Es spottet jeder Beschreibung, wie es in diesen
nur zum Liegen oder Sitzen geeigneten niedrigen Räumen und den
engen Gassen zwischen den Wagenreihen aussah und roch. Eine
große Zahl der Elenden war zu schwach, um aus dem Wagen klettern
zu können, und daher genöthigt, ihre Nothdurft zu den Thüren hinaus
zu verrichten. Dazwischen lagen Verbandlappen, faulende Körper=
theile und Alles, was sonst die Luft verpesten kann, so massenhaft
herum, daß es den Eindruck machte, wie wenn dieser Augiasstall
niemals gereinigt worden wäre.

Von diesem Jammerthale aus sah man auf die Esplanade, wo
ein Kavallerielager gewesen zu sein schien. Da waren ähnlich
traurige Zustände.

Den Truppen hatten in der letzten Woche vor der Kapitulation
keine Lebensmittel mehr geliefert werden können, so daß sie sich fast
ausschließlich von Pferdefleisch ernähren mußten. Zu dieser Zeit
verminderte sich die Zahl der vorhandenen 20000 Stück Pferde
durch Abschlachten und Krankheiten um etwa die Hälfte, und die
übrigen waren zum großen Theil dem Verenden nahe. Mannsdicke
Baumstämme hatten die armen, halb verhungerten Thiere bis zu
einer Höhe, welche sie nur auf den Hinterbeinen stehend erreichen
konnten, soweit abgenagt, daß die Bäume umgefallen waren, und
jetzt die faulenden Kadaver der darunter verendeten Pferde bedeckten.

4*

In dem Werke des großen Generalstabes heißt es: „Verwundete Pferde, verbrannte oder verwesende Ueberbleibsel allerlei Art und nicht verscharrte Leichen, namentlich in der Nähe der mit Schlamm bedeckten Lagerplätze, zeugten deutlich von den durchlebten Leiden."

8. November.   Vormittags traf Bier nebst einigen Pionieren mit unserer schweren Maschine ein.

Die Franzosen hatten sich für den beabsichtigten Einfall in Deutschland mit Feldeisenbahn-Material sehr gut vorgesehen. Ganze Züge waren damit beladen. Einer derselben enthielt alle maschinellen und konstruktiven Theile, wie Kunstrammen, Pfähle, Gitterträger u. s. w., welche zur Herstellung von Flußüberbrückungen dienen. Ein anderer führte Dutzende von vollständig montirten Drehscheiben, je zur Hälfte auf einem Wagen verladen. Da alle Geleise des Bahnhofes mit den aus dem gefährdeten Eisenbahnbereiche früher in Sicherheit gebrachten Lokomotiven und Wagen dicht besetzt waren, bedurfte es sehr umständlicher Rangirbewegungen, um an jene Züge heranzukommen, was um so schwieriger war, als ganze Gerippe, sowie die Häute und Knochen von geschlachteten Pferden so massenhaft auf und zwischen den Geleisen herumlagen, daß ohne vorherige Beseitigung derselben kaum ein Wagen bewegt werden konnte. Was das für eine Arbeit, wie Plage für die Nasen war, unterlasse ich besser näher zu beschreiben.

Mit Zuhülfenahme einer rasch angeheizten französischen Lokomotive gelang es schließlich noch vor Dunkelwerden einen etwa 20 Achsen starken Zug mit hölzernen Gitterträgern und langen Baumstämmen auf dem Außenbahnhofe zur Abfahrt bereitzustellen.

Vorsicht ist die Mutter der Weisheit! Unsere Leute bekamen deshalb den Auftrag, die Nacht beim Zuge zu bleiben und sich nichts davon abknöpfen zu lassen.

Onkel Walter, der, wie stets, auch an diesem Tage tüchtig mitgearbeitet hatte, und ich wanderten in die Stadt, wo wir mit eben angekommenen Kollegen der Feldeisenbahn-Abtheilung I, deren Chef der Regierungs- und Baurath Dircksen,[*]) ein Freund von mir, war, einen recht fidelen Abend verlebten.

Da diese Konkurrenz gefährlich werden konnte, weil mit dem schneidigen Dircksen nicht zu spaßen war, ich auch aus Andeutungen von ihm schon vernommen hatte, daß er sein Augenmerk vornehmlich

---

[*]) Zur Zeit Oberbau- und Geheimer Regierungsrath in Erfurt.

auf diejenigen Materialien gerichtet hatte, welche sich bereits in dem von uns zusammengestellten Zuge befanden, wurden die von Bier Kluger Weise mitgebrachten Pferde morgens vor Sonnenaufgang schon bestiegen, um bei Tagesanbruch abfahren zu können.

Das war ein langer Ritt bis zu dem Außenbahnhofe und eine fatale Ueberraschung, daß sich der Zug nicht mehr dort befand.

Also zurück nach dem Stationsgebäude, wo wir erfuhren, daß derselbe einem nach Dunkelwerden eingetroffenen Militärzuge hatte Platz machen müssen und in zwei Theilen nach weit entfernten Geleisen gedrückt war.

Der Führer auf der Lokomotive und Bier, im letzten Wagen fest schlafend, hatten dies nicht bemerkt.

Als wir dieselben nach 1½stündigem Suchen, während welcher Zeit es schon heller Tag geworden war, endlich trafen, befanden sie sich im heftigen Streite mit Beamten von Dircksens Abtheilung, welche mein Mittel der Berufung auf Moltke, aber mit wenig Erfolg, in Anwendung brachten und behaupteten, daß die in unserem Zuge befindlichen Brückenträger ihrer Abtheilung für die Wiederherstellung der Linie Metz—Thionville überwiesen seien. Dem Streite wurde durch sofortige Abfahrt rasch ein Ende gemacht.

Vor der Einfahrt in den Bahnhof Nancy blieben wir infolge Defektwerdens unserer Lokomotive liegen und liefen zum zweiten Male Gefahr, das schwer Errungene wieder los zu werden.

Ob der auf der Station anwesende Eisenbahndirektor bei der General-Etappeninspektion der Zweiten Armee, Vogt, durch die Meldung von dem Liegenbleiben des Feldeisenbahnzuges oder durch Depesche von Dircksen auf uns aufmerksam geworden war, mag dahingestellt sein.

Kurz und gut, dieser Herr trat plötzlich mit der Behauptung heran, daß er Befehl habe, Hand auf das gesammte in Metz erbeutete Material zu legen, und deshalb bedaure, unseren Zug nicht weiterfahren lassen zu dürfen.

Es mochte ja etwas Wahres daran sein, aber so leichtgläubig war ich denn doch nicht, ihm eine derartige Machtbefugniß ohne Weiteres einzuräumen.

Es gab lange, ziemlich heftige Erörterungen.

Schließlich wurde verabredet, die Exekutivkommission in Versailles telegraphisch um eine Entscheidung anzugehen.

Nachdem die gemeinschaftlich aufgesetzte Depesche befördert war und ich auf Wort versichert hatte, das Material wieder zurückführen zu wollen, falls dasselbe einer anderen Feldeisenbahn-Abtheilung überwiesen werden sollte, dampften wir weiter.

Den Ministerialdirektor Weishaupt in Versailles bat ich aber in einer zweiten, von der nächsten Station abgegebenen, lamentabelen Depesche um Belassung der Gegenstände und die Freude war groß, als wir nachts bei unserer Ankunft in Charmes schon die zusagende Antwort vorfanden.

v. Kietzell ist dann noch einmal nach Metz gefahren, um einige Wagenladungen, welche wir wegen Schwere des Zuges stehen gelassen hatten, nachzubringen.

9. November. Differenz mit Johannitern.

Da der an diesem Tage noch jungfräuliche Soldatenmagen zu knurren anfing und es zu viel Zeit in Anspruch genommen haben würde, wenn die Pioniere von der Etappe hätten verpflegt werden sollen, nahm ich dieselben, während Walter draußen bei unserem Zuge blieb, mit nach der Station hinein und gab den Unteroffizieren Geld mit dem Auftrage, die Leute in der Bahnhofsrestauration verpflegen zu lassen.

Bald darauf meldeten dieselben, daß nicht aus Buffet zu kommen sei, weil das Lokal voll Damen und Herren stände, und daß sie sich mit den Kellnern, welche kein Deutsch sprächen, nicht hätten verständigen können.

Es waren, wie ich mich überzeugte, größtentheils Herren in Johanniteruniform und schwarz gekleidete Französinnen, welche einen Gefangenenzug erwarteten.

Da dieselben meinem freundlichen Ersuchen, Platz für hungrige Soldaten zu machen, keine Folge leisteten, eilte ich, entrüstet über solche Zustände, nach dem Etappenbureau und führte Beschwerde bei dem Kommandanten.

Da erhob sich einer der Adjutanten von seinem Schreibstuhle mit den Worten: „Gestatten Herr Oberst, daß ich die Sache ordne?"

Und siehe da, es war Freund v. Bock, der sich nun rasch den Degen umschnallte, eine kolossal entrüstete Dienstmiene aufsetzte und ohne sich Zeit zu einer herzlichen Begrüßung zu nehmen, so rasch nach der Restauration eilte, daß ich ihm in dem Gedränge auf dem Perron kaum folgen konnte.

Mit der ersten energischen Aufforderung, Platz für die Leute zu machen, hatte er aber auch kein Glück.

Die ihm der Mehrzahl nach bekannten Herren, in deren mit allen möglichen Liebesgaben reichlich ausgestatteten Büreauräumen er schon so manches delikate Frühstück eingenommen und seine Weine getrunken hatte, lachten über seine energische Aufforderung und ich hörte die Worte: „Aber lieber Baron, was fällt Ihnen denn ein, lassen Sie die Kerle doch anderswo verpflegen."

Das ging dem alten Bock aber über den Spaß! Und nun folgten Komplimente, die nicht gerade geeignet waren, sie hinter den Spiegel zu stecken, aber den Erfolg hatten, daß Männlein und Weiblein sich entrüstet fragende Blicke zuwarfen und es für angemessen hielten, das Lokal zu räumen.

Auch die Kellner konnten sich, nach einer leichten Berührung mit Bocks Degenscheide, auf einmal mit den Pionieren verständigen; kurz, aus der französischen Restauration war, wie sich's gehörte, „plötzlich eine deutsche geworden".

v. Bock hat aber von den im Ueberfluß vorhandenen Magenstärkungen der Johanniter leider nichts mehr zu sehen, deren Einfluß aber dadurch zu fühlen bekommen, daß er bald nach diesem Erlebnisse als Adjutant des Generaldirektors der Staatstelegraphie nach Versailles abkommandirt wurde, ungeachtet ich Gelegenheit fand, ihn bei dem Generalgouverneur v. Bonin, der mich dieserhalb befragte, den Anklagen der Johanniter gegenüber warm in Schutz zu nehmen.

An der Mosel-Brücke hatte Stalweit inzwischen mit einigen Hundert requirirten Franzosen die Aufräumungsarbeiten im Flußbette kräftig betrieben und den Wasserstand oberhalb des an Stelle der früheren Brücke vorhandenen, aus den Mauertrümmern derselben gebildeten Wehres um etwa 1½ m gesenkt, so daß man die Zerstörung jetzt schon besser beurtheilen konnte.

<small>10. November. Mosel-Brückenbau bei Charmes.</small>

Die Mittelpfeiler der Brücke waren sämmtlich auf dem unter dem niedrigsten Wasserstande liegenden Sockel glatt abgebrochen und ruhten fast in vollem Zusammenhange, ein Beweis, wie vorzüglich sie gemauert waren, 45 bis 50 Grad geneigt, mit der Breitseite auf den Gewölbetrümmern und mit der Drehkante noch auf ihren Fundamenten.

Die Pfeiler zu beseitigen und auf den alten unter Wasser liegenden Fundamenten wieder aufzumauern, hätte zu viel Zeit in Anspruch genommen.

Mosel-Brücke bei Charmes.
1255 m. lang.

Es blieb daher keine andere Wahl, als die umgestürzten Pfeiler vorläufig nothdürftig trocken zu unterfangen, oben lagenhaft abzutreppen und darauf zu mauern. Nachdem diese Arbeit eben begonnen war, trat plötzlich wieder Hochwasser ein und riß zum zweiten Male sämmtliche Laufbrücken fort. Da das Steinmaterial

Mosel-Brücke bei Charmes.

nun nicht mehr aus den Trümmern im Flußbette entnommen werden konnte, wurden die Brüstungsmauern der übrigen Bauwerke an der Strecke zwischen Charmes und Epinal abgebrochen und das Material in Eisenbahnwagen bis ans Ufer und dann in Kähnen an die Pfeiler geschafft.

Nachdem die Hochfluth wieder verlaufen und bald darauf ein sehr niedriger Wasserstand eingetreten war, gelang es, zwei Pfeiler mittelst Lokomotivwinden auf ihren Fundamenten hoch zu richten, während die übrigen unter Wasser mit Cementbeton fest unterstopft, darüber vermauert und mit großen Steinblöcken derart umpackt wurden, daß die Gefahr einer Unterspülung jetzt wohl als beseitigt betrachtet werden konnte.

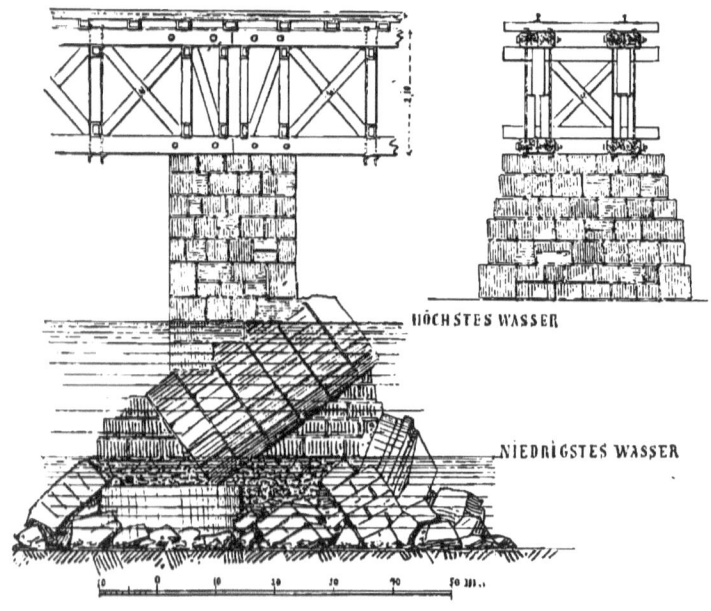

Ansicht eines Brückenpfeilers.

Die Aufführung des Mauerwerks wurde bald durch den eingetretenen scharfen Frost, bei welchem zeitweise sogar das Steinmaterial erwärmt und das Wasser zur Mörtelbereitung gekocht werden mußte, derart erschwert, daß es geboten erschien, die Pfeiler in einer geringeren als der ursprünglich beabsichtigten Höhe aufzumauern und das Planum auf beiden Seiten der Brücke 3 m zu senken, was übrigens, zumal auf der Nordseite, auch viel Arbeit machte, weil die Bahn daselbst im Einschnitt lag und ein Chausseeübergang in Mitleidenschaft gezogen wurde.

Sechs von den bis 17 m weiten Brückenöffnungen mußten frei überspannt werden, indem es nicht gelang, Pfähle in den steinigen Untergrund zu treiben und die Aufführung gemauerter Zwischenpfeiler in dem nicht wasserfreien Theile des Flußbettes zu viel Zeit erfordert haben würde.

Hierzu wurden Fachwerkträger und zu deren Diagonalen 2500 laufende Meter Bahnschwellen verwendet.

Die den Untergestellen der in Remiremont verbrannten Wagen entnommenen Zugstangen lieferten das Material zu den Vertikalverbindungen.

Die größte Schwierigkeit machte die Anschaffung der 18 m langen, 30 zu 35 cm starken Gürtungshölzer. Neunzehn derselben hatten wir in Metz, Nancy und Remiremont gefunden.

Die fehlenden 29 Stück waren nirgendwo vorräthig und nach eingezogenen Erkundigungen nur in den etwa 30 km von der Brückenbaustelle entfernten Staatswaldungen bei Rambervillers vorhanden.

Da der Abtheilung keine genügende Bedeckung zur Verfügung stand, um dahin gelangen und das Fällen der Hölzer selbst bewirken zu können, wurde der Mairie in Charmes pro forma die Beschaffung derselben bei Androhung hoher Strafen für den Fall der Weigerung übertragen und das erforderliche Fuhrwerk in den benachbarten Dörfern requirirt.

Thatsächlich übernahm ein für das Wohl der Stadt besorgter Holzhändler in Charmes mit traurigem Gesichte die Beschaffung gegen eine Vergütung von 35 Francs pro Kubikmeter bei rechtzeitiger Ablieferung. Für diese gute Handlung hat der arme Teufel außer dem Sündengelde von 7000 Francs, welches der seinen Landsleuten auferlegten Kontribution entnommen wurde, später von diesen jämmerliche Prügel bekommen.

Ich schnitt mit einem gelinden Rüffel von Seiten des Generalgouvernements dafür ab, daß ich ohne Genehmigung des Civilgouverneurs in den Staatswaldungen Hölzer hatte fällen lassen.

Uebrigens leistete auch der Maire von Charmes, jedoch ohne ein persönliches Interesse zu verfolgen, unseren Wünschen nach Kräften Vorschub, um die Stadt von den enormen Einquartierungslasten und drückenden Requisitionen aller Art baldmöglichst zu befreien, welche mit der Kopfstation einer die Verbindung zwischen der Armee und deren Heimath bildenden Eisenbahn unvermeidlich verknüpft sind.

Das geschah aber selbstverständlich nur unter vier Augen. Nach außen mußte wieder geschauspielert und schriftlich die Sache so gedrechselt werden, daß es den Anschein hatte, wie wenn der Maire den schärfsten Requisitionen Folge gegeben hätte.

Die Verzimmerung der Fachwerkträger erfolgte in dem großen Bahnhofs-Güterschuppen durch Pioniere und 50, gegen einen Tagelohn von 6 Francs beschäftigte Zimmerleute, welche infolge freundlicher Vermittelung der Generaldirektion der badischen Verkehrsanstalten, mit einem sehr tüchtigen Meister, Namens Hübscher, von Karlsruhe herübergekommen waren.

Nach Verlauf von 14 Tagen, in welcher Zeit häufig auch nachts gearbeitet wurde, konnten die Träger auf die erste Oeffnung gebracht werden. Dann trat leider wieder Hochwasser ein, welches die unter den Transportbrücken angebrachten Böcke fortriß, so daß die Träger nur noch auf den Köpfen der umgestürzten Brückenpfeiler ruhten und bei der großen freitragenden Länge zu schwach für den Transport der schweren Gürtungshölzer waren. So lange das Hochwasser anhielt und bis die Transportbrücken wieder hergestellt waren, halfen wir uns in der Weise, daß die langen Hölzer oberhalb der Brücke in den Fluß gelassen und an langen Tauen derart dirigirt wurden, daß sie beim Hinabtreiben in derjenigen Oeffnung vor den Pfeilerköpfen fest zu sitzen kamen, wo sie verwendet und hochgezogen werden sollten. Dies Kunststück gelang bei der starken Strömung immer erst nach einigen mißglückten Versuchen und kostete zwei schwer zu ersetzende Gürtungshölzer, welche beim Anprall an den Pfeiler durchbrachen.

Der erste, welcher bei diesen beschwerlichen Arbeiten ein unfreiwilliges, kaltes Bad in der Mosel nahm, aber glücklich davon kam, war Knoff. Als Frost und Schneegestöber eintrat, stürzten fast täglich Leute ins Wasser, was bei der Hast, mit der gearbeitet wurde, ungeachtet aller Vorsichtsmaßregeln nicht verhindert werden konnte. Einmal nahmen sogar sechs Zimmerleute gleichzeitig das kalte Bad, wovon zwei so stark beschädigt wurden, daß sie ins Lazareth gebracht werden mußten. Ertrunken ist jedoch Niemand, da es den unterhalb der Brücke postirten Fischern, welche sich, sobald ein bestimmtes Signal ertönte, mit ihren Booten sofort auf den Fang begaben, stets gelang, die Leute zu retten, welche dann schleunigst in ein nahegelegenes Wärterhaus gebracht wurden, wo trockene Kleider und wärmende Getränke vorräthig waren.

Bei fortschreitender Arbeit stellte sich leider heraus, daß ein Theil des nach der Gefangennahme von Spitzmüller ohne genügende Aufsicht in der Werkstatt zu Epinal angefertigten Eisenzeuges nicht paßte, und daß auch eine in Karlsruhe gemachte Bestellung falsch ausgeführt war.

Der hierdurch veranlaßte Zeitverlust fand jedoch dadurch einen Ausgleich, daß es bei dem inzwischen eingetretenen, sehr niedrigen Wasserstande möglich wurde, die letzte Brückenöffnung durch Aufmauerung eines Zwischenpfeilers zu theilen und mit den niedrigen Metzer Gitterträgern zu überspannen.

Je näher die Vollendung der Arbeiten heranrückte, um so bedenklicher traten die Bestrebungen des Feindes auf, unser Werk wieder zu zerstören. Das Bedeckungskommando an der Brücke wurde deshalb verstärkt, und wiederholt rückte die Besatzung von Charmes in der Nacht aus, weil man schießen gehört hatte. Zu einer ernsten Sache ist es jedoch, abgesehen davon, daß in der Gegend von Châtel einmal eine Patrouille gefangen genommen und ein Mann erschossen wurde, meines Wissens um diese Zeit bei Charmes nicht gekommen.

Die in der Nähe wohnenden Franzosen machten später kein Hehl daraus, daß sie die ihnen angedrohten harten Strafen für den Fall einer Zerstörung der Brücke gefürchtet und deshalb die Franktireurs vermocht hätten, Abstand davon zu nehmen. Jedoch war es immerhin sehr störend, daß die Pioniere und Arbeiter wegen dieser Beunruhigungen nachts nicht in dem der Baustelle zunächst gelegenen Dorfe Essegney bleiben konnten, sondern nach Charmes befördert werden mußten, wo die Mannschaften bei den Bewohnern einquartiert und die Arbeiter in einem Bahnhofsschuppen untergebracht wurden.

Die Beförderung nach und von der 4 km entfernten Baustelle erfolgte mit dem Feldeisenbahnzuge. Die Verpflegung fand an der Baustelle statt, wo entsprechende Einrichtungen, getrennt für Deutsche und Franzosen, getroffen waren.

Die Lebensmittel wurden in den nächsten Ortschaften requirirt. Die Löhnung der französischen Arbeiter erfolgte direkt durch die Vertrauensmänner der zu den Kontributionen verpflichteten Gemeinden nach Listen, welche von Seiten der Abtheilung kontrolirt wurden. Auf diese Weise vermied ich das Durchlaufen dieser Beträge durch unsere Rechnung und wälzte damit nicht allein eine umfangreiche Arbeit, sondern auch alle Beschwerden Einzelner in der ersten Instanz auf die Schultern der Vertrauensmänner ab.

Am 13. Dezember fand die fidele Festfahrt über die Mosel-Brücke nach Epinal statt, auf welche ich weiterhin noch zurückkommen werde. Der Bau hatte also, ungeachtet der denkbar ungünstigsten Witterungsverhältnisse und dreimaliger Unterbrechung durch Hochwasser, nicht ganz sechs Wochen — so war die Bauzeit von vornherein von mir geschätzt — in Anspruch genommen.

Nach dem Befahren der rechnungsgemäß etwas schwachen Fachwerkträger mit einer schweren Maschine zeigten diejenigen, welche beim Aufstellen durch Böcke unterstützt gewesen waren, eine bleibende Durchbiegung von 4 bis 5 cm, und die bei Hochwasserständen freiliegend montirten bis zu 8 cm. Diese Differenzen wurden, nachdem die Vertikalstangen noch einmal fest angezogen waren, durch Unterklotzen der Schwellen ausgeglichen. Die vorübergehende Durchbiegung der Träger beim Befahren mit schweren Lokomotiven betrug 2 bis 3 cm. Eine sehr gefährliche Probe bestand die Brücke bald nach Eröffnung des Betriebes, indem ein von Charmes abgelassener Zug, welcher in dem starken Gefälle bei Glatteis nicht rechtzeitig zum Halten gebracht werden konnte, zwei mitten auf der Brücke stehende Lowrys zertrümmerte und aus dem Geleise warf, ohne daß die Brücke irgend welchen Schaden nahm. Ich kann den Eifer und die Ausdauer aller bei diesem Bau Mitwirkenden nicht genug loben. Es war ein frisches, fröhliches Schaffen, dank dem guten kameradschaftlichen Einvernehmen zwischen Stalweit, Ruoff und Walter auch nicht ein einziges Mal durch Mißklang gestört.

Ich habe die Badenser bei dieser Gelegenheit recht lieb gewonnen. Sowohl die Pioniere wie die Gesellen des energischen Zimmermeisters Hübscher verstanden mit Geschick anzufassen. Sie waren bei der Arbeit unverdrossen und ließen zwischendurch, zumal wenn ich auf die Baustelle kam, manch schönes vierstimmig eingeübtes Lied erschallen, wissend, daß ich von gleich tüchtigen Leuten die fröhlichsten am liebsten hatte.

Der Unteroffizier Tresszger und der Gefreite Fraenkel von der 2. badischen Pionier-Kompagnie, welche sich bei der Belagerung von Straßburg schon sehr brav benommen hatten, erhielten später das Eiserne Kreuz.

Ich komme nun zunächst an der Hand meiner Tagebücher auf die eigenen Erlebnisse und die sonstige Thätigkeit der Abtheilung seit dem 11. November zurück.

Zunächst mußten die von Metz herangeschafften Bautheile an

den Ort ihrer Bestimmung transportirt werden. Das hierzu erforderliche Fuhrwerk wurde in dem zwischen Charmes und Epinal gelegenen Dorfe Châtel requirirt. Auf solchen Touren war der Rittmeister v. Hagen von den Blücher-Husaren, welchen die schnippische Marie in Charmes den diable rouge nannte, häufig mein Begleiter. Wir hatten uns schon oft darüber geärgert, daß man in den Dörfern von allerhand Fixkötern angebellt wurde. Als uns dies, ungeachtet vorhergegangener Androhungen, im Dorfe Portieu jetzt wieder passirte, ließen wir ein Revolverduett erschallen. Dasselbe hatte jedoch nur den Erfolg, daß die Pisangs mich auslachten, als sie meinen Gaul bei Verfolgung des Reißaus nehmenden Köters abgehen sahen. Der diable rouge war ein seßhafter, trunkfester Krieger und konnte sich daher schwer von der guten Kneipe wie netten Wirthin in Châtel trennen. Falls ihn diese Zeilen noch unter den Lebenden treffen sollten, wird er sich des tollen Rittes am 11. November von Châtel nach Charmes zurück in unheimlich dunkler kalter Nacht bei scheußlichem Schneegestöber wohl noch erinnern. Meinem langbeinigen Schimmel, der übrigens schon einmal bei der Rekognoszirung nach Xertigny lahm geworden war, bekamen derartige Ritte schlecht, so daß er kalt gestellt werden mußte. Der Rittmeister, der sich wohl ein wenig mitschuldig fühlte, bemühte sich deshalb, einen besseren Gaul ausfindig zu machen, und schickte eines schönen Tages deren zwei, welche seine Husaren in dem bei Plombières gelegenen, dem General de Mirbeck gehörigen Château Pusy entdeckt hatten.

Nachdem vorschriftsmäßige Requisitionsscheine mit Genehmigung des Generalkommandos ausgestellt waren, bekam Klein den großen braunen Wallach und ich die kleine arabische Schimmelstute, die bis zum Ende des Krieges treu ausgehalten hat und am Schluß dieses Tagebuches noch eine besondere Rolle spielt.

Zwei Tage darauf begab ich mich mit Walter nach Aillevillers, einer kleinen, 30 km hinter Xertigny an der Linie nach Besoul gelegenen Eisenbahnstation, in deren unmittelbarer Nähe ein Viadukt gesprengt war. Wechselpferde wurden nach Epinal vorausgeschickt, bis wohin wir uns dem Einspänner von Stalweit anvertrauten. Der Gaul war dummerweise zu lang gesträngt und ging, als wir einen steilen Berg hinunterfuhren, über Stock und Stein bis Châtel durch, wo ihn Soldaten auf der Brücke festhielten.

Da Wagen und Geschirr erst geflickt werden mußten, trafen

13. November. Nach Aillevillers.

wir so spät in Epinal ein, daß es vorgezogen wurde, daselbst zu übernachten. Im Hotel Robby saßen die fidelen rothen Husaren. Sie waren aber mit einem gesunden Durste von der Alarmirung zurückgekommen und hatten daher, wie wir, genügenden Anlaß, die Errettung aus Lebensgefahr zu feiern. Wie so manches Mal schloß auch diese Alarmirung friedlich mit einem recht heiteren Kneipabende ab, an welchem unter Anderem folgende drollige Geschichte passirte.

Ein Kriegsfreiwilliger vom diable rouge erlaubte sich, durch die Oeffnung in der Wand, welche zum Hineinreichen der Speisen diente, mit dem Küchenpersonale zu schäkern. Dieser in Gegenwart vieler, das weibliche Geschlecht ebenfalls verehrenden hohen Vorgesetzten begangene Leichtsinn wurde sofort in der Weise bestraft, daß das zierliche Männchen von den Zunächstsitzenden bei den Beinen hochgehoben und, ehe es sich's versah, durch das Loch in die Küche befördert wurde. Ihm folgte ein Zweiter, der unvorsichtigerweise den Kopf neugierig hinterher ins Loch gesteckt hatte und, wenn ich nicht irre, noch ein Dritter.

Das war so recht was für die kleinen Küchenstudentinnen, denen die Lache aber sofort verging, als die unfreiwilligen Eindringlinge die Thür abschlossen und die Französinnen um zur Strafe in der umgekehrten Richtung durch das Loch beförderten, wobei wir, um Unglück zu vermeiden, vom Zimmer aus selbstverständlich thatkräftig Hülfe leisteten. Ungeachtet die kleinen Personen, von der dicken Köchin abgesehen, sich ihrer Chaussure und zierlichen Füßchen nicht zu schämen brauchten, fingen alle an jämmerlich zu heulen. Als dann aber ein Sammelteller am Tische herum und in die Küche gereicht war, sah man wieder fidele Gesichter. Schlußszene „Gesang in der Küche".

Uebrigens ließ sich die Mittagsgesellschaft von Madame Robby sehr viel gefallen. Trotz allen Schimpfens gab es immer wieder Braten mit Knoblauchsgeruch „odeur d'aile" genannt. Ich kenne keinen widerlicheren Gestank und Geschmack als den von Knoblauch und erklärte, als selbst feine Poularden dadurch ungenießbar gemacht waren, daß der Braten, wenn ich dies noch einmal erleben sollte, zum Fenster hinausfliegen würde.

Mit den Worten „pour les chiens" wurde das Versprechen bei der nächsten Anwesenheit eingelöst.

Ich sah jetzt Madame Robby zum zweiten Male heulen; die Stammgäste waren mir dankbar für die Befreiung von Knoblauch=

genüssen, die es von dem Tage ab nicht mehr gab. Mit Worten sind auch Französinnen nicht zu kuriren.

Vor Tagesanbruch wurde am folgenden Morgen die Fahrt fortgesetzt.

Nach Aillevillers führen zwei große Straßen: die eine westlich der Eisenbahn über Bains, die andere östlich über das berühmte, ehemalige kaiserliche Bad Plombières. Letztere ist die bequemste und kürzeste Verbindung. Da sie aber wegen der Unsicherheit in dieser waldreichen Gegend schon seit einiger Zeit nicht mehr als Etappenstraße diente und keine Bedeckung zu bekommen war, mußten wir den großen Umweg über die 40 km lange, vielfach in schnurgerader Richtung über hohe Berge und tiefe Thäler führende, scheußliche Militärstraße machen und trafen erst spät abends in dem 8 km von Aillevillers gelegenen Städtchen St. Loup ein, wo wir übernachteten, weil jener Ort abseits der Etappenstraße liegt und keine Besatzung hatte.

Hier war der mir schon als Detachementsführer von Remiremont her bekannte württembergische Stabsoffizier Kommandant. Derselbe brachte sehr bald die Unterhaltung auf das damals Erlebte und führte entschuldigend an, daß er die Franzosen inzwischen besser kennen gelernt habe und dieselben in ähnlicher Lage nicht wieder mit Glacéhandschuhen anfassen werde. Er sorgte für ein leidliches Quartier, in dem wir noch unsere Freude über den roth-republikanischen Wirth hatten, der Napoleon mit seiner Sippe verfluchte, weil dieser dummerweise den Krieg zu früh, ohne genügende Vorbereitung begonnen und sein Vaterland ins Unglück gestürzt habe.

Mit der Zusage des Kommandanten, daß von Beginn des Baues ab ein Infanteriedetachement nach Aillevillers gelegt werden solle, begaben wir uns früh morgens unter Husarenbedeckung dahin auf den Weg.

Der Ort liegt langgestreckt in einer Thalsenkung, welche die Eisenbahn innerhalb des Dorfes mittelst eines 60 m langen und 14 m hohen, gewölbten Viaduits überschritten hatte, der jetzt vollständig in Trümmern lag.

Um für die hölzerne Ueberbrückung eine geringere Höhe zu erhalten, wurde angeordnet, das Planum der Eisenbahn 2 m zu senken und die anschließenden Dämme abzutragen.

Für 27 m Länge standen Metzer Fachwerkträger zur Verfügung. Die Abtragsmassen aus den Dämmen deckten 17 m

Viadukt bei Hilleviliers.

Oeffnung, und die übrig bleibenden 16 m sollten mit starken Balken überspannt werden.

Auf diese Weise entstand die in der Abbildung dargestellte Konstruktion. Die Höhe der aus Eichenstämmen verzimmerten sechs Böcke richtete sich nach der Länge der zur Verfügung stehenden Hölzer und der an den betreffenden Stellen ohne erhebliche Transporte greifbaren Trümmermassen zur Herstellung der trocken gepackten und äußerlich gemauerten Steinsockel. Abgesehen von der umständlichen Beschaffung und Anfuhr der Hölzer auf schlechten verschneiten Waldwegen sowie dem Arbeitermangel in dieser Gegend war die Ausführung des Baues mit keinen erheblichen Schwierigkeiten verknüpft.

Die Leitung wurde dem vor wenigen Tagen eingetroffenen Bauführer Wichmann mit einem von Klein befehligten Detachement preußischer Pioniere übertragen.

Da die Zeit knapp geworden war und zu befürchten stand, daß wir Epinal über die langweilige Etappenstraße abends nicht mehr erreichen würden, riskirten wir, unter schwacher Husarenbedeckung die durch einen herrlichen Wald führende, kürzere und bequemere Straße über Plombières zu fahren.

Bei unserem Erscheinen in dem reizenden Badeorte entstand ungeachtet des schlechten Wetters ein großer Volksauflauf und eine Stimmung in der Bevölkerung, die bei dem leisesten Anlaß hätte feindlich werden können.

Mit etwas Unverfrorenheit und flotter Bezahlung kommt man da am besten durch. Der Maire ließ sich jedoch nicht einschüchtern und nahm von meiner Einladung, ins Hotel zu kommen, wo wir wegen angeblich bevorstehender Einquartierung größerer Truppenkörper ihn zu sprechen wünschten, keine Notiz. Ebensowenig glückte es, frische Pferde gestellt zu bekommen, obwohl viel Geld dafür geboten wurde.

Walter hatte inzwischen mit der kleinen Wirthstochter angebändelt und ich deren Vater durch blanke 20 Francs für mäßige Verpflegung freundlich gestimmt, so daß wir unter dessen Schutze sogar eine Besichtigung der Bäder und Salons unternehmen konnten, in welchen der Kaiser Napoleon mit Gefolge viele Sommer geweilt hatte. Manche der so auffallend hübschen, stolz gewachsenen, weiblichen Wesen mit den aristokratischen Gesichtern sollen, wie uns gesagt wurde, lebhaft an jene vergangenen Größen erinnern.

Zum Requiriren zu schwach, waren wir genöthigt mit den vom Tage vorher noch müden Gäulen weiter zu fahren.

Da traf sich's aber bald so glücklich, daß die Husaren einen Kerl mit zwei losen Pferden vor uns von der Chaussee auf einen Feldweg ausweichen sahen.

Also rasch im Galopp hinter demselben her, und nach wenigen Minuten erschienen sie mit den Pferden und dem Pisang, welchem nun mitgetheilt wurde, daß er anspannen und uns nach Epinal fahren müsse. Dies geschah ohne Widerrede mit betrübter Miene, und es erregte ein allgemeines Gelächter, als der Kerl dann erzählte, daß er schon seit 14 Tagen fortgesetzt auf ähnliche Weise von einer Hand in die andere gegangen, dabei aber immer gut behandelt und verpflegt worden sei. Nun aber in unmittelbarer Nähe seines Dorfes „welches man von der Straße aus liegen sah", wieder abgefaßt zu werden, sei ihm doch einigermaßen fatal.

Ein Päckchen Cigarren und das Versprechen sicherer Rück= beförderung stimmten ihn aber bald so fidel, daß es mit Gesang im flotten Trabe vorwärts ging und wir Epinal bei guter Zeit erreichten.

16. bis 25. Novbr. In Charmes.

Die folgenden acht Tage wurden fast ausschließlich dem Mosel= Brückenbau gewidmet.

Ich fand in Charmes bei einem Weinhändler ein recht gutes Quartier, in dem man mehr Ruhe als im Gasthofe zur Erledigung der schriftlichen Arbeiten hatte, welche, obwohl alles Geschäftliche möglichst durch Depeschen, die massenhaft hin= und herflogen, erledigt wurde, zeitweise ziemlich umfangreich waren.

Anforderungen an das Sitzfleisch machten zumal die vor= geschriebenen, periodischen Berichterstattungen an die Exekutivkommission, den Minister für Handel, Gewerbe und öffentliche Arbeiten sowie an unser Generalkommando, von denen als Probe einige am Schluß beigedruckt sind.

Dem Uebelstande, daß der große Salon mit dem darin vor= handenen Kamin nicht genügend erwärmt werden konnte, wurde durch die Beschaffung eines kleinen Kanonenofens abgeholfen, der vor dem Kamine Platz fand und den Rauch mittelst eines kurzen Knierohrs in denselben entweichen ließ. Dies Möbel blieb während des ganzen Winters der stete Begleiter der Aktenmappe und ein Räthsel für jeden neuen Quartiergeber.

Die Baustelle wurde in dieser Zeit von vielen Neugierigen besucht. Auch der Civilgouverneur, Graf v. Villers, der Präfekt

Bitter und Andere erschienen, um Erkundigungen wegen der heiß ersehnten Eröffnung des Eisenbahnbetriebes einzuziehen.

Walter hatte in Charmes wieder ein bevorzugtes Quartier ausfindig gemacht.

Sein Wirth war ein alter Patrizier, der stolz darauf sein konnte, eine noch verhältnißmäßig junge, liebenswürdige Frau zu besitzen.

Um mit größerer Sicherheit fahren zu können, bestand die Anordnung, daß jeder Eisenbahnzug von mindestens einem angesehenen Franzosen auf der Locomotive begleitet sein mußte.

Da sah es um Walter nicht ungern, wenn sein Patrizier dazu bestimmt wurde. An solchem Tage pflegte er gegen seine Gewohnheit im Quartier zu bleiben, aus dessen Fenstern ich dann beim Vorbeireiten einen Gruß von ihm und auch wohl einen verschmitzten freundlichen Blick von der hinter den Fenstervorhängen versteckten, armen Strohwittwe erhielt, die Walter tröstete und angeblich im Deutschen unterrichtete.

Ich hege leisen Zweifel, daß mein Verdacht ebenso unbegründet wie der seinige bezüglich meines Weinhändler-Töchterchens gewesen ist, welches zwar stets aufmerksam, manchmal sogar liebenswürdig war, mich oben von der Treppe aus wiederholt begrüßte und bedauerte, wenn morgens im Dunkeln bei einer grausigen Kälte ausgerückt wurde, aber bei alledem den französischen Frauenstolz besaß, sich dem Feinde gegenüber in keiner Beziehung etwas zu vergeben.

Aeltere Frauen sah man oft in Thränen gebadet, wenn ihre lieben Männer das Dampfroß bestiegen, und als der Lieutenant Wessel, zur Zeit Rathsherr in Bielefeld, einmal genöthigt war, einen furchtsamen Rechtsanwalt zwangsweise abholen zu lassen, lachten selbst die Franzosen, als außer der Frau auch die Dienstmagd mit wärmeren Hosen, einem gepolsterten Sitze und dergleichen mehr hinterher trollte.

In diese Zeit fällt eine zweite, mir noch in der Erinnerung unangenehme Fahrt nach Aillevillers. *Zweite Fahrt nach Aillevillers.*

Wichmann hatte für die Arbeiten am Viadukte nur einen Unteroffizier mit 15 Pionieren zur Verfügung und war daher auf französische Arbeiter angewiesen.

Ich erhielt Nachricht, daß der Maire ein unverschämter Kerl sei und den Requisitionen von Wichmann keine Folge leiste.

Schriftlich ist da nicht viel zu machen. Es hieß also: „Auf, nach Aillevillers!"

Die bergige Etappenstraße wollte ich nicht wieder fahren und da vor der Route über Plombières neuerdings militärischerseits gewarnt war, vertraute ich mich einem mir als zuverlässig bezeichneten Bäckermeister in Xertigny an, der sich freiwillig erbot, mich in seinem Carrosse coupé, wie man diese zweisitzigen, einachsigen Fuhrwerke nennt, gegen angemessene Bezahlung auf Landwegen nach Aillevillers zu fahren.

Dieser unbequeme Karren hatte ein niedriges Verdeck mit dichtschließendem Lederverhange, so daß man nicht hineinsehen konnte, und der Kutscher saß in Ermangelung eines Bockes, die Beine frei in der Luft, vorn auf dem Spritzleder.

Da ihm angekündigt war, daß sein Besitzthum in Flammen aufgehen würde, wenn er mich nicht sicher heimbrächte, und dicht hinter ihm zwei Revolver drohten, war Verrath von seiner Seite wohl nicht zu befürchten.

Aber ich hatte mir die Sache doch angenehmer gedacht und schäme mich auch nicht zu gestehen, zeitweise von dem unheimlich beängstigenden Gefühle gequält worden zu sein, zufällig erkannt und von irgend einem Blousenmann, ohne daß Huhn noch Hahn danach krähte, meuchlings umgebracht werden zu können; einsam im Walde gelegene Ortschaften, welche wir passirten, und zumal eine im Betriebe befindliche Gießereianlage, durch deren das enge Thal der Lanterne in ganzer Breite überspannende Gebäude, in welchen halbnackte, schwarze Gestalten mit glühenden Stäben und feuerstrahlenden Gießpfannen umherliefen, der Weg mitten hindurchführte, boten die schönste Gelegenheit dazu.

Vergegenwärtigt sich der Leser dann noch die enge, schmierige Kutsche, den Kommißgeruch des Begleiters und das anhaltende scheußliche Wetter, so bin ich sicher, daß mich Niemand um die Stunden beneiden wird, welche ich in dieser Situation zubrachte.

Wichmann hatte die Gesellschaft zu gut behandelt, ja den Maire nicht einmal mit Einquartierung beglückt.

Das können Franzosen bekanntlich nicht vertragen.

Nachdem der Maire drei Mann, der Sous-Maire, auch ein frecher Bursche, einige mehr und der Curé nicht weniger mit der Androhung zugetheilt bekommen hatte, daß die Zahl verdoppelt werden würde, wenn Wichmann wieder Grund zur Klage haben sollte, war die ganze Gesellschaft gefügig.

Den folgenden Tag gelangte ich ohne besondere Erlebnisse über Plombières nach Charmes zurück.

Daselbst waren inzwischen endlich aus Karlsruhe eingetroffen:
1. Der Maschinenmeister Janson.*)
2. Ein Ersatz für den in die Heimath entlassenen badischen Zahlmeister.
3. Ein Materialienverwalter.
4. 18 Eisenbahnvorarbeiter.

Am 29. November traf auch die zur Verstärkung der Abtheilung in Berlin neu gebildete Pionier-Kompagnie in Charmes ein, welche nachstehende Stärke hatte: *29. November Eintreffen der preuß. Pionier-Kompagnie.*

Kaetelhodt, Hauptmann und Kompagnieführer,
Jahr I., Lieutenant,**)
Kauffmann, Lieutenant,***)
Klein, Lieutenant,†)
13 Unteroffiziere,
125 Pioniere,
6 Trainsoldaten,
8 Pferde,
2 Fahrzeuge,
Außerdem 3 Bahnmeister.

Die Kompagnie fand folgende Verwendung:

Lieutenant Jahr blieb mit 14 Mann in Charmes; die übrigen Mannschaften wurden auf requirirten Wagen sofort weiter befördert und zwar:

Lieutenant Klein mit 35 Mann nach Dennoux, Lieutenant Kauffmann mit 53 Mann nach Epinal und 38 Mann nach Nillevillers.

Der Hauptmann Kaetelhodt quartierte sich in Epinal ein.

---

*) Zur Zeit Maschinendirector bei der Anatolischen Bahn.
**) Zur Zeit Oberstlieutenant a. D.
***) Zur Zeit Amtsgerichtsrath in Danzig.
†) Gestorben 1871.

Die Abtheilung hatte jetzt folgende Gesammtstärke:

1. **Technisches Personal.**

1 Chef: Krohn,
2 preußische Baumeister: Wiebe und Stalweit,
1 preußischer Bauführer: Wichmann,
2 badische Bauführer: Kränter und Knoff,
1 Sectionsingenieur: v. Kietzel,
1 Maschinenmeister: Janßen,
1 Materialienverwalter: Abrell,
2 Obertelegraphisten,
1 Zahlmeister,
6 Bahnmeister,
2 Bauaufseher,
1 Lokomotivführer,
    (2 badische Pioniere leisteten Hülfsführerdienste),
18 Vorarbeiter,
10 Telegraphisten,
1 Zimmermeister,
<u>50 Zimmergesellen,</u>
100 Mann.

2. **Militär.**

1 Hauptmann: Kaetelhodt,
4 Lieutenants: Walter, Jahr I., Kauffmann und Klein,
143 preußische Pioniere und Trainsoldaten,
<u>61 badische   =   =   =</u>
259 Mann.

    Zusammen 359 Mann.

Außer diesen wurden auf allen Baustellen requirirte französische Arbeiter beschäftigt, deren Zahl je nach Bedürfniß wechselte.

Wo ich in den folgenden unruhigen acht Tagen überall herumtutschirt und umhergeritten bin, darüber giebt weder mein in dieser Zeit lückenhaft geführtes Tagebuch noch mein Gedächtniß Auskunft. Ich erinnere mich jedoch noch lebhaft, daß die mit unseren Aufgaben damals noch wenig betrauten, neu hinzugekommenen Offiziere, zumal der Hauptmann und Lieutenant Kauffmann, welche sich's in einem feinen Quartiere bei dem Tresorier in Epinal wohl sein ließen, meine Touren für Spazierfahrten oder Vergnügungsritte hielten und mich womöglich beneideten, wenn ich bei solchen Gelegenheiten durch Epinal kam.

Um dieselben eines Besseren zu belehren und eine Abwechselung in deren bequemes Dasein zu bringen, benachrichtigte ich, als es wieder einmal nöthig wurde, Wichmann zu Hülfe zu kommen, den Hauptmann, daß seine Begleitung nach Aillevillers erwünscht sei, weil dort Ungehörigkeiten unter seinen Leuten vorgekommen wären.

8. Dezember. Nach Aillevillers.

Wie diese mit dem Hauptmann und Kauffmann, als untersuchungsführendem Offizier, am 8. und 9. Dezember unternommene Spazierfahrt verlaufen ist, mag der Leser aus dem hier folgenden Briefe von Kauffmann an meinen Vater ersehen.

Dieser Brief kostete mich zwar einige Flaschen Sekt, hat aber dem Papa damals große Freude bereitet.

„Epinal, den 13. Dezember 1870.

Heute Mittag in einer leichtsinnigen Stunde beim Glase Sekt, das wir zur Feier der Wiedereröffnung der Strecke Charmes—Epinal tranken, habe ich Ihrem Herrn Sohne versprochen, an Sie zu schreiben, und es bleibt mir nun schon nichts übrig, als meinem gegebenen Versprechen nachzukommen. Vor Allem halte ich es für geboten, mich Ihnen vorzustellen: Ich bin als Landwehroffizier zur Feldeisenbahn-Abtheilung Nr. 5, deren Chef Ihr Sohn ist, kommandirt und sonst meines Glaubens nach Stadt- und Kreisrichter in Danzig.

Meine Aufgabe ist nun, den Ausflug zu beschreiben, welchen wir am 8. Dezember gemacht haben. Schon am 7. Dezember abends traf ich hier im Café Parisien Ihren Sohn, der uns von Ungehörigkeiten erzählte, die in Aillevillers vorgefallen sein sollten und welche meine und unseres Hauptmanns Anwesenheit dringend nothwendig machten. Infolgedessen fuhren wir drei am 8. früh 8 Uhr in einem feinen verdeckten Wagen Ihres Sohnes von hier fort, nachdem wir zwei Pferde als Relais für unsere Rückfahrt nach Xertigny beordert hatten, um noch an demselben Abende wieder heimkehren zu können. Es kam aber anders! Nachdem wir glücklich auf unsere Arbeiter in Dounoux gestoßen waren, die dort den Bahnhof erweitern, kam uns ganz bleich und fast sprachlos eine sächsische Patrouille entgegen, die angeblich Franktireurs gesehen und schießen gehört hatte. Mit Hülfe eines Feldstechers sahen wir zwar auf Abhängen einigermaßen verdächtige Personen, die sich aber beim Annähern ausgesandter Patrouillen hinter die Berge verkrochen.

Wir machten ruhig unsere Geschäfte dort ab, fuhren weiter nach Xertigny und erreichten diesen Ort zwar unangefochten von Feinden, aber doch in hohem Maße behindert durch eine große badische Proviantkolonne eines Grafen Pfeil, der mit seinen 130 Wagen die Straße fast gänzlich sperrte. Wir trennten uns hier von ihm, um über Plombières zu fahren; er selbst zog die Etappenstraße nach St. Loup vor, weil, wie er sagte, Befehl ergangen sei, daß nur solche Truppenkörper, die in der Lage wären sich selbst zu vertheidigen, die unsichere Straße über Plombières einschlagen dürften.

In Xertigny wurden die Pferde gewechselt. Es stellte sich jedoch bald heraus, daß dieselben nicht scharf genug beschlagen waren, so daß die alten Pferde wieder geholt werden mußten.

Inzwischen spielten wir in dem abgespannten Wagen, beschützt von einem sächsischen Posten, gemüthlich Skat und setzten diesen auch, nachdem die alten Füchse wieder vorgelegt waren, den ganzen Weg bis Plombières fort. In diesem Städtchen sahen wir uns nun die selten schönen Gesichter der dortigen Damen an, sowie die reizende Lage des Ortes und der Umgegend, welche, vielfach durch Kunst und Anlagen verschönert, für den Sommer einen entzückenden Aufenthalt gewähren muß. Kaufladen reiht sich an Kaufladen, ganze Hallen davon existiren dicht neben den römischen Bädern, die mit jedem erdenklichen Luxus ausgestattet sind; die heißen Quellen treten zu verschiedenen Malen zu Tage, dulden keinen Schnee auf der Oberfläche und hüllen die Straßen in steten Dampf ein.

Da sich bei dem ungewohnten Erscheinen von deutschen Militärs viel Volk versammelte, hielten wir uns nicht lange auf und gelangten noch bei Tage nach Aillevillers, unserem am südlichsten vorgeschobenen Posten, der durch einiges von St. Loup herübergegebenes württembergisches Militär beschützt wird. Wir besichtigten hier die Baustelle, eine gesprengte große Eisenbahnbrücke, und untersuchten die angeblich vorgefallenen Ungehörigkeiten. Inzwischen wurde es ganz dunkel, und wenn auch im Kalender Vollmond angezeigt war, so ließ sich derselbe doch in Feindes Land nicht sehen und nur der frisch gefallene Schnee leuchtete ziemlich hell.

Wir getrauten uns nicht, denselben Weg bei Nacht zurückzulegen, sondern zogen die Etappenstraße vor, welche wir auf dem kürzesten Wege mit Umgehung von St. Loup zu erreichen suchten. Mit Hülfe eines auf den Bock gesetzten Franzosen gelangten wir auf Schleichwegen durch verdächtiges Gehölz bis zum nächsten Dorfe Fleurey; hier aber erklärte der Kerl plötzlich, den weiteren Weg nicht zu kennen.

Es blieb uns nun nichts übrig, als im Dorfe Standal zu machen, um einen neuen Führer aufzugreifen. Ein solcher wurde in der Person eines jungen Burschen ermittelt, neben dem bisherigen Führer, den wir der Sicherheit wegen noch nicht losließen, auf den Bock gesetzt und so kamen wir glücklich auf die Etappenstraße, woselbst wir beide Führer reich belohnt entließen und in der frohen Hoffnung, nun sicher nach Epinal zu kommen, fidel weiter fuhren. Diese Chaussee von St. Loup nach Bains ist schnurgerade angelegt, berücksichtigt keineswegs die Terrainunebenheiten, vielmehr geht sie ungenirt über kolossal steile Berge und tiefe Thäler, so daß bei dem hohen Schnee und bei dem Glatteis sehr schwer fortzukommen war. An einem steilen Berge hörte plötzlich die Sache ganz auf, weil die Straße versperrt war. Wir wickelten uns mühsam aus unseren Decken und merkten nun erst, daß wir mitten in einer uns entgegenkommenden Proviantkolonne festsaßen. Es waren die Wagen des Grafen Pfeil, durch welche wir uns schon vormittags bei Xertigny mühsam durchgequält hatten; die Kolonne konnte mit den schwer beladenen Wagen den steilen Berg bei der Glätte nicht hinunterkommen, ja selbst nicht einmal die losgeschirrten Pferde auf diesem Wege fortbringen. Daher wurden dieselben durch die Gärten im tiefen Schnee so weit hinuntergeleitet, daß sie am Fuße des Berges wieder auf die Chaussee gelangen konnten, während die Wagen unter dem Schutze einer Wache die Nacht über stehen bleiben mußten.

Da diese dermaßen ineinander verfahren waren, daß es, wie die peinlichste Untersuchung ergab, schlechterdings unmöglich erschien, mit unserm Wagen durch- oder vorbeizukommen, mußten wir die Hoffnung, noch nach Hause zu gelangen, für diesen Tag leider aufgeben. Es blieb uns nichts übrig, wenn wir nicht auf freiem Felde kampiren wollten, als umzudrehen und in St. Loup zu übernachten, um am nächsten Morgen über Aillevillers und Plombières zurückzufahren, weil ohne den geringsten Zweifel die Sperrung der Etappenstraße durch diese Kolonnenwagen auch dann noch nicht beseitigt sein konnte.

Dieses Umkehren war aber leichter gedacht als gethan. Die Kolonne hatte schon den Versuch gemacht, einen Wagen ohne Pferde den Berg langsam hinuntergleiten zu lassen. Ungeachtet derselbe damit endete, daß der in Schuß gekommene Wagen alle Leute bei Seite warf, mit donnerähnlichem Gerassel den Berg hinabsauste und unten im Graben mit Gekrache zusammenbrach, blieb uns doch nur übrig, dasselbe Mittel zu versuchen.

Wir drei sowie einige badische Trainknechte drehten den Wagen um und ließen ihn nun Schritt für Schritt an einem um die Chaussee=bäume geschlungenen Stricke den Berg hinunter. Die Aufgabe war nicht leicht und trotz der Eiseskälte standen uns die hellen Tropfen auf der Stirne, zumal Ihr Herr Sohn, der rückwärts die Deichsel leitete, die Sache unbewußt dadurch erschwerte, daß er auf unser Zurufen »rechts« oder »links« stets entgegengesetzt steuerte, indem er nicht daran dachte, daß für uns, die wir ihm vis-à-vis standen, die linke resp. rechte Seite eine andere war als für ihn. Dies klärte sich erst später auf und gab viel Stoff zur Heiterkeit!

Nachdem nun auch die Rosse auf Nebenwegen heruntergebracht und wieder vorgeschirrt waren, gedachten wir, im Wagen sorgsam eingehüllt, binnen Kurzem St. Loup zu erreichen und uns von den Strapazen zu erholen; doch erwies sich auch diese Aussicht als trü=gerisch. Wir mußten bald wieder hinausklettern, die Pferde einen zweiten, fast ebenso steilen Berg hinunterführen, dann wieder einen gleich steilen Berg den Wagen schieben helfen, und dies wiederholte sich so oft, daß wir schließlich das Aus= und Einklettern verschworen und in dem hohen Schnee, die Pferde stets am Kopfe führend, nebenher marschirten; ab und zu bei der Glätte uns auch der Länge nach hinlegend. Endlich gegen 10 Uhr abends erreichten wir das Städtchen St. Loup. Während Ihr Sohn die ihm bekannten württembergischen Offiziere von unserer Ankunft benachrichtigte und unser Hauptmann im Wagen vor zu großer Ermattung entschlummert war, ging ich auf die Mairie, um Quartier zu besorgen.

Nach vieler Mühe gelang es, die Leute in dem uns angewiesenen Hause zu wecken, aber nur um zu erfahren, daß dort Alles besetzt und kein Platz mehr sei. Mit Gewalt ließen wir darauf den Stall öffnen, fanden noch Raum für den Wagen und auch für die Pferde dadurch, daß wir höchsteigenhändig einen Holzverschlag abbrachen. Dagegen waren, wie ich mich durch Oeffnenlassen aller Zimmer überzeugte, diese sämmtlich bereits mit Offizieren belegt. Das

Unterbringen der Pferde hatte eine Stunde gedauert. Ihr Sohn ging fort, um andere Quartiere für uns zu besorgen, kehrte aber mit der Botschaft zurück, daß Alles besetzt sei. Endlich gelang es ihm zufällig, einen ihm bekannten württembergischen Fähndrich aufzutreiben, der zu seinem Unglücke aber zu unserm Glück soeben kommandirt war, die auf der Etappenstraße steben gebliebenen Proviantwagen der Kolonnen nachts über zu bewachen. Er stellte uns bereitwilligst sein Zimmer im Hotel du lion d'or zur Verfügung, mit zwei der hier volksüblichen großen Betten; ein drittes war im ganzen Hotel nicht aufzutreiben, und nach einigem jungfräulichen Sträuben (ich bin nämlich auch nicht verheirathet) kamen wir dahin überein, daß der Hauptmann das eine Bett für sich annettiren sollte, während wir beide das andere in Beschlag nahmen. Zunächst ließen wir den Kamin anzünden, gruppirten darum malerisch die durchnäßten Stiefel und Socken, erfrischten uns unten in der Gaststube an Brot, Käse und Bier und gingen dann mit der Absicht zur Ruhe, am nächsten Morgen recht früh abzufahren.

Ueber Nacht war so viel Schnee gefallen, daß wir befürchten mußten, vollständig einzuschneien.

Inzwischen rückte die ganze württembergische Besatzung aus, um die Kolonne auszuschaufeln.

Die Zeit, während welcher unsere Pferde frisch geschärft wurden, hatte Ihr Herr Sohn trefflich benutzt und auf dem Schlosse zum Glück einen offenen Bretterschlitten, welcher bis dahin als Hühnerkasten gedient hatte, annettirt, darauf die Wagenkissen gelegt, und mit diesem Fuhrwerk gelang es uns nach eingenommener Stärkung, kurz vor 12 Uhr mittags St. Loup zu verlassen.

Ungeachtet des tiefen Schnees kamen wir glücklich bis zum Dorfe Magnoncourt, indem unser Hauptmann, auch Landwehroffizier und Gutsbesitzer, das Fahren james versteht; aber beim letzten Hause im Dorfe hörte jede Spur von einem Wege auf und wir sahen nichts vor uns als ein weißes gleichmäßiges Schneefeld. Wir schlugen also Hallo und bald erschien in der Thür ein Individuum, dem wir begreiflich machten, daß es uns den Weg nach Aillevillers zeigen müsse. Mit dem Kopfe nickend verschwand das Männchen im Hause, nahm noch Abschied von Frau und Kind, als würde er sie nie wiedersehen, und kam dann ganz fein herausstaffirt zu uns an den Schlitten. Es war eine Figur zum Malen, offenbar ein Schneider, in hellen Höschen und im neuen kurzen kornblumenblauen Frack, dazu bewaffnet mit einem großen rothen baumwollenen Regenschirm. Er hockte auf den Schlitten und mußte bei jedem Schritt schreien »à ganche« oder »à droite« und schließlich, nachdem wir schon einige Male in dem Graben gesessen hatten, voranwaten und ausprobiren, wo der Weg war. Er brachte uns aber gut auf die große Straße, wurde reich beschenkt und es erregte lautes Gelächter, als wir die putzige Figur im Frack und mit aufgespanntem rothen Regenschirm durch den hohen Schnee zurückwaten sahen.

Leider war eine halbe Stunde vor unserer Ankunft in Xertigny der Trainknecht mit den Relaispferden fortgeritten, weil er gehört haben wollte, daß wir nicht zurückkehren könnten. So mußten wir denn unsere alten Füchse sich erst verschnaufen lassen und eine Stunde abfüttern. Dies Stündchen wurde benutzt, um uns innerlich zu erwärmen, und erst abends gegen 8½ Uhr kamen wir glücklich in Epinal an. Der Wagen steht noch im Schlosse zu St. Loup.

Hiermit, geehrter Herr Rath, habe ich mich meines Wortes entledigt und hoffe, Sie werden die Sache so auffassen, wie sie sich geschildertermaßen begeben hat. Wenigstens haben Sie endlich einmal etwas Näheres über Ihren schreibfaulen Herrn Sohn gehört, und kann ich noch hinzufügen, daß derselbe heute, den 14., an welchem Tage ich diesen Brief beende, von Charmes hier angetroffen ist.

Ein gegebenes Versprechen muß man halten, selbst wenn es leichtsinnigerweise gegeben ist; ich habe es gethan und sage Ihnen hiermit Lebewohl!

Ihr ergebenster
Kauffmann."

Die Begleiter waren ein für alle Mal kurirt und sprachen nicht mehr von meinen Spazierfahrten.

Zusammentreffen mit Kolonnen.

Den im vorstehenden Briefe genannten Grafen Pfeil habe ich später noch einmal als Pechvogel in fast noch traurigerer Lage wiedergefunden. Seine Sechsgespanne lagen wie die Fliegen in den Chausseegräben. Trainsoldaten saßen dazwischen herum und suchten die armen Gäule durch Brotkrusten, auf welche etwas Schnaps geträufelt wurde, zu beleben. Die Wagen standen, die ganze Straßenbreite mit den Gräben einnehmend, so unglücklich kreuz und quer ineinander gefahren, daß kaum ein Mensch vorbeikommen konnte.

Thränen traten dem guten Grafen in die Augen, als er mir versicherte, sich lieber eine Kugel durch den Kopf schießen, als noch einmal solch ein Kommando übernehmen zu wollen, bei dem man Gefahr laufe, Ehre und Reputation einzubüßen.

Diese Kolonnen mit den Sechsspännern sind mir übrigens noch aus einem anderen Grunde in unangenehmer Erinnerung. Ich besinne mich nicht mehr, wo und wann es war, als das Hintertheil meiner schönen Kutsche von einem solchen Gespanne kurz und klein gefahren wurde.

Während ich in der Ecke sanft schlief, hatte der Trainsoldat auf dem Bocke — wie er nachher erzählte — das Gefühl, wie wenn der Teufel hinter ihm wäre, „so soll es gerasselt haben". Er ließ also laufen, was das Zeug halten wollte, wurde aber vom Teufel eingeholt und als ich, durch einen festen Stoß von hinten geweckt, den Schaden besah, lag ich auf dem Vordersitze und im Fond des Wagens gruppirten sich Pferdebeine um die weit vorgestreckte Spitze einer Wagendeichsel.

Die Vorderpferde des aufgelaufenen Munitionswagens waren zur Seite gesprungen und die Stangenpferde in meinen Wagen gesaust. Es dauerte geraume Zeit, bis der Knäuel entwirrt wurde, und ich freute mich trotz allem Pechs nicht wenig, daß die Kutsche wenigstens lauffähig geblieben war.

Janson stellte das Hintertheil derselben, da kein geeignetes Leder zu haben war, aus Eisenblech wieder her.

Am 13. Dezember wurde die Vollendung der Mosel=Brücke gefeiert. <small>13. Dezember. Mosel=Brücken-Eröffnungsfest.</small>

Alle Leute, auch die Franzosen, welche mitgearbeitet hatten, erschienen im Sonntagsanzuge.

Für die Offiziere und Beamten der Abtheilung sowie unsere Gäste stand ein einfaches Frühstück in dem Wärterhause und für die übrigen Betheiligten in dem Bauschuppen bereit.

Unter den Delikatessen, welche zu dieser Feier angesammelt waren, befand sich auch ein von Hamburger Liebesgabenonkeln gestiftetes Faß mit der Aufschrift „Sardinen", worauf sich schon mancher Gourmand als etwas besonders Seltenes gespitzt hatte. Um so bedauerlicher war die Enttäuschung, wie sich der Inhalt als schwarze Seife entpuppte.

Nach dem Frühstück wurde allen bei dem Bau Betheiligten der von Herzen kommende Dank für ihre aufopfernde Thätigkeit ausgesprochen, der bekränzte Festzug bestiegen und mit Gottvertrauen über die Brücke gefahren.

Es war ein feierlich ernster Moment; lautlose Stille herrschte, als sich die Lokomotive langsam in Bewegung setzte und die Fachwerkträger unter deren Last derart zu knittern und zu krachen anfingen, daß der Lokomotivführer Oberheidt,*) der sonst Courage hatte, den Dampf absperrte und sicher nicht weiter gefahren wäre, wenn ich nicht neben ihm gestanden und „vorwärts" kommandirt hätte.

Um so kräftiger war aber das Hurrah, als der Zug die Brücke passirt hatte.

Wir trafen gegen 2 Uhr in Epinal ein, wo für die Offiziere und Beamten im Hôtel und für die Leute im Kloster bei den Schwestern ein Mittagessen bestellt war.

Nach Begrüßung der daselbst in großer Zahl anwesenden Bekannten ging es in langem feierlichen Zuge zur Stadt hinein. Die Musik voran. Ich mit dem Hauptmann, Stalweit, Walter, Zahr, Kauffmann und den Beamten an der Spitze der dann folgenden Pioniere und zum Theil Arm in Arm mit den französischen Arbeitern marschirenden badischen Zimmergesellen. Als die Franzosen dann noch gar deutsche Lieder mitsangen, die sie beim Brückenbau gelernt hatten, da spieen die Einwohner Feuer und Flamme vor Wuth.

Ein sehr erstauntes und bedenkliches Gesicht machte hierzu der mit dieser Art der Feier durchaus nicht einverstandene, nach unserer damaligen freilich wohl etwas leichtfertigen Auffassung sehr ängstliche Präfekt.

Stühle, Bänke und Tische, für welche die Schwestern nicht in genügender Zahl gesorgt hatten, wurden, ohne viele Umstände zu machen, rasch aus den Nachbarhäusern herangeschafft und dann ging es, nachdem wir unsere Leute gut verpflegt wußten, ins Hôtel du Louvre, wo viel Moët floß, den v. Kietzel die Gefälligkeit gehabt hatte, mir gelegentlich einer Dienstreise von Epernay mitzubringen.

Darauf wurde der diable rouge mit einem Ständchen überrascht, eine Probefahrt über den Viadukt Char d'Argant, den Wiebe inzwischen fertiggestellt hatte, mit gutem Erfolge gemacht, in Epinal noch einmal vorgeneipt und gegen Abend mit der ganzen Gesellschaft in recht angeheiterter Stimmung nach Charmes zurückgefahren.

---

*) Zur Zeit Eisenbahn-Betriebswerkmeister a. D. in Kassel.

Ich dankte meinem Schöpfer, als wir glücklich dort waren, und wundere mich heute noch, daß Alles so gut verlaufen ist.

Auf den Trittbrettern der Wagen saßen die Kerle herum und Lokomotive nebst Tender waren so vollgestopft, daß man kaum stehen konnte.

Ja Stalweit saß anfangs sogar rittlings auf dem Kessel.

Zu meinem Tagebuche steht am Schluß der Festfahrtbeschreibung — von Kauffmanns Hand eingetragen —: „Innerlich sehr nasser Tag. Meistens Sekt. Viel Reden. Krohn auf Armee, Hauptmann auf Charmes."

Den Betrieb auf der 62 km langen Strecke von Blainville bis zu der 11 km hinter Epinal und kurz vor dem gesprengten Viadukte bei Xertigny gelegenen kleinen Station Donnony sowie der 28 km langen Sackbahn Epinal—Remiremont übernahm zunächst die Feld=eisenbahn=Abtheilung mit nur zwei Lokomotiven. <small>Blainville—Donnour.</small>

Man darf dabei aber nicht an Verhältnisse wie bei uns zu Hause denken.

Die Bahnen des Kriegsschauplatzes waren dem öffentlichen Ver= kehr grundsätzlich verschlossen, und wenn Franzosen dieselben benutzen wollten, so bedurfte es unserer Genehmigung, welche jedoch nur ganz ausnahmsweise und sofern es im deutschen Interesse lag, ertheilt wurde. Mit wenigen Ausnahmen genügte daher auf der Hauptbahn täglich ein fahrplanmäßiger Zug in jeder Richtung zur Beförderung der Post, der Personen und gewöhnlichen Armeebedürfnisse.

Proviant=, Munitions= und sonstige von der Pariser Linie auf unsere Strecke übergehenden Züge mußten mit ihren Lokomotiven befördert werden, und auf der Bahn nach Remiremont wurde nur ausnahmsweise einmal ein Zug gefahren. Nur in den ersten Tagen verursachte die Ueberführung des Armee=Proviantmagazins von Charmes nach Epinal einige Verlegenheiten.

Die Zugpersonale wurden aus Pionieren und Vorarbeitern zusammengesetzt und die Bahnbewachung wie der Barrierendienst zumeist den anwesenden französischen Bahnbeamten gegen Zahlung der bisherigen Gehälter übertragen. Die Strecke Epinal—Remiremont blieb ohne jede Bewachung.

Nachdem nun die Arbeitskräfte von zwei Hauptbaustellen ver= fügbar geworden und die Verstärkungen der Abtheilung eingetroffen waren, konnten weitergehende Pläne ins Auge gefaßt werden. <small>Arbeitsplan.</small>

Der Schwerpunkt lag bei Xertigny, wo bisher wegen Mangel an Arbeitskräften nur sehr wenig hatte geschehen können. Ob der Viadukt aber überhaupt und in welcher Zeit betriebsfähig wieder hergestellt werden könne, ließ sich jetzt noch viel weniger sicher als früher beurtheilen, weil inzwischen ein dritter Bogen eingestürzt und eine bedenkliche Erweiterung der Risse in den Gewölben bemerkbar war, ein beklagenswerther Umstand, da der Mangel einer rückwärtigen Eisenbahnverbindung immer fühlbarer und die Noth bei der Armee von Tag zu Tag größer wurde.

Freund und Feind hatte die Gegend bei Dijon, in der sich dieselbe jetzt befand, schon vollständig ausgesogen.

Wo es noch etwas gab, waren die Landlieferungen — wie es im Generalstabswerke heißt — „infolge Drohung der französischen Regierung, jeden hülfeleistenden Einwohner mit dem Tode bestrafen zu wollen, derart erschwert, daß selbst die Pferde des Stabes auf halbe Rationen gesetzt werden mußten, indem auch aus den 150 km entfernten Magazinen in Epinal auf der unsicheren, manchmal vollständig unfahrbaren Etappenstraße nur wenig Proviant herangeschafft werden konnte."

Die Kolonnen brauchten, nach derselben Quelle, regelmäßig zum jedesmaligen Empfange mindestens zehn Tage, und ich bin in der ungünstigsten Zeit auf einzelne gestoßen, die doppelt so lange unterwegs gewesen sind.

Schon am 9. Dezember hatte der General v. Werder an Moltke telegraphirt: „Seit drei Tagen ununterbrochen Schneefall. Kolonnen sitzen auf der Etappe fest."

Dazu kam noch die immer bedenklicher werdende Unsicherheit in dem ausgedehnten Okkupationsterrain unserer Armeen mit den in feindlichen Händen befindlichen Festungen Auxonne, Langres, Belfort und Besançon, von welch' letzterer aus die Etappenstraße fortgesetzt bedroht war, so daß wiederholt Abtheilungen der an und für sich schon sehr schwachen Etappentruppen zur Vertreibung feindlicher Streitkräfte seitlich detachirt werden mußten. Ja es konnte nicht einmal verhindert werden, daß die mit Bedeckung fahrenden Feldposten überfallen und Gefangenentransporte unterwegs befreit wurden. Bei allen derartigen Vorkommnissen trat es zu Tage, daß die Franzosen nicht allein von der Kriegslage in unmittelbarer Nähe, sondern auch auf den entfernteren Schauplätzen auffallend genau unterrichtet waren. Es lag daher die Vermuthung nahe, daß sie irgendwo einen

Apparat in Verbindung mit den von uns benutzten, an der Eisenbahn entlangführenden Telegraphendrähten gebracht hatten und die deutschen Depeschen mitlasen. Da wir mit Auffinden der Abzweigungsleitung kein Glück hatten, wurde eine Feldtelegraphen-Abtheilung herangeholt, welche mittelst ihrer Instrumente den wunden Punkt, wo die Stromstärke in der Leitung abnahm, bald entdeckte. Es war an dieser Stelle ein außerordentlich dünner Ableitungsdraht in den Windrissen einer Telegraphenstange bis zur Erde hinunter, in dieser dann eine Strecke fort und schließlich oberirdisch weitergeführt.

Der arme Schulmeister, welcher, abgelegen von der Etappenstraße, den in seinem Keller aufgestellten Apparat bediente, soll, als er hierbei erwischt wurde, ein sehr trauriges Gesicht gemacht haben.

Zu dieser Zeit der größten Noth wurde nun beschlossen, die südlich von Xertigny gelegenen Bahnen, und zwar zunächst die 74 km lange Strecke bis Vesoul, auf welcher außer dem der Vollendung nahen Viadukte bei Aillevillers Störungen von Bedeutung nicht vorhanden waren, gesondert in Betrieb zu nehmen. Da in diesem Bahnbereiche keine Betriebsmittel erbeutet waren, sollten, um zunächst wenigstens die Post sowie Verwundete, Kranke und Gefangene per Bahn befördern zu können, zwei Lokomotiven und zwölf Personenwagen III. Klasse von Bahnhof Donnoux bis Bahnhof Xertigny auf der Chaussee um den Viadukt herum transportirt werden.

Auf beiden Seiten desselben wurden ausgedehnte Umsteige und Umladerampen hergestellt und diese durch einen das 37 m tiefe Thal überschreitenden Weg mit so mäßigen Steigungen und Windungen verbunden, daß zweirädrige Fuhrwerke denselben bequem befahren konnten.

Bis zur Fertigstellung dieser geraume Zeit in Anspruch nehmenden Arbeiten mußte die kleine Station Donnoux als Endbahnhof dienen und zu diesem Zwecke erheblich erweitert wie durch den Bau von Rampen, Schuppen u. s. w. vervollständigt werden. Vor näherer Beschreibung dieser Arbeiten komme ich zunächst auf meine Erlebnisse seit dem Moselbrücken-Eröffnungsfeste zurück.

Am 16. Dezember jagte mir die telegraphische Meldung, daß die hölzerne Brücke bei Bayon durch Hochwasser fortgerissen sei, gerade als ich mit dem General v. Beyer, der sich auf der Rückreise nach Karlsruhe befand, um das Kriegsministerium daselbst wieder zu über-

16. Dezember. Nach Bayon. Brückenbeschädigung.

nehmen, bei dem Präfekten Bitter zu Abend speiste, einen gelinden Schreck ein.

Ich war bald darauf zur Stelle und fand zu meiner Freude die Sache nicht so schlimm, wie nach Inhalt der Depesche anzunehmen war. Der Schaden beschränkte sich auf Unterwaschung eines der sieben vorhandenen Böcke und konnte schon am folgenden Tage durch Anbringung von Verstrebungen beseitigt werden.

Ich benutzte diese Gelegenheit, der kleinen niedlichen Wirths=tochter in Bayon einen kurzen Besuch abzustatten, und kehrte mit herzlichen Grüßen an Walter reich beladen nach Epinal zurück.

<small>18. Dezember. Nach Remiremont.</small>

Am folgenden Tage fuhr ich in Begleitung von Jahr, Kauffmann, Janson und Kräuter zum ersten Male mit der Lokomotive nach Remiremont, um unter den Beständen eines dort befindlichen großen Holzlagerplatzes etwas aufzuräumen. Bei dieser Gelegenheit fielen die vorlauten Franzosen wieder einmal gründlich hinein. Dieselben machten sich nämlich lustig darüber, daß unsere Pioniere das Wasser zum Speisen der Lokomotive in Eimern heran=schaffen mußten, weil die Wasserstation zerstört war.

Das ärgerte natürlich unsere Leute und ehe sich's die Franzosen versahen, war Klein und Groß, Arm und Reich umzingelt und gezwungen, das Wasser selbst herbeizutragen. Damit hatten wir die Lacher auf unserer Seite.

Am 19. Dezember wurde die Strecke Blainville—Dounoux mit einem Vertreter der Eisenbahn=Betriebskommission in Nancy zum Zweck der von mir beantragten, aber leider erst sehr viel später erfolgten Uebernahme des Betriebes seitens derselben befahren.

Auf dem Rückwege war abends an der Mosel=Brücke der Teufel los. Das daselbst postirte Landwehrdetachement hatte Reißaus nach Charmes genommen und die Garnison alarmirt, welche dann nach Essegney ausrückte. Es handelte sich wahrscheinlich wieder um eine der so häufig ins Werk gesetzten Beunruhigungen durch Schießen.

Wir haben wenigstens keinen Feind gesehen und fuhren ruhig nach Epinal weiter, wo wir unangefochten in der Nacht eintrafen.

<small>21. Dezember. Nach Aillevillers.</small>

Der 21. Dezember war ein böser, heidenmäßig kalter Tag.

Walter, Jahr und ich fuhren auf einem Materialienzuge nach Xertigny und von da mit eigenen Pferden nach Aillevillers. Es kutschirte der dem Leser schon bekannte Bäcker aus Xertigny, auf dessen Vorschlag wir diesmal die Etappenstraße bis Bains und dann einen ihm angeblich genau bekannten Richteweg nach Aillevillers ver=

folgten, welcher besser sein sollte als der schon einmal in der Nacht von uns befahrene und durch Kauffmann besungene.

Erst ließ sich die Sache gut an. Als aber totale Dunkelheit und Schneegestöber eintraten, fuhren wir uns so fest, daß der Bäcker nicht mehr aus noch ein wußte. Während nun Kutscher und Bursche bei dem Wagen zurückblieben, begaben wir uns beim Scheine einer Wagenlaterne auf die Suche; fanden auch bald ein Dorf, langten uns aus dem ersten Hause einen Pisang und wateten mit diesem langsam durch den tiefen Schnee zu dem Wagen zurück, wo sich zu unserem Entsetzen Kutscher und Bursche inzwischen über meine Flasche Nordhäuser hergemacht und derart betrunken hatten, daß sie fast bewußtlos in den Wagen gepackt werden mußten. Die eisige Kälte und der leere Magen müssen diese auffallende Wirkung wohl hervorgerufen haben, da dem trunkfesten Burschen unter anderen Umständen das doppelte Quantum nichts gethan haben würde.

Nun mußten die Rollen anders vertheilt werden. Ich wurde Kutscher und Walter mit dem Franzosen Führer.

Wir waren zum Glück nicht weit vom richtigen Wege abgekommen und erreichten hungrig wie die Wölfe, ich nebst Jahr halb verfroren und Walter von dem Trampeln in dem tiefen Schnee schweißtriefend, mit dem langsam dahinschleichenden Leichenwagen gegen 9 Uhr abends glücklich unser Ziel Aillevillers, wo Wichmann das Mögliche geleistet hatte, um den Viadukt rechtzeitig fertig zu stellen.

Kaum saßen wir mit Klein bei einer Flasche Wein, da ging das infame Alarmblasen wieder los. Franktireurs hatten den Bahnmeister Pauly auf der Straße überfallen, durch Säbelhiebe verwundet und durchs Dickbein geschossen. Das gab natürlich einen heillosen Radau.

Die aus 50 Württembergern bestehende Bedeckungsmannschaft wetteiferte mit den Pionieren in Aufsuchung des Feindes, der in solchen Fällen bei dunkeler Nacht überall gefunden wird. Es sind aber meistens Unschuldige, welche die Keile kriegen, und deren gab es heute eine große Zahl. Die Attentäter hatten sich jedenfalls schon zum Dorfe hinausgemacht, denn stellen thut sich diese hinterlistige Bande meistens nicht.

Man hatte nun genug zu thun unsere Leute zu beschwichtigen, die so viele Gefangene machten, daß das ganze Gemeindehaus voll saß.

Erst um Mitternacht kam ich mit jungfräulicher Büchse auf dem Rücken so abgespannt ins Quartier, daß ich, ohne etwas gegessen zu haben und ungeachtet des Trampelns der vor dem Hause aufgestellten Posten, welche sich auf diese Weise die Füße warm zu erhalten suchten, sofort wie ein Dachs geschlafen habe.

Am anderen Morgen fanden unsere Leute beim Durchsuchen des Waldes die verlassenen Lagerstellen der Franktireurs. Das Dorf büßte die Großthat durch Zahlung einer entsprechenden Kontribution.

Die Rückfahrt erfolgte bei scheußlicher Kälte über Bains und von Xertigny bis Epinal auf der Bahn.

23. Dezember. Prinz Wilhelm von Baden verwundet.

Daselbst fand ich eine Depesche vom Prinzen Karl von Baden, in welcher derselbe darum ersuchte, seinem Bruder, dem Prinzen Wilhelm von Baden, welcher in dem Gefechte bei Nuits am 18. Dezember durchs Gesicht geschossen war, bei der schon vor einigen Tagen angetretenen Rückbeförderung in die Heimath, welche über Besoul, Xertigny erfolgen würde, behülflich sein zu wollen.

Ich fuhr zu diesem Zwecke früh morgens wieder nach Xertigny. Dem dortigen Kommandanten war von der bevorstehenden Ankunft des Prinzen nichts bekannt.

Bald meldeten aber die auf der Straße nach Bains vorgeschickten Husaren einen Vierspänner mit Bedeckung in Sicht.

Der Prinz war über den Empfang wie die Meldung, daß ein Eisenbahnzug am Viadukte für ihn bereitstehe, sehr erfreut, konnte aber nicht sprechen und trug einen festen Verband um das sonst so schöne Gesicht.

In dem Quartier des Jägerhauptmanns Grafen v. Dohna beim Curé wurde ihm mittelst einer Federpose etwas Bouillon eingeflößt und dann ging es rasch weiter nach Epinal.

Abends hatte ich noch die Ehre, ein Stündchen mit dem Prinzen beim Präfekten Bitter zusammen zu sein.

Am folgenden Morgen mußte der Verband erneuert werden, wodurch sich die Abfahrt derart verzögerte, daß es fraglich wurde, ob in Blainville der Anschluß an den nach der Heimath gehenden Postzug erreicht werden konnte.

Jedenfalls mußte sehr viel rascher gefahren werden, als die Sicherheit auf schlecht unterhaltener, und in der Nacht wieder vollständig verschneiter Bahnstrecke eigentlich gestattete. Da der Arzt des Prinzen jedoch befürchtete, daß die Wunde brandig werden würde, wenn der definitive Verband nicht bald in Karlsruhe angelegt werden könne, wurde losgefahren, nachdem ich mich erboten hatte, persönlich für möglichste Sicherheit sorgen und den Prinzen auf der Lokomotive begleiten zu wollen.

Wir trafen gerade noch rechtzeitig in Blainville ein, um dem bereits am Perron haltenden Postzuge Wartesignal geben und unseren Wagen ansetzen zu können.

Bart und Pelzkragen waren mir bei der grausigen Kälte, die 10 Uhr vormittags noch 14 Grad Reaumur betrug, auf dem nur durch eine senkrechte Blechwand geschützten Lokomotivführerstande derart ineinander gefroren, daß ich bei der Verabschiedung von dem Prinzen ebensowenig wie dieser verständliche Worte herausbringen konnte.

Leider büßte ich bei dieser Gelegenheit meinen nach langem Gebrauch wohnlich eingerichteten Eisenbahnwagen mit Endcoupé ein, der mir ungeachtet wiederholter Erinnerungen von Karlsruhe nicht zurückgeschickt wurde.

Durch einige Gläser steifen Grog wieder erwärmt, fuhr ich nach kurzem Aufenthalte rasch nach Epinal zurück, wo abends eine sehr fidele Weihnachtsfeier stattfand, die Kauffmann, meinem Gedächtnisse zu Hülfe kommend, wie folgt beschreibt:

„In Frankreich schien der Weihnachtsabend nicht gefeiert zu werden. Wir haben wenigstens bei den Franzosen keinen Christbaum brennen gesehen. Sie beschenken sich auch nicht an diesem Tage, sondern erst zu Neujahr soll eine Bescheerung der Kinder und der Dienstboten üblich sein, von der ich jedoch auch nichts bemerkt habe.

Weihnachtsfeier.

Wo aber Deutsche zusammentrafen, gleichwohl ob es in der Wachtstube, im Lazareth oder im Quartier war, da wurde ein Tannenbäumchen beschafft und ausgeschmückt. Wir feierten den Weihnachtsabend in dem von den sächsischen Offizieren hübsch dekorirten, mit dem Transparente: „Weihnachten in der Fremde" am Eingange versehenen Mairiesaale bei einem hellleuchtenden großen Christbaume. Das Festkomitee hatte seine Sache brillant gemacht.

Jeder der etwa 70 Anwesenden zahlte zwei Thaler zu den allgemeinen Kosten und für die an Büffets stattfindende Verpflegung einschl. des wohl größtentheils gestifteten, reichlich fließenden Sekts. Nachdem in feurigen Toasten der Kriegsführer, der Lieben in der Heimath sowie vieler Anderer gedacht war, fanden im dritten Akte allerlei tolle Aufführungen statt.

Akrobaten leisteten die größten Kraftproben, ohne etwas in den Händen zu haben. In Sprungübungen über Stühle, bei denen hauptsächlich die Jägeruniform und in dieser sogar ein flotter Major brillirte, wurde ganz Hervorragendes geleistet.

Da der nasse Stoff nicht so lange aushielt, wie der gesunde deutsche Durst, wurden die Scherze im Hotel Robby fortgesetzt."

Sorgenvolles Lager.

Aus dieser Zeit des nur selten unterbrochenen Aufenthalts in Epinal habe ich noch eine lebhafte Erinnerung an einige recht sorgenvolle Tage. Ich wurde nämlich von einem ganz infamen Hautjucken auf der Brust und dem Rücken bis zur Schlaflosigkeit geplagt. Ein junger Assistenzarzt, dem ich dies klagte, diagnostizirte nach stattgehabter Untersuchung auf: „Krätze in schönster Blüthe". Seiner freundlichen Einladung, gleich mit ins Lazareth zu kommen, wo er den Milben mit einer neuen Petroleumkur zu Leibe gehen und mich in wenigen Tagen kuriren wolle, konnte ich meiner dienstlichen Pflichten wegen selbstverständlich nicht folgen. Nachdem in dieser Richtung Alles geordnet war, trat ich nach drei qualvoll verlebten Tagen und Nächten, während welcher Zeit ich zur Vermeidung von Ansteckungen die Kleider nicht einmal abgelegt hatte, den schweren Gang ins Lazareth an.

Ein guter Engel ließ mich schon am Eingange auf den mir aus Thüringen bekannten Oberstabsarzt Bielitz stoßen. Nachdem ich demselben mein Leid geklagt hatte, nahm er mich sofort selbst in Behandlung, sah sich die Bescheerung an, lachte und verordnete ein warmes Bad, wenn ich nicht irre, mit Soda. Nachdem ich dies genommen, sagte er: „So mein lieber Krohn, nun können Sie wieder gehen; von der bösen Krätze ist bei Ihnen keine Spur; die sieht ganz anders aus. Was Sie haben, nennt man Weinkrätze, und die verschwindet, wenn Sie noch einige warme Bäder nehmen."

Es gab in diesem Augenblicke wohl keinen glücklicheren Menschen als mich; aber hätte ich den schlauen Assistenzarzt gleich gehabt, so wäre es ihm schlecht ergangen. Ich sah ihn dann zum ersten und letzten Male am Tage der Enthüllungsfeier des Siegesdenkmals in Berlin wieder und konnte ihm, als er eben im Gedränge verschwinden wollte, noch zurufen: „Sie Schlauberger, wissen Sie jetzt was Krätze ist?"

Schon vor Weihnachten hatte die Exekutivkommission die Rekognoszirung der Linie Vesoul—Belfort angeordnet und acht Tage später erging, ohne daß es inzwischen möglich gewesen war, dieselbe auszuführen, schon der Befehl, diese Bahn sofort in betriebsfähigen Zustand zu versetzen.

Da dies gerade in die Zeit meiner Pseudokrätze fiel und keiner der Kollegen abkömmlich war, erhielt der Lieutenant Klein Auftrag, vorläufig mit einem Pionierdetachement dahin abzumarschiren. Seine Leute rückten hierbei zum ersten Male ganz stolz mit Zündnadelgewehren aus, die nach vielen vergeblichen Anträgen jetzt endlich an Stelle der bis dahin geführten Zündnadel=Kavallerietarabiner eingetroffen waren, welche der Mannschaft kein großes Vertrauen einflößten.

In der That spitzten sich alle Verhältnisse in unserer Ecke nach und nach derart zu, daß mit größerer Wahrscheinlichkeit denn je zuvor auch an uns die Nothwendigkeit der Vertheidigung mit dem Schießprügel herantreten konnte.

Die Franzosen wurden frech und das war immer eine schlechte Vorbedeutung.

<small>Skandal mit Franzosen.</small>

So gab es denn eines schönen Abends, an welchem ich todmüde in Epinal eintraf, auch wieder einmal statt Schlaf einen netten Skandal.

Der diable rouge trat in einem unbeschreiblichen Kostüme mit zwei großen brennenden Leuchtern und dem Ausrufe „Ganz famos, jetzt geht's los" singend an mein Bett, als draußen der unheimliche Laut der Alarmtrompete ertönte. Da hieß es, rasch in die langen Stiefel und nicht gesackelt, denn diesmal mußte wegen der schon seit einigen Tagen in der Luft schwirrenden bedenklichen Gerüchte die Sache ernstlich genommen werden.

Unsere Pferde standen in einem nicht weit vom Hotel entfernten Stalle, zu dem man durch den Flur des Vorderhauses gelangte.

Schon bei dem Hinaustreten auf die Straße bemerkte man an dem Benehmen der zu dieser ungewohnten Stunde in großer Zahl herumbummelnden Bevölkerung, daß derselben, jedenfalls infolge irgend einer in Umlauf befindlichen guten Nachricht von dem Kriegsschauplatze, der Kamm wieder geschwollen war.

So stand denn auch ein frecher Haufen gutgekleideter Kerle in der Thürnische, welche wir zu passiren hatten, kindisch genug, uns den Eingang zum Stalle verlegen zu wollen.

Als ein freundliches Ersuchen und eine dann folgende energische Aufforderung, Platz zu machen, keine Gegenliebe fand, hieß es natürlich „Plempen heraus". Rasch stob die freche Bande auseinander.

Die Jammerlappen hatten ihre Keile weg und die Hutmacher jedenfalls Freude über die auf der Straße herumfliegenden, zerschlagenen Cylinder.

Mein dummer Trainsoldat hatte für diese Art der Behandlung kindischer Franzosen ein bewunderungswerthes Verständniß bekundet. Heinrich Rindfleisch, der wie kein Anderer die Gesellschaft richtig erkannt hat, sagt — was mir hierbei einfällt — in einem seiner Feldbriefe recht treffend: „Der Franzose ist kriechend, wenn er die Faust auf dem Rücken fühlt; frech, wenn er glaubt aufathmen zu können; lächerlich, prahlerisch selbst da, wo gar kein Anlaß dazu vorliegt."

Ob das Detachement, welches nach dem Alarm in dieser Nacht ausrückte, den in der Umgegend herumschwirrenden Feind gefaßt hat, ist mir nicht bekannt. Nach dem Generalstabswerke sind feindliche, den Chasseurs des Vosges angehörige Trupps am 6. Dezember von einem aus Epinal ausgerückten Detachement zurückgedrängt worden; um dieselbe Zeit herum ist aber auch ein Kommando von 1 Vizefeldwebel und 15 Mann in der Gegend von Vittel von den Franzosen aufgehoben.

Eine treffende Illustration des vorerwähnten Ausspruchs von Heinrich Rindfleisch gewährt folgendes Vorkommniß bei dem Begräbnisse eines französischen Majors in Epinal, welches Mitte Dezember, also zu einer Zeit stattfand, in der unsererseits wegen allzu ungünstiger Witterungsverhältnisse keine Erfolge auf dem Kriegsschauplatze in unserer Ecke erzielt waren.

Der Major wurde mit militärischen Ehren beerdigt. Fast sämmtliche Offiziere der Garnison folgten an der Spitze einer sächsischen Kompagnie dem reich bekränzten Sarge und der Etappenkommandant, Oberst v. Schmieden, hielt eine den tapferen französischen Kameraden, welcher für sein Vaterland geblutet habe, ehrende Grabrede.

Nach ihm sprach ein feingekleideter Franzose. Mit hochfahrenden Worten pries der unverschämte, taktlose, dunkle Ehrenmann die angeblichen Siege der französischen Adler, gab seinem Staunen Ausdruck über die massenhaft neugebildeten Legionen und schloß mit der Hoffnung, daß der endliche Sieg auf französischer Seite sein würde. Das war der Dank für die etwas übertriebene Connivenz unseres Obersten!

Ein anderes Mal kam ich spät abends mit ermüdeten ausgehungerten Pionieren nach Epinal und begab mich sofort nach der Mairie, um Quartiere zu besorgen.

Hier fiel mir von vornherein auf, daß die Beamten, welche in dem Einquartierungsgeschäfte übrigens eine staunenswerthe Gewandtheit besaßen, sich bei Verabfolgung unserer Billets verschmitzte Blicke zuwarfen. Wir hatten einen sehr weiten Weg bis zu den bezeichneten Quartieren und fanden dieselben schon belegt. Nach der Mairie zurückgekehrt, wurde den Beamten angedroht, daß wenn wir noch einmal unverrichteter Sache Kehrt machen müßten, ohne Weiteres die anstoßende Wohnung vom Maire oder Abjunkt gewaltsam in Beschlag genommen werden würde. Der Fall trat wirklich ein.

Nun wurde am Nachbarhause erst bescheiden geschellt, dann solange fest geklopft, bis der erschrockene Hausherr in einer weißen Zipfelmütze am geöffneten Fenster erschien und auf Verlangen die Thür öffnete. Ohne die kläglichen Betheuerungen seiner Unschuld zu beachten, wurde Besitz von der Wohnung genommen; gewiß eine wohlverdiente Strafe für den Chef so unverschämter Beamten, selbst wenn es wahr sein sollte, daß die Tochter des Hauses nicht einmal in ihrem Bette hat schlafen können.

Humanitätsdusel und Schonung des Feindes auf eigene Kosten ist am allerwenigsten Jemandem gegenüber angebracht, der dies für Schwäche hält. Die Franzosen haben es nicht anders gewollt und schade um jede unbenutzte Gelegenheit, sie Sturm für den gesäeten Wind ernten zu lassen!

Von jener Zeit ab war man auf der Mairie stets sehr höflich und zuvorkommend gegen die Feldeisenbahn-Abtheilung.

Für mich wurde sogar bei Madame Robby ein für alle Mal ein bestimmtes Zimmer reservirt, obwohl ich doch nur ab und zu in Epinal übernachtete.

Auf der Präfektur, wo sich die Mairie über den Vorfall beschwert hatte, schwärmte man aber am grünen Tische leider für eine gelindere Behandlung der Franzosen.

In Donnony wurden jetzt die Vorbereitungen zu dem weiterhin speziell beschriebenen Transporte der Betriebsmittel energisch betrieben und die Bahnhofsgeleise erweitert. Auch da gab es infolge der allgemeinen Aufregung böse Auftritte. Eines schönen Tages wurde ich gerufen, als ein Franzose ein Attentat auf einen unserer schlafenden Pioniere beabsichtigt hatte, welches nur dadurch verhindert worden war, daß ein hinzukommender Reservejäger dem Kerl erst den Karabiner und dann auch das Messer entrissen hatte, mit dem er sich noch zur Wehr setzen wollte. Blau geschlagen wurde er abends nach Epinal mitgenommen, wo die Kommandantur hoffentlich kurzen Prozeß mit ihm gemacht hat.

<small>29. Dezember. Nach Vesoul zum General.</small> Am 29. Dezember depeschirte der General frühmorgens, daß er mich womöglich noch an demselben Tage in Vesoul erwarte. Das war nach so langer Trennung eine hocherfreuliche Aussicht.

Die Lokomotive brachte mich bis Xertigny, wo meine braven, kleinen, unansehnlichen Ardennen-Apfelschimmel standen, die an diesem Tage mit einem schweren Kutschwagen auf verschneiten Straßen bei einer Heidenkälte 70 km zurücklegten und mich abends 8 Uhr wohlbehalten in Vesoul ablieferten.

Sie wären sicherlich dekorirt, wenn es in dem Feldzuge auch Auszeichnungen für Pferde gegeben hätte.

Ich hatte seit ungefähr zehn Wochen nicht die Ehre gehabt, den General zu sehen, und fand ihn jetzt leider bei gedrückter Stimmung sehr verändert.

„Ich habe Sie hertelegraphirt", sagte er, „um Sie über den Ernst unserer augenblicklichen Lage nicht in Unkenntniß zu lassen. Hören Sie also zu, was hier verhandelt wird, und richten Sie sich danach ein."

Dann begab sich der General mit einigen Herren seines Stabes an die Lösung der mir bis dahin unbekannten Aufgabe, wie man auf dem Papiere mit dem Zirkel in der Hand die Dispositionen trifft, wonach eine von weit überlegenen feindlichen Streitkräften bedrängte Armee unter den schwierigsten Verhältnissen eiligst zurück und in eine geeignete Vertheidigungsstellung gebracht werden soll. Ich staunte darüber, was dabei Alles zu überlegen ist, und folgte den Verhandlungen mit gespannter Aufmerksamkeit.

Dabei imponirte es mir besonders, mit welcher beiderseitigen Hochschätzung sich der schneidige General mit dem tief denkenden und keinen Augenblick die eisige Ruhe verlierenden Generalstabschef v. Leszczynski über die Hauptdispositionen einigte, wegen deren Detailausarbeitung sich die übrigen Herren die nöthigen Notizen machten.

Es war bald Mitternacht, als die Konferenz geschlossen wurde. Der General ließ sich dann noch kurzen Bericht über unsere Thätigkeit erstatten, gab der Hoffnung Ausdruck, daß das Geschaffene nur nicht wieder zerstört werden möchte, und verabschiedete mich mit den Worten: „Sie wissen ja nun, wie die Sachen bei uns stehen! Grolman hat noch einen Auftrag für Sie wegen einiger Lokomotiven, die sich hier in der Nähe befinden sollen. Schlafen Sie wohl, bis morgen früh."

Als ich hinunterkam, standen meine Gäule noch auf der Straße.

Der Trainsoldat hatte zwar ein Quartierbillet bekommen, aber Alles schon besetzt gefunden und sich dummerweise nicht gemeldet.

Klein war jetzt der Retter in der Noth. Derselbe kam eben von seiner Rekognoszirung der Linie Vesoul—Belfort zurück, hatte im Vorbeigehen meinen Wagen erkannt und inzwischen für Quartier gesorgt, wozu ich vor Müdigkeit kaum noch im Stande gewesen sein würde.

Das eben Erlebte hatte jedoch einen so gewaltigen Eindruck bei mir hinterlassen, daß Klein nichtsdestoweniger noch längere Zeit sein Ohr meinen Mittheilungen aus der interessanten Konferenz leihen mußte.

Das Urtheil, welches ich mir gebildet hatte, war etwa folgendes:

Unser Generalstab befand sich bezüglich Beurtheilung der Kriegslage mit Moltke augenscheinlich nicht im Einvernehmen.

Der General sowie der Generalstabschef waren der festen Ueberzeugung, daß ein großer Schlag mit bedeutend überlegenen Streitkräften gegen uns in der Vorbereitung begriffen und Bourbaki schon auf dem Wege nach Belfort sei, während man in Versailles noch der Meinung zu sein schien, daß derselbe Paris zur Hülfe eilen wollte.

Erst einige Tage später wurde dem General Recht gegeben und voll anerkannt, wie nothwendig es gewesen war, den Rückzug der Armee von Dijon nach Vesoul zu beschleunigen.

Weiß man doch jetzt, daß schon am 23. Dezember die Bewegung der weit überlegenen französischen Armee nach Osten begonnen hatte und daß bereits am 28. Dezember Truppen aus Lyon in Besançon, also im Rücken unserer Armee, eingetroffen waren.

Unter solchen Umständen konnte sich's wohl nur noch darum handeln, den Entsatz von Belfort zu verhindern.

Ob dies gelingen würde, war recht zweifelhaft.

Wir standen jedenfalls auf dem qui vive!

Am folgenden Morgen wurde bei eisiger Kälte nach dem Werke hinausgeritten, wo sich die Lokomotiven befinden sollten. Leider

30. Dezember.

waren dieselben schmalspurig und daher für unsere Zwecke nicht verwendbar.

Wir kamen um 9 Uhr zurück und fuhren, nachdem ich dem General noch rasch Bericht erstattet hatte, sofort nach Epinal ab.

Brief an meine Eltern.

Zu einem damals an meine Eltern geschriebenen Briefe ist diese Fahrt wie folgt beschrieben:

„Als wir nach Verlassen der Stadt, auf deren Straßen es von Truppen wimmelte, in Kolonnen geriethen, ein Vergnügen eigener Art, weil man oft stundenlang nicht von der Stelle kommt, zog ich es vor, Kleins Gaul, welcher bis dahin neben den Wagenpferden gelaufen war, zu besteigen und mit zwei Husaren Platz zu machen.

Das scharfe Reiten erwärmte mich bald wieder und da ich in St. Loup rasch frische Pferde zu bekommen wünschte, um den Sylvesterabend im Kreise der Bekannten in Epinal verleben zu können, ritt ich über Luxeuil dahin voraus, wo mich die gemüthlichen Württemberger freundlichst einluden, das alte Jahr mit Klein bei ihnen zu beschließen.

Der gute Etappenkommandant beeilte sich deshalb auch nicht, Wechselpferde zu besorgen, so daß wir erst eine Stunde nach Eintreffen meines Wagens weiterfahren konnten.

Klein, der in Aillevillers stationirt ist, bat, ihn nach Epinal mitzunehmen.

Wir rechneten auf drei Stunden bis Xertigny und hofften mit einer dahin beorderten Lokomotive um 8 Uhr in Epinal eintreffen zu können.

Aber es kam anders.

Der Weg über Aillevillers, welchen Kauffmann schon besungen hat, war derart verschneit, daß wir fünf Stunden bis Xertigny gebrauchten. Die Maschine war eingefroren und da Klein vor Kälte sowie Hunger umzukommen behauptete, blieb zunächst kein anderer Rath, als in die Dorfkneipe zu gehen, wo die Jägeroffiziere bei einer großen Punschbowle das »neue Jahr« erwarteten.

Der Entschluß, die Weiterfahrt aufzugeben und mit den fidelen Grünröcken, bei welchen übrigens auch ein Premierlientenant v Laer,*) »Bruder des Euch bekannten«, steht, zu kneipen, war rasch gefaßt, mußte aber wieder aufgegeben werden, als der Hauptmann »Graf v. Dohna« bestimmt versicherte, daß absolut kein Unterkommen für uns ausfindig zu machen sei. Nolens volens wurde wieder vorgespannt und nach Epinal weitergefahren, wo wir

---

*) Zur Zeit Oberstlieutenant z. D. in Detmold.

nach Mitternacht eintrafen und Klein den Schwur ableistete, nie wieder mit mir Pechvogel zu seinem Vergnügen fahren zu wollen. Kauffmann lachte ihn natürlich gründlich aus.

Dies die Fahrt in das Jahr 1871 hinein.

Seit der Zeit hofften wir zwar, daß die Situation sich besser gestalten würde. Ich habe aber noch meine Bedenken.

Alles war vorbereitet, um nach Vesoul per Bahn fahren zu können, und nun muß gemeinerweise der Feind mit solcher Macht auf uns eindringen, daß Vesoul schon seit vier Tagen aufgegeben ist. Wir führen daher seit der Zeit die Betriebsmittel und alles Werthvolle zurück und halten den Koffer gepackt, um schlimmstenfalls mit Reißaus nehmen zu können.

Wie die Sachen stehen, erseht Ihr täglich aus den Zeitungen wohl besser, als wir es wissen. Daß der gute Kauffmann aber von uns abgeschnitten ist und sich über Mülhausen—Straßburg auf dem Wege nach hier befindet, wird nicht darin stehen.

Er fragte von Lure aus an: »Was thun? Hier Gefahr im Verzuge.«

Ich antwortete, »dort bleiben, nur nicht ängstlich!« Jetzt schimpft er mit Recht. Mir fehlt nichts! Nur Cigarren und Tabak sind schon seit 14 Tagen ausgegangen und für alles Geld kein rauchbares Kraut zu bekommen.

Tausend Grüße Euer

Fritz.

Nachschrift.

Auf dem halben Wege nach Luxeuil stieß ich beim Vorreiten auf einen Kranken= und Verwundetentransport, der, wenn ich nicht irre, schon 5 Tage aus der Gegend von Dijon, wo man übrigens leider noch viele derselben hat zurücklassen müssen, bei der furchtbaren Kälte unterwegs war. Die armen Kerle hatten kaum eine Handvoll Stroh auf den offenen Leiterwagen, deren einige 50 langsamen Schrittes hintereinander fuhren.

Einer der Leute machte sich mir durch auffallende Gestikulationen bemerkbar, und als ich an denselben heranritt, erkannte ich kaum noch meinen früheren Feldmesser Pomhof, dem die Lippen derart aufgefroren waren, daß sie fast das halbe Gesicht einnahmen. Ich wirkte bei dem Kolonnenführer die Erlaubniß aus, ihn in meinen nachfolgenden Wagen plaziren zu dürfen, und ritt bis zum nächsten Dorfe vor, um etwas Warmes für die armen Teufel zu besorgen.

Derartige Kolonnen schienen von den Franzosen gefürchtet zu sein. Alle Häuser waren verschlossen und kein Mensch zu sehen. Endlich gelang es mir, in ein Haus einzudringen und ein Faß Wein gegen angemessene Bezahlung zu erhalten. Der Inhalt wurde in einen großen Kessel geschüttet, Zucker dazu gethan und der Glühwein war fertig, welcher der verfrorenen Gesellschaft eine kleine Linderung verschaffte.

Es schaudert mich noch, wenn ich an dies Elend zurückdenke!

Vomhof kam spät in der Nacht bei mir in Epinal ins warme Zimmer, während seine Leidensgefährten erst nach zwei Tagen dies Ziel erreichten. Wie mancher mag in dieser Zeit noch seinem Elend erlegen sein!

D. O."

Auf dieser Tour ist mir, wie ich später hörte, der vorgenannte Premierlieutenant v. Laer begegnet, der mit zwei unter seinem Befehle stehenden Kompagnien des 1. Reserve=Jäger=Bataillons die Bedeckung einer sächsischen Batterie auf dem Marsche von Epinal nach Besoul bildete. Es war damals bitterkalt, und dicker Nebel lagerte auf der waldreichen Gegend.

Zwischen dem Vortrupp und dem Haupttrupp stellte ein allein marschirender Jäger die Verbindung her.

Die auf einer Dorfstraße unweit des am vergangenen Tage von mir berührten kleinen Städtchens Luxeuil in großer Zahl herumstehenden Franzosen hielten denselben für einen Nachzügler, warfen sich auf den völlig Ueberraschten, der mit umgehängter Büchse und unter den gerollten Mantel geschobenen Händen momentan wehrlos war, stießen ihn mit dem Kopfe in den Schnee und bearbeiteten den armen Burschen dann mit Messern. In diesem Momente tauchte der Haupttrupp aus dem Nebel auf. Ohne der feigen hinterlistigen Bande Zeit zum Ausreißen zu gönnen, ließ v. Laer rasch die Hirschfänger ziehen und dann setzte es Hiebe, daß der Schnee auf der Landstraße roth leuchtete.

Ungeachtet dieses gesunden Denkzettels blieben die Franzosen nach wie vor frech und hinterlistig.

Als v. Laer am 24. Januar mit der 4. Jäger=Kompagnie und einigen Hundert Gefangenen aus den Kämpfen an der Lisaine nach Epinal zurückmarschirte, wurde ihm gemeldet, daß die Pisangs eine Patrouille in der Nähe von Luxeuil überfallen und einem Husaren beide Augen mittelst einer aus unmittelbarer Nähe abgefeuerten Schrotladung ausgeschossen hätten. v. Laer suchte den Unglücklichen auf, stellte fest, daß ein jugendlicher, beim Dorfe Joncheroller ansässiger Mühlenbesitzer den Bubenstreich vollführt hatte und ließ denselben schleunigst gefangen nehmen.

Die Jäger hätten den Burschen, der jetzt Gott und alle Heiligen als Zeugen seiner Unschuld anrief, am liebsten gleich gehängt. Aber dank der Disziplin in unserer Armee kam es nicht dazu. Der Kerl wurde, ungeachtet seine junge hübsche Frau, welche, in Seide gekleidet, fußfällig auf schmutziger Straße um Gnade bat, nach Epinal mitgenommen und hat sich dort in derselben Nacht erdrosselt, in welcher sein unglückliches Opfer, der so entsetzlich verwundete Husar, seinen Schmerzen erlag.

Mit dem in vorstehendem Briefe an meine Eltern erwähnten Rückzuge von Kauffmann verhielt es sich folgendermaßen: *Kauffmanns Rückzug.*

Ich hatte angenommen, daß die Betriebsmittel bis zum 6. Januar in Xertigny eintreffen würden und dann bis Vesoul gefahren werden könnte, worauf in dieser bedrängten Zeit großes Gewicht gelegt werden mußte. Kauffmann und Wichmann erhielten deshalb den Auftrag, schleunigst mit 20 Pionieren die durch Klein ermittelten Geleisunterbrechungen bei Vesoul zu beseitigen und die Telegraphenverbindung herzustellen.

Daß die Verhältnisse sich dort schon derart zugespitzt hatten, wie aus den nachfolgenden Tagebuch-Niederschriften von Kauffmann hervorgeht, davon hatten wir damals keine Kenntniß.

„Am 4. Januar 8 Uhr morgens begab ich mich, mit Instruktion von Krohn wohl ausgerüstet, in Begleitung von Kräuter auf den Weg nach Vesoul, wo eine Bahn-Telegraphenleitung hergestellt werden sollte.

Ungeachtet schon unterwegs verlautete, daß v. Werder Vesoul geräumt hätte, und der Feind bereits in Gray stände, setzten wir die Reise fort und trafen abends in der mit Soldaten, Proviantkolonnen und Viehherden vollgestopften Stadt ein.

In der Nacht ist Alarm gewesen, den ich bei meinem Schlaf des Gerechten überhört hatte. Es herrscht riesige Verwirrung. Jeder nimmt, was ihm gutdünkt, da das Proviantamt geräumt werden soll. Alles ist hier in größter Aufregung. Die Pferde stehen gesattelt, die Wagen gepackt. Man hört Kanonendonner; die Truppen haben draußen biwakirt, und Verwundete sowie Gefangene *5. Januar.*

werden ununterbrochen eingebracht. Garibaldi und Bourbaki sollen Werder angegriffen haben, und die einzige Rückzugslinie ist Lure—Belfort. Die Post ist seit zwei Tagen geschlossen, und die Telegraphenbeamten arbeiten an Apparaten, die schon halb abgeschraubt sind. Der Präfekt sowie die Generale v. Werder, v. Degenfeld und Fürst Hohenlohe sind noch hier. Die Kommandantur ist bereits fort. Soeben ist unser Telegraphenwagen angekommen. Die drei Mann von der 3. Kolonne wollten sich mit den fünf Pferden aus dem Staube machen; ich habe sie aber daran gehindert und in die Kaserne geschickt. An Krohn telegraphirte ich, ob ich sie hier= behalten solle, da Pferde nicht aufzutreiben seien.

Wäre die Lage nicht so ungewiß, sie wäre höchst interessant. Keiner weiß etwas Bestimmtes.

6. Januar. Die Nacht war möglichst unruhig. Kaum war ich in die Falle geschlüpft, da bat mich die Wirthin um meinen Beistand, weil 100 Mann auf den Hof zur Einquartierung gerückt seien. Wohl oder übel mußte ich hinaus und schlug den Angriff zurück. Doch die Ruhe sollte nicht lange währen, denn kaum lag ich wieder unter der Decke, als mich die Klingel hinausrief. Diesmal galt es, die Nachbarin, der wahrscheinlich die Obdach suchenden Soldaten zur Last gefallen waren, abzuweisen.

Kaum hatte ich sie beruhigt und mich wieder zurückgezogen, als ich von Neuem gerufen wurde, um einen Beamten abzuweisen. Doch die Nacht sollte noch mehr Ueberraschungen bringen, denn kaum war der Störenfried entfernt, als die Glocke wieder erscholl. Diesmal waren meine Bemühungen fruchtlos.

Ein Offizier machte für seinen Rittmeister Quartier, ein Zahl= meister und ein Apotheker drangen in mein Zimmer, und die Andern besetzten trotz meiner Vorstellungen „ohne alle Rücksichtslosigkeit", wie sie sich auszudrücken erlaubten, Wohnzimmer und Eßsalon der Wirthin. Sie war außer sich, zudem sie noch in später Nacht kochen mußte. Der Lärm und ihr Gejammer folgten mir bis in meinen Schlummer.

7. Januar. Am Morgen klagten meine arme Wirthin und ihre Zofe Lise entsetzlich über die schreckliche Nacht. Sie seien todmüde, da sie »pas du tout« geschlafen hätten.

Meine drei Fahrer vom Telegraphenamt sind mir mit den Pferden durchgebrannt. Auf dem Telegraphenamt höre ich, daß

Bourbaki und Garibaldi Gray in Besitz genommen haben, und unseren 39000 Mann 150000 Mann gegenüberstehen.

Nachmittags las ich eine Depesche von v. Werder, wonach er sich nach Belfort zurückziehe und die Bagage schon dorthin dirigirt sei. Ich sah ihn auch mit mehreren Generalen die Stadt verlassen.

Endlich kommt Antwort von Krohn. Er depeschirt mir: »Pferde zurückschicken! Nur nicht ängstlich!« Er hat gut reden. Zudem sind soeben 18 Mann unserer Abtheilung hier eingetroffen mit einer Lowry Telegraphendraht. Doch ist Bauführer Wichmann, der sie hergeführt und der allein etwas vom Legen der Leitung versteht, vom Fieber gepackt worden und sofort nach seiner Ankunft hier ins Bett gesteckt. Da ich unter diesen Umständen nicht weiß, wie ich meine Ordre ausführen soll, depeschirte ich an Krohn: »Que faire?!«

Das war wieder eine schöne Nachtruhe. Dreimal wurde ich von den Frauensleuten geweckt, um Ruhe zu stiften; ich begnügte mich jedoch, vom Fenster aus die Eindringlinge zu verscheuchen. Am frühen Morgen hielt ich über meine Truppe Heerschau, meldete auf der Kommandantur meine 18 Mann an und bat um Pferde, da über Nacht auch die beiden Gäule, die Wichmann aus Aillevillers mitgebracht hatte, verschwunden waren.

Ich soll doch anscheinend nicht zu einer ruhigen Nacht kommen. Um 2 Uhr brannte das Haus, das meinem Quartier gegenüberlag, und um 3½ Uhr wurde Generalmarsch geblasen. Auf dem Appellplatz fand ich nur vier Mann; wo die anderen Leute steckten, wußte keiner.

Selbst der kranke Wichmann war dem Signal gefolgt. Ich schloß mich der Etappentelegraphie an, und da wir ja keine Pferde hatten, lud ich mit Erlaubniß des Telegraphendirektors Bochnte meine Apparate auf seine Wagen. Endlich fand mein findiger Bursche auch meine vermißten Mannschaften und um 7 Uhr zog ich stolz zu Roß an der Spitze von ganzen 11 Mann aus Besoul hinaus. Wir mußten oft halten, um Kolonnen und Krankentransporte vorüber zu lassen. Auch die Generale v. Glümer und v. Degenfeld sprengten vorbei.

Es war ein anstrengender Marsch, die Wege steil und glatt, so daß oft Pferde stürzten. Vor uns und von Villersexel her dröhnte Geschützfeuer, in das sich das Knattern der Infanteriesalven mischte.

8. Januar, Sonntag.

9. Januar.

Endlich langten wir um 5½ Uhr abends in Lure an. Ich war ganz erstarrt infolge des langen Ritts bei der bitteren Kälte!

10. Januar. Vergeblich versuchte ich an Krohn zu depeschiren. Da die Station Epinal nicht antwortet, scheint die Leitung gestört zu sein.

Man hört die Kanonen Belforts. General v. Werder und der Präfekt aus Besoul trafen heute hier ein.

Um 4 Uhr nachmittags rückten wir endlich ab. Rechts und links vom Wege brannten Wachtfeuer. Wir kamen nur langsam vorwärts, da durch das Vorbeiziehen mehrerer badischer Regimenter oft Stockungen hervorgerufen wurden. Es war schon dunkel, als wir in Ronchamp anlangten.

11. Januar. Ununterbrochen ziehen Kolonnen vorüber, viel badische Artillerie und Dragoner. Die Post ist nach Frahier ausgerückt. Krohn depeschirt mir: »Ich solle bei der Feldtelegraphie bleiben.«

Die Sache ist höchst ungemüthlich! Kein Geld, und heute ist Löhnungstag! Keine Verbindung! Jede Nahrung fehlt. Fourage giebt's nicht! Dazu nicht abzuziehen, wohin wir schließlich kommen! Mit Müh' und Noth habe ich ein heizbares Quartier entdeckt.

Meine Leute haben zum letzten Mittel gegriffen und einer Kuh den Garaus gemacht! Dann wurde eine Bierbrauerei entdeckt, und mein Bursche trug mir eine Gießkanne voll Gerstensaft ins Quartier, während sich die Leute über einige Viertelchen hermachten.

12. Januar. Als ich um 4 Uhr morgens auf unserem Sammelplatz eintraf, hörte ich, daß erst um 5 Uhr angespannt werden solle.

Ich stand melancholisch und Pläne brütend am lodernden Wachtfeuer und entschloß mich, der Telegraphenabtheilung, welche Befehl erhalten hatte, in Hericourt die Telegraphenleitung zu bauen, Valet zu sagen und auf eigene Faust nach Mülhausen zu marschiren.

Meinen Burschen Fuhr ließ ich zu Pferde dem Wagen nach= setzen, der unser Gepäck entführt hatte. Nun war aber noch die Frage, wie wir unsere beiden Wagen fortkommen sollten?! Ich sagte also zu meinen Leuten: »Es müssen Pferde beschafft werden; wie Ihr es anfangt, ist Eure Sache!« Nach kurzer Zeit waren zwei Gäule zur Stelle. Ich depeschirte mit Wichmann an Krohn, daß ich weitere Ordre in Mülhausen erwartete, und traf dann auf der Straße meine Leute. Sie zogen und schoben selbst die Wagen durchs Dorf, während die Pferde um dasselbe herumgeführt wurden. Sie schienen also doch ein böses Gewissen zu haben. O Themis! vergieb deinem Jünger diese schwere Sünde! Der Nothstand ent=

schuldigt sie. Unangefochten erreichten wir das Freie, spannten unsere Gäule vor und fort ging es! Doch schon in Champagnay geriethen wir wieder zwischen größere Truppenkörper und Proviantkolonnen. Langsam ging es durch reizendes Hügelland. Kanonendonner rollte von Belfort her, und schwere Rauchwolken lagerten über der Festung.

Mittags langten wir in Giromagny an, wo ich bei einem deutschen Fabrikherrn eine gute Aufnahme und zwei hübsche Töchter fand. Es war ein Idyll im rauhen Kriegsleben!

Lebewohl! gastliches Schloß! Wir müssen scheiden! Wir trafen über Chapelle bei starker Kälte abends in Nieder-Bergheim ein. Hier ist Alles bereits deutsch! 13. Januar.

Die Eskimotemperatur scheint sich in Permanenz erklärt zu haben! 14. Januar. Anfangs ritt ich noch stolz meinen Mannen voraus; doch bald zog ich es vor, bescheiden zu Fuß zu laufen, da ich Gefahr lief, auf dem Rappen festzufrieren.

Endlich erreichten wir Mülhausen. Ich eilte aufs Telegraphenamt und fand Ordre von Krohn: „Per Bahn zurückkehren!"

Nun war Alles in Ordnung! bis auf — die beiden Pferdchen, die unsere Wagen so wacker hergeschleppt hatten. Sie lasteten schwer auf meinem „Richter-Gewissen" und so erleichterte ich es, indem ich das corpus delicti als „gefunden" dem Etappenkommando gegen Quittung übergab.

Wir gelangten dann über Straßburg - Blainville wieder in unsere Vogesenecke, wo der Rückzugszauber auch bald losging."

Ich werde nun zunächst den schon erwähnten sehr interessanten Transport der Betriebsmittel auf der etwa 9 km langen Chausseestrecke vom Bahnhof Donnour nach Xertigny genauer beschreiben. Nachdem in der ersten Hälfte Dezember der Beschluß gefaßt war, die Bahnstrecke südlich von Xertigny für sich in Betrieb zu setzen und das rollende Material per Achse vom Bahnhof Donnoux dahin zu transportiren, wurde sofort die Ueberweisung der hierzu geeigneten bis dahin zur Beförderung schwerer Geschütze von Paris benutzten Lastwagen bei der Exekutivkommission beantragt. Dieselben waren jedoch noch nicht disponibel und zum Theil unbrauchbar. Nachdem alle weiteren Anfragen in Versailles und Erkundigungen an anderen Stellen erfolglos geblieben waren, wurde v. Kietzel auf die Suche geschickt. Das Resultat war aber nur ein Korb Sekt, den er mir von Epernay freundlicherweise mitbrachte.

Transport der Betriebsmittel von Donnour nach Xertigny. 9 km.

Nachdem wir dann unsere Fühler nach der Heimath ausgestreckt hatten, gelang es v. Kiekel, Mitte Dezember von der Aktien-Maschinenfabrik in Karlsruhe einen schweren Wagen für den Transport der Lokomotive und in Straßburg einen solchen für den Transport des Tenders gegen eine tageweis zu berechnende Miethe geliehen zu bekommen.

Mit der speziellen Leitung des zunächst auf eine Lokomotive und sechs Personenwagen beschränkten Transports wurde der Maschinenmeister Janson beauftragt.

Wir hatten hierbei mit den denkbar ungünstigsten Witterungsverhältnissen zu kämpfen. Starker Schneefall wechselte mit eisiger Kälte, so daß die in großen Steigungen über Berg und Thal führende Chaussee selbst für gewöhnliches Fuhrwerk kaum passirbar war. Während der Tender und die Lokomotive verladen wurden, machten wir den Versuch, einen Personenwagen auf eigenen Rädern laufend zu transportiren.

Der kleine Lieutenant, welcher mit zwölf Pferden vom Artilleriedepot in Epinal zu diesem Zwecke antrat, war ganz stolz darauf, wie elegant seine Gäule anzogen und den Wagen auf die erste Höhe beförderten. Aber bös wurde die Sache, als es den Berg hinunter ging. Mittelst Feststellen der Räder konnte, wie sich bald zeigte, der Wagen nicht gehalten werden. Wir versuchten daher, obwohl dies mit einem Munitionswagen früher schon mißglückt war, denselben an einem langen Tau den Berg hinabzulassen, dessen um einen Chausseebaum geschlungenes loses Ende von Pionieren gehalten wurde. Anfangs ging die Fortbewegung in dieser Weise ganz gut und sicher, wenn auch langsam, weil das Wechseln mit den Bäumen viel Zeit in Anspruch nahm und das Tau nur ganz behutsam nachgelassen werden durfte. Die erste in dieser Beziehung begangene Unvorsichtigkeit wurde leider aber bitter bestraft. Als die Mannschaften, wo es einen sehr steilen Berg hinabging, das Tau zu rasch hatten gleiten lassen, gab es plötzlich einen heftigen Ruck und ungeachtet alle in der Nähe Stehenden mit anfaßten, zu welchem Zwecke auch ich mich rasch aus dem Sattel geschwungen hatte, kein Halten mehr. Der Wagen war frei und sauste, das Tau wie einen langen Schweif hinter sich her in der Luft schwingend, den steilen Berg hinab über den Graben und das Feld in ein Bauernhaus, dessen Bewohner bei dem plötzlichen Erscheinen der Wagenpuffer im Zimmer einen guten Schreck bekommen haben mögen. Es thut mir jetzt noch leid, daß ich das komische Bild, welches zum Vergnügen vieler Passanten längere Zeit erhalten blieb, nicht habe aufnehmen lassen.

Für uns war die Sache zunächst durchaus nicht zum Lachen! Wir waren eine ansehnliche Strecke über Eis und Schnee mitgeschleift und lagen so kreuz und quer übereinander, daß Jeder im ersten Augenblick das Gefühl hatte, als ob man die Knochen aus diesem Knäuel zusammensuchen müßte. Es hatte jedoch bei einigen geschundenen Körpertheilen und zerrissenen Bekleidungsstücken sein Bewenden.

Von nun an wurde mit größerer Vorsicht verfahren und der Transport der übrigen Wagen in derselben Weise, wenn auch langsam, aber ohne Unfall bewirkt.

Am schwierigsten war natürlich der Maschinentransport. Die Verladung des Ungeheuers fand am 26. Dezember statt. Nachdem der Versuch, Pferde zum Ziehen zu verwenden, schon auf horizontalen Strecken mißglückt war, wurden Ochsen requirirt. Das Nähere hierüber enthält der hier folgende Abschnitt eines Briefes an meine Eltern vom 14. Januar 1871.

„Ich treffe frühmorgens mit der Eisenbahn in Donnoux ein, besteige den Schimmel und reite nach der Stelle, wo die Wagen am Tage vorher, von Pionieren bewacht, stehengeblieben sind. Daselbst ist Janson bereits damit beschäftigt, den Weitertransport vorzubereiten, indem er, mit einer langen Peitsche bewaffnet, für richtige Anspannung der Zugthiere sorgt. An einem quer über die Deichsel gestreckten und mit dem Vordertheile des Wagens fest verbundenen starken Baume sind drei lange dicke Zugketten und an diesen 60 Ochsen, je sechs nebeneinander, mittelst Stirnjoche befestigt. Die Hauptschwierigkeit liegt nun zunächst darin, eine so große Zahl kreuz und quer stehender Thiere zum Anziehen zu bringen. Diese Aufgabe löst wieder der Artillerielieutenant, diesmal jedoch mit 20 Pferden. Dieselben werden vor die in Windungen an der Erde liegenden und die Köpfe der Ochsen durch ihr Gewicht niederbeugenden Ketten gespannt, um diese stramm zu ziehen und jenen hierdurch gewaltsam die richtige Zugstellung anzuweisen. Dann beginnt ein wüstes Gebrüll; 30 Pioniere dreschen mit langen Peitschen mehr auf die Franzosen als auf deren Ochsen, wenn diese noch nicht anziehen; denn sie haben bemerkt, daß die Thiere schon wollen, die Kerle aber renitent sind.

In der Ebene oder in gerader Richtung den Berg hinauf geht der Zug längere Strecken ohne Störung fort; voraus einige Husaren, welche die Straße frei halten und Alles warnen, was uns entgegenkommt. Sobald aber die Chaussee eine Kurve beschreibt oder das Gefälle beginnt, muß stillgehalten werden und tritt dann wegen der erforderlichen Manipulationen eine längere Pause bei der Fortbewegung ein.

In der Kurve würde nämlich der Wagen, wenn die Zugkraft auf der Chaussee fortgeht, in den Graben an der konkaven Seite gleiten. Ein Theil der Ochsen muß deshalb in der Richtung der Tangente geführt und, um dies zu ermöglichen, Alles beseitigt werden, was im Wege steht. Die Pioniere reißen Futtermauern, Zäune u. s. w. ab, fällen hindernde Bäume und bahnen so den Weg. Die Eigenthümer machen ein trauriges Gesicht, welches übrigens nicht beachtet wird, und schweigen schlauerweise mäuschenstill.

Nun geht es einen steilen Berg hinauf, welcher so vereist und durch Kolonnen glatt gefahren ist, daß die Thiere kaum stehen und noch viel weniger ziehen können. Dann heißt es »rasch die Picken und Schippen her!« Alles geht ans Aufeisen. Die Böschungen werden angehauen und der Boden über die Chaussee vertheilt. Inzwischen rücken Kolonnen heran; die Feldpost läßt ihr Horn ertönen. Unsere Arbeit dauert noch Stunden, und so lange darf die Passage nicht gestört werden. Also die Ochsen zur Seite! »Les boeufs à côté!« erschallt es.

Die berittenen Begleiter der Post beurtheilen mit uns, ob neben den Ochsen und dem Wagen noch vorbeizukommen ist. Anderenfalls wird dieser entweder mittelst Winden und Flaschenzüge seitlich verschoben oder aber ein Weg neben der Chaussee übers Feld und durch Gärten gebahnt.

Nun geht's wieder bergab. Es ist dann der Moment genau wahrzunehmen, in welchem der Wagen mittelst der gewöhnlichen Bremsvorrichtungen nicht gehalten werden kann. „Arrêtez" ertönt es; und nun werden die 5 Fuß langen Eisschuhe mit 3 Zoll vortretenden Stahlspitzen unter die Räder geschoben. Jene arbeiten sich so kräftig durch das Eis in die Chaussee, daß alle Peitschen wieder auf die Pisangs gerichtet werden müssen, um los zu kommen. Stürzt dann ein Ochse oder schreit ein zwischen denselben eingeklemmter Kerl, so verfehlt dies jeden Eindruck zu machen.

»Toujours en avant« brüllten die in der Landessprache schon weit vorgeschrittenen Pioniere, und weiter geht es bis an die Stelle, wo die Eisschuhe zu stark bremsen und wieder beseitigt werden müssen. In der bedenklichsten Situation befindet sich der Wagen, wenn er zur Seite gleitet. Um dies zu verhindern, sind 2 Zoll breite und ⅝ Zoll dicke eiserne Bänder um die Radreifen gezogen, welche sich ins Eis eindrücken und auf diese Weise einen seitlichen Halt gewähren. Nichtsdestoweniger wäre aber der Wagen einige Male sicher in den Graben gerutscht und voraussichtlich umgekippt, wenn der große Napoleon nicht für kräftige Pappeln an der Etappenstraße gesorgt hätte. Kurz, bei Eis und Schnee ist ein derartiger Transport mit außergewöhnlichen Schwierigkeiten verbunden und werdet Ihr Euch denken können, wie fidel wir waren, als die Lokomotive nach zeitweisen, durch die Beschaffung der Eisschuhe sowie das Aufziehen der Reifen u. s. w. bedingten Unterbrechungen des Transportes, am zehnten Tage auf dem Bahnhofe Xertigny stand. Sofort wurde an den General v. Werder telegraphirt »Betriebsmittel auf Bahnhof Xertigny angelangt. Bin in drei Tagen mit Zug in Vesoul.«

Eine Stunde später traf folgende Antwort ein: »Post nach Vesoul in Xertigny festzuhalten, weil Vesoul verlassen und vom Feinde besetzt ist. Vorsicht anzuwenden. Zerstörung der Bahn Vesoul — Epinal vorzubereiten. Betriebsmittel in Sicherheit zu bringen.« — Das war ein recht unbehaglicher kalter Strahl. Aber nur nicht ängstlich! Zerstört werden die Bauwerke vorläufig nicht; die Betriebsmittel bleiben in Xertigny, nur die Achsen und Räder sind rückwärts nach Blainville transportirt. Inzwischen ist Manteuffel im Anmarsch; hoffentlich übermorgen in Vesoul, und dann legt die Feldeisenbahn Abtheilung wieder los.

Ew. pp.

den 18. Januar.

Der Brief war liegen geblieben, bezw. mit meinen Sachen für den Rückzug eingepackt. Heute wieder Alles sicher. Daher ausgepackt. Wir rücken mit den Truppen vor. Interessante Tage!

Ew. pp."

Bei dem Transporte der Betriebsmittel hat sich der Maschinenmeister Jansen durch zähe Ausdauer und große Umsicht besonders ausgezeichnet.

Die undankbarste Aufgabe hatte der Artillerieoffizier mit seinen Pferden, derselbe war über dies Kommando fast ebenso unglücklich, wie der im Vorstehenden erwähnte Kolonnenführer Graf Pfeil, weil kein Tag verging, an dem nicht beim Anziehen einer so großen Zahl hintereinander gespannter Pferde Stränge zerrissen und die Gäule dann stürzten.

Bei dem Aufeisen der Chaussee waren tagelang fast sämmtliche Pioniere der Abtheilung und einige Hundert requirirte Franzosen thätig.

Walter schließt die Beschreibung dieses Transportes in seinem Tagebuch mit den Worten:

„Am 10. Januar stand die Lokomotive mittags 1 Uhr auf dem Geleise, was nach den enormen Schwierigkeiten des Transports großen Jubel hervorrief. Der Chef dankte allen hierbei beschäftigt Gewesenen mit kurzen, kräftigen Worten. Die Pioniere brüllten dreimal Hoch."

10. Januar. Rückzug.

Als die im vorstehenden Briefe erwähnte Depesche des Generals eintraf, war die ganze Gesellschaft so ermüdet, daß an die Ausführung des Befehls „Alles schleunigst in Sicherheit zu bringen", an diesem Tage nicht mehr gedacht werden konnte. Wir sperrten den Bahnhof ab, ließen eine starke Bedeckung auf demselben zurück und fuhren abends nach Epinal, wo natürlich wieder alarmirt und eine große Aufregung wegen der Räumung von Vesoul entstanden war. Auf dem Nachhausewege aus der Kneipe Differenz mit unverschämten Franzosen, die wieder mit blutigen Köpfen abzogen.

Am folgenden Tage wurde mit dem Rücktransport der Materialien, Zimmerverbandhölzer sowie der Achsen, Räder und des leicht abnehmbaren gangbaren Zeuges der Lokomotive begonnen, wobei Janson das Malheur passirte, seinen schönen Säbel auf den Ochsen zu zerschlagen. Lokomotive und Wagen mußten selbstverständlich zurückbleiben. Dieselben wurden jedoch durch Zertrümmern der Fenster, Beseitigen der Ummantelung des Kessels u. s. w. äußerlich derart demolirt und übereinander gelegt, daß man glauben konnte, es sei kein Stück davon mehr zu gebrauchen.

Kauffmann, der eben auf dem Rückzuge in Charmes angelangt war, erhielt den Auftrag, mit seinem Detachement dort zu bleiben, um die Mosel-Brücke zu schützen.

Jahr übernahm mit den übrigen Pionieren den Patrouillendienst auf der Strecke Charmes—Donnour, und ich verabredete mit

Walter, Xertigny vertheidigen zu helfen, wo seine Pioniere an Viadukten in ein Massenquartier gelegt wurden.

Zum Ueberfluß und um den Trubel voll zu machen, kamen uns nun gerade in diesen Tagen verschiedene größere Gefangenentransporte auf den Hals, welche vom Viadukte aus schleunigst per Bahn weiter befördert werden mußten. So z. B. am 12. abends kurz vor Dunkelwerden noch 600 Kerle aus dem Gefechte bei Villerseyel, welche der schwachen Begleitmannschaft durch Dickfelligkeit, andererseits aber auch wegen ihres jammervollen Zustandes schon viele Sorge gemacht hatten. Dieselben wollten nicht in die Wagen, so daß schließlich kein anderes Mittel, um sie los zu werden, übrig blieb, als drauf zu reiten und sie die flache Klinge fühlen zu lassen.

Am 15. Januar befand sich das gesammte Material mit Civilpersonal auf rückwärtigen Stationen in Sicherheit.

Schon am 6. Januar hatte Moltke dem Generalgouverneur v. Bonin in Nancy folgenden Befehl ertheilt:

„Nach eingezogenen Meldungen des Generals v. Werder ist es nicht ausgeschlossen, daß der Feind zeitweise in Richtung auf unsere Hauptverbindungslinie Terrain gewinnt. Aufgabe Euer pp. würde es in diesem Falle sein, die auf den einzelnen Etappenpunkten u. s. w. zerstreuten Gouvernementstruppen zu sammeln, den etwaigen Vormarsch des Feindes genau beobachten zu lassen und für eine ausreichende Besatzung und Armirung von Toul zu sorgen . . .

Euer pp. wird hiernach ergebenst anheimgestellt, die Zerstörung der Bahnstrecke St. Loup—Epinal an einzelnen Punkten derart vorbereiten zu lassen, daß im Fall der Ausführung die Wiederherstellung einen Zeitraum von mindestens acht, höchstens vierzehn Tagen erfordert. Es dürfte eventuell genügen, die zur Wiederherstellung des gesprengten Viadukts von Aillevillers herangeführten, aber noch nicht eingebauten großen Hölzer per Bahn rechtzeitig wieder rückwärts abzuführen."

Da diese letzte Voraussetzung nicht zutraf, der hölzerne Viadukt vielmehr bereits bis auf Kleinigkeiten fertiggestellt war, wurde von dem Generalgouverneur statt der Rückführung der Hölzer die Zerstörung des Bauwerks angeordnet, der Befehl aber auf meine Vorstellungen wieder zurückgenommen und anerkannt, daß eine erhebliche Verlangsamung des feindlichen Vorschreitens dadurch nicht erzielt werden könnte, weil feindliche Eisenbahnzüge günstigstenfalls doch nur 25 km weiter bis Xertigny gelangen konnten.

Auf der Präfektur und Kommandantur in Epinal befand man sich in großer Aufregung, die ihren Höhepunkt erreichte, als die Meldung einlief, daß die Württemberger aus St. Loup herausgeworfen und auf Plombières zurückgedrängt seien.

<small>17. Januar.
In der Nacht nach Xertigny.</small>

Es war drauf und dran, daß Befehl gegeben wurde, Xertigny aufzugeben und die Etappentruppen noch weiter rückwärts zu sammeln.

Das Verdienst, dies verhindert zu haben, gebührt dem schneidigen Etappenadjutanten Keller und meiner Wenigkeit!

Wir bestritten die Nothwendigkeit, zumal noch zweifelhaft sei, ob uns derart überlegene feindliche Streitkräfte gegenüberständen, daß deren Vordrängen auf unsere Hauptverbindungslinie befürchtet werden müsse, und machten geltend, daß der Befehl, den Vormarsch des Feindes genau zu beachten, doch nur ausgeführt werden könne, wenn Xertigny vorläufig besetzt bliebe.

Dem Präfekten wurde für alle Fälle ein Eisenbahnzug am Perron in Epinal zur Verfügung gestellt, dessen Maschine stets in Dampf und zur Abfahrt bereit sein mußte.

In der Nacht vom 17. auf 18. Januar erhielt ich Nachricht von der Station Doumoux, daß das Etappenkommando Vorbereitungen treffe, den Bahnhof zu verlassen und sich den anscheinend schon auf dem Rückzuge befindlichen übrigen Truppen anschließen werde.

Genauere Auskunft war nicht zu bekommen, weil der Telegraphist in Doumoux, bevor ich auf dem Bahnhofe eintraf, Schluß gemeldet und die Leitung unterbrochen hatte.

Es wurde alarmirt, und der Etappenkommandeur willigte ein, daß eine Kompagnie 68er Landwehr mit unserem Zuge in der Richtung nach Doumoux vorgeschoben wurde.

Es war eine unheimlich dunkle Nacht, in der wir auf gänzlich unbewachter Strecke hinausfuhren. Ich vernahm auf der Lokomotive dumpfes Glockengeläut aus den umliegenden Ortschaften, als Signal der über unsere Nothlage bei Belfort genau unterrichteten Franzosen zum allgemeinen Aufstande oder mindestens zur Verbreitung von Schrecken in unseren Reihen.

Wo sich die Eisenbahn der Etappenstraße nähert, hörte man das Rasseln zurückgehender Kolonnen; die Signallaternen der Lokomotiven wurden ausgelöscht, und so schlich der ganz dunkle Zug langsam in den Bahnhof Doumoux hinein.

Unsere Leute hatten denselben bereits mit den Telegraphen=
apparaten verlassen und waren nach der Aussage eines anwesenden
Franzosen in das nicht weit abgelegene Dorf gegangen, um mit dem
daselbst einquartierten Jägerdetachement den Rückzug nach Epinal
anzutreten.

Das mußte zunächst verhindert werden.

Durch den Umschlag des Wetters von starkem Frost zu seinen
Niederschlägen war ein solches Glatteis entstanden, daß man zu Fuß
nicht vorwärts kommen konnte.

Es wurden deshalb die Pferde aus den Wagen hervorgeholt.

Wir trafen gerade noch rechtzeitig im Dorfe ein, um das Jäger=
detachement festhalten und die Pioniere, welche in einem Wagen vor=
angeeilt waren, zurückholen zu können.

Da sie ihr Verhalten durch triftige Gründe nicht rechtfertigen
und über die angeblich bedrängte Lage auch nichts weiter mittheilen
konnten, als daß sie von Xertigny und vom Dorfe aus gewarnt seien,
erhielten sie neben einem gründlichen Rüffel den Auftrag, die Tele=
graphenapparate sofort wieder einzuschalten.

Inzwischen war so viel Zeit verstrichen, daß wir erst am hellen
Morgen in Xertigny eintrafen. Die Lokomotive blieb zunächst mit
Bedeckung in dem Felseinschnitte vor dem Viadukte zurück und brachte
dann im Laufe des Vormittags noch zwei Kompagnien Landwehr
aus Epinal heran.

Walter hatte einen Hügel neben der Baustelle besetzt.

Am Eingange zum Dorfe hielt der diable rouge, welcher eben
mit seiner Schwadron von St. Loup eingetroffen war und — wie
er sagte — einen unverständigen Befehl auf dem Rückzuge nicht
streng befolgt hatte. Er befand sich infolgedessen in so gedrückter
Stimmung, daß er nicht einmal auf meinen Gesang „Ganz famos,
jetzt geht's los!" reagirte. Uebrigens that mir der arme Kerl schon
deswegen leid, weil er äußerlich ganz durchnäßt, innerlich aber trocken
und vom Hunger geplagt war, gegen den ich augenblicklich auch kein
Mittel hatte.

Bald darauf trafen die beiden aus St. Loup geworfenen Kom=
pagnien Württemberger, ermüdet von dem 30 km langen Marsche
auf verschneiter glatter Straße, ein, sehr unzufrieden darüber, daß
ihr Kommandeur fast den vierten Theil der Leute in dem Nacht=
gefechte zurückgelassen hatte. Um so größer war dann aber die
Freude, als ein kleiner Fähnrich ganz unerwartet mit dem größten

Theile der Vermißten erschien, welche er, nachdem der Hauptmann schon abgezogen war, noch in der Stadt zusammengetrommelt und vom Dunkel der Nacht begünstigt ohne nennenswerthe Verluste durch den Schloßpark plänkelnd zurückgeführt hatte.

Die Leute trugen den kleinen schneidigen Kerl auf den Schultern die Mairietreppe hinauf ins Quartier und schimpften dabei so ungenirt laut auf den Hauptmann, daß dieser es sicher gehört haben wird, was einen sehr peinlichen Eindruck machte. Inzwischen war auch der Etappenkommandant, Oberst v. Schmieden, aus Epinal eingetroffen, unter dessen Befehl sich jetzt 9 Kompagnien Landwehr und 1½ Schwadronen Husaren zur Stelle befanden.

Nachmittags hieß es plötzlich: „Der Feind rückt heran" und rasch wurden die Vertheidigungsstellungen eingenommen.

Dabei passirten recht kopflose Sachen.

Als ich in dem am Marktplatze befindlichen Telegraphenbüreau eine Depesche aufgeben wollte, war dasselbe leer und erfuhr ich zu meinem Erstaunen, daß militärischerseits der Befehl ergangen war, die Apparate in Sicherheit zu bringen. Da die telegraphische Verbindung mit Epinal und Nancy gerade unter den obwaltenden Verhältnissen von der allergrößten Wichtigkeit für uns war und es wahrlich nicht darauf ankommen konnte, ob schlimmstenfalls das Inventar verloren ging, mußten die Pioniere zurückkehren und den Apparat wieder einschalten, wobei denselben in Gegenwart des Obersten befohlen wurde, jetzt so lange zu bleiben, bis der Auftrag zum Aufbruche von mir gegeben würde.

Recht böse Folgen hätte ferner der bedenkliche Irrthum haben können, daß unsere Pioniere, mit welchen Walter einen Hügel in der Nähe des Viadukts besetzt hatte, plötzlich für Franzosen gehalten wurden. Man war schon im Begriff, dieselben feindlich zu behandeln, welches Unheil dadurch verhindert wurde, daß ich vermöge meiner Lokalkenntniß in der Lage war, den Irrthum noch rechtzeitig mit dem Bemerken „Um Gottes Willen, Herr Oberst, das sind ja unsere Pioniere", aufzuklären und die bereits ausgeschwärmten Truppen zurückzuhalten.

Als ich denselben mit einigen vom diable rouge zur Verfügung gestellten Husaren quer durch Gärten nachritt, hatten wir das Malheur, in eine hinter einer 2 m hohen Mauer befindliche Schneewehe zu stürzen. Die Husaren blieben auf den Pferden, während ich vom Schimmel getrennt bis über den Kopf im Schnee stak und herausgezogen werden mußte.

Da der Feind nicht über Plombières vorrückte und die Nachricht einlief, daß der General v. Werder dem feindlichen Vordringen bei Belfort Halt geboten habe, wurden die Etappentruppen wieder vorgeschoben.

Die Feldeisenbahn schloß sich dieser Bewegung unverweilt an.

Kauffmann rückte mit seinem Detachement am 19. von Charmes nach Epinal vor und Jahr nach Xertigny, wo Wiebe schon an demselben Tage abends mit dem ersten Materialienzuge und den badischen Zimmergesellen eintraf.

<small>19. Januar. Vor- und Rückwärtsbewegung.</small>

Um in Erfahrung zu bringen, ob man es, ohne leichtsinnig zu sein, wagen dürfe, die Civilarbeiter so nahe am Feinde übernachten zu lassen, ritt ich ins Dorf, wo mir der Kommandant beruhigende Mittheilungen über den Stand der Sache machte.

Als wir dann aber im Begriff waren, die Quartiere zu beziehen, und ich in einer ermunternden Ansprache an die Leute, welche lieber nach Epinal zurückfahren wollten, die Sicherheit pries, in der wir uns jetzt wieder befänden, hatte der Teufel sein Spiel, indem komischerweise meine Worte durch den vom Dorfe herüberschallenden Ton der Alarmtrompete accompagnirt wurden.

Schleunigst eingezogene Erkundigungen ergaben, daß die beiden in der Richtung auf Plombières vorgeschobenen Kompagnien durch stärkere feindliche Streitkräfte zurückgeworfen waren und ein Angriff auf Xertigny erwartet wurde.

Unter solchen Umständen handelte es sich für uns zunächst wieder um Rückführung der Materialien.

Das war aber eine böse Arbeit. Lokomotive und Wagen saßen im Schnee fest. Selbst nachdem die Schienen gereinigt und mit Asche bestreut waren, brachte die Maschine nur wenige Wagen von der Stelle. Die übrigen mußten, einer nach dem andern, von den Mannschaften und Zimmerleuten bis halbwegs Donneux geschoben werden.

Abends wurde in Epinal bis spät in die Nacht Kauffmanns Geburtstag und der gemeldete Sieg unserer Armee in der dreitägigen Schlacht an der Lisaine gefeiert.

In Xertigny eingezogene Erkundigungen ergaben, daß die Luft wieder rein sei, so daß wir im Laufe des folgenden Tages dort Quartiere beziehen konnten.

Gleichzeitig wurden nach Eintreffen von zwei Kompagnien 68er Landwehr die Etappentruppen in der Richtung nach St. Loup vorgeschoben.

Die Arbeiten am Viadukte nahmen nach Herbeischaffung der Materialien von jetzt ab ihren ungestörten Fortgang.

Klein und Wichmann erhielten Auftrag, über Straßburg nach Mülhausen zu fahren, um die von der Exekutivkommission angeordnete Rekognoszirung der Bahn Mülhausen—Belfort auszuführen.

<small>22. Januar.
Nach Aillevillers
und St. Loup.</small>

Mich zog es zunächst nach Aillevillers, um zu sehen, ob die Franzosen den Viadukt nicht wieder zerstört hätten. Die Rekognoszirung wurde mit Stalweit, Ruoff, 14 preußischen Pionieren und einigen Husaren in aller Frühe angetreten.

Diese Eisenbahn hat stellenweise sehr starke Steigungen und war derart verschneit, daß auch das Schaufeln nichts mehr half und die ermüdeten Pferde den mit Arbeitszeug beladenen Eisenbahnwagen bald nicht mehr von der Stelle brachten. Es mußten also Ochsen in den umliegenden Ortschaften requirirt werden. Sehr glatt ging dies Geschäft jedoch nicht von statten.

Den leichtgläubigen Bauern war, ungeachtet unserer Erfolge bei Belfort, der Kamm noch mächtig geschwollen, so daß auch die alte Kriegslist, unseren Forderungen durch Anmeldung größerer Truppenmassen Nachdruck zu geben, erfolglos blieb und sich Gewaltthätigkeiten leider wieder einmal nicht vermeiden ließen.

Da solch ein Ochsenfuhrwerk entsetzlich langsam vorwärts kommt und dabei auch noch stundenlang Schnee geschaufelt werden mußte, wurde es Nacht, bis wir in Aillevillers eintrafen.

Ein lautes Hurrah erscholl beim Anblick des sich in scharfen Linien von der Schneelandschaft abhebenden, soweit erkennbar, vollständig erhaltenen Viadukts.

Die Franzosen hatten bei ihrem Vordringen so vertrauensselig auf Erfolg gerechnet, daß die Ostbahn-Kompagnie sogar schon mit einem schweizer Bauunternehmer wegen der Wiederherstellung des Viadukts bei Xertigny in Verhandlung getreten war.

Die Absicht, unser Bauwerk bei Aillevillers zu zerstören, hat ihnen daher zunächst ganz fern gelegen und als die Trauben sauer wurden, blieb ihnen vor dem eiligen Rückzuge nur noch die Zeit, ihre Aexte ohne Erfolg an einigen der eichenen Stempel zu probiren.

Da Aillevillers nicht besetzt war und die ermüdete Mannschaft weder weitermarschiren noch Wachtdienst verrichten konnte, ritt ich mit einem Husaren nach St. Loup, bis wohin die Etappentruppen schon wieder gelangt sein mußten, um Bedeckung zu holen.

Wer einen solchen Ritt im Feindeslande bei tiefem Schnee in unheimlich dunkeler eisigkalter Nacht auf unsicheren Waldwegen gemacht hat, wird Verständniß für das etwas beklemmende Gefühl haben, welches den Reiter hierbei beschleicht.

Ohne ein Wort zu sprechen, trabten wir langsam dicht nebeneinander.

Zweimal stutzten die Pferde, da quer durch den Weg ein Graben gezogen und Dämme aufgeworfen waren, die man nur mit knapper Noth umreiten konnte.

Am Ende des Waldes ertönte es plötzlich: „Halt, wer da?" Hätten wir es mit einer ängstlichen Patrouille zu thun gehabt, konnte die Sache schief gehen, da uns Losung und Feldgeschrei unbekannt war. So aber begnügte man sich mit „Gut Freund". Nach Mittheilung der Patrouille hielt der Feind das jenseits der Stadt gelegene Terrain noch besetzt.

Meine Bitte, ein Detachement nach Aillevillers zu entsenden, fand daher bei dem sonst sehr gefälligen Kommandanten keine Gegenliebe, so daß weiter nichts übrig blieb, als unsere Leute in Aillevillers ihrem Schicksale zu überlassen.

Nun versagten aber meine Kräfte, und ich war sehr froh, als ich langgestreckt, gestiefelt und gespornt auf dem mir von einem der noch Dienst thuenden Offiziere bereitwilligst zur Verfügung gestellten Bette ausruhen konnte.

Dies Vergnügen dauerte aber nicht lange. Unter dem Fenster entstand plötzlich Lärm, mein Name wurde gerufen und als ich öffnete, überreichten mir eben von der nächsten Telegraphenstation Xertigny eingetroffene Husaren folgende Depesche:

Eisenbahnabtheilung Nr. V.
Epinal.

24. Januar. Befehl zur Wiederherstellung der Mosel-Brücke bei Fontenoy.

Dicht östlich Toul ist massive Brücke in Bahnlinie Frouard—Toul gesprengt. Sie haben ungesäumt dahin abzugehen und Herstellung mit Aufbietung aller Mittel so schleunig als möglich zu bewirken. Betriebskommission Nancy sowie Straßburg sind angewiesen, Ihnen sofort einen Zug zur Verfügung zu stellen. General v. Werder hat entsprechende Weisung.   v. Moltke.

Donnerwetter, das fehlte gerade noch!

Fort war zwar die Müdigkeit, aber was nun machen?

Vollständig vereinsamt und hülflos saß ich, einige 30 km von der nächsten Telegraphenstation und 157 km von dem Bestimmungsorte entfernt, mit dickem Kopfe da!

Die Kräfte der Abtheilung befanden sich auf einer 50 bis 60 km langen Strecke vertheilt. Wie sollte man die ungesäumt erreichen und wie Schlitten zur Beförderung bekommen, die mit Wagen fast unmöglich war?

Also ging es zunächst wieder auf die Suche nach dem Kommandanten.

Derselbe war nicht zu Bett gegangen, weil noch fortgesetzt Meldungen einliefen, und saß mit einigen Offizieren in der Kneipe.

Sie hätten mir alle gern geholfen, zumal sich's um einen direkten Befehl von Moltke handelte, aber keiner wußte Rath, so daß in der Nacht nichts mehr zu machen war.

Hatte ich doch selbst früher schon einmal Stunden lang vergebens in dem Neste nach einem Schlitten herumgesucht!

In der sogenannten Kutscherstube saßen bei guter Verpflegung die drei Husaren, welche die Depesche überbracht hatten, und erzählten den anwesenden Ordonnanzen von ihrem Ritte.

Allen Respekt vor der Findigkeit unserer Kavalleristen. Dieselben waren, ohne Weg und Steg zu kennen, abends 10 Uhr von Xertigny abgeritten. Jeder hatte außer der Depesche die Namen der Ortschaften aufgeschrieben bekommen, welche der Reihe nach berührt werden sollten. Sie verfolgten hierbei nicht die große Straße, sondern Feldwege bis Aillevillers, ritten um die Dörfer herum und langten sich in zweifelhaften Fällen irgend einen Burschen aus dem Bette, der ihnen als Führer dienen mußte. Daß die Leute unter solchen Umständen und im tiefen Schnee den einige 30 km langen Weg in nicht ganz vier Stunden zurückgelegt hatten, war gewiß eine anerkennenswerthe Leistung. Mehr aber noch imponirte mir deren Schneid, als sie sich unaufgefordert bereit erklärten, mit Depeschen, welche ich gern noch in der Nacht nach Xertigny besorgt haben wollte, denselben Weg sofort wieder zurück zu reiten.

Nach dem Wortlaute des erhaltenen Befehls mußte ich annehmen, daß die fragliche Brücke total gesprengt sei, und daß es sich um die Wiederherstellung eines Bauwerks von mindestens derselben Länge und Bedeutung handele, wie die 45 km weiter stromaufwärts gelegene Mosel-Brücke bei Charmes.

Was blieb da anders übrig als hiernach und mit Berücksichtigung der befohlenen größtmöglichen Eile die erforderlichen Dispositionen zu treffen.

Eine Stunde mußten die Husaren warten, bis alle Depeschen geschrieben waren.

Die Oberbaudirektion in Karlsruhe, die königliche Eisenbahn=direktion in Saarbrücken, das Generalgouvernement in Nancy und die benachbarten Betriebskommissionen wurden um Unterstützung durch Absendung, beziehungsweise Bereithaltung von Zimmerleuten, Maurern sowie Baumaterialien aller Art für Rechnung der Feld=eisenbahn-Abtheilung ersucht; ferner die Betriebskommission in Nancy, welche inzwischen den Betrieb der Strecke bis Epinal übernommen hatte, um Stellung eines Extrazuges für den schon begonnenen Tag 7 Uhr abends.

Alle Pionierdetachements erhielten Befehl, sich um diese Zeit mit möglichst viel Material versehen in Epinal einzufinden, um von da per Bahn nach Fontenoy befördert zu werden.

Als die Husaren mit diesen Depeschen abgeritten waren, und ich in der Dämmerung schon einige Zeit nach einem Schlitten herumgesucht hatte, wurde mir gemeldet, daß Pioniere der Abtheilung von Millevillers eingetroffen und nach dem außerhalb der Stadt gelegenen Bahnhofe marschirt seien, um daselbst einen Telegraphen=apparat einzuschalten.

Ich ritt rasch hinaus und war nicht wenig erstaunt, als die Kerle mir entgegenkamen und kaltblütig eingestanden, daß sie sich durch den französischen Stationsbeamten hatten einschüchtern lassen, der die Aufstellung des Apparats untersagt und mit einem Ueberfalle aus dem anliegenden Walde gedroht hätte.

Obwohl die Zeit drängte und die Schlitten bereit standen, durfte diese Unverschämtheit nicht ungestraft bleiben. Ich führte die Pioniere deshalb zurück, ließ sie die Arbeit beginnen und befahl dem immer noch frechen Franzosen, mit nach der Stadt zu kommen. Dieser Ueber=muth wurde dem dummen Burschen jedoch bald ausgetrieben. Er mußte vor dem Pferde herlaufen und konnte, obwohl ihm das Gehen angeblich schwer wurde, famos traben, wenn man ihm fest auf die Hacken ritt.

8*

Das hört sich zwar etwas grausam an, aber was kann man in solcher Lage anders machen?

Er wurde, um keiner weiteren Beaufsichtigung zu bedürfen, auf dem Schlitten festgebunden und nach Epinal mitgenommen, wo ihm im Cachot das Glück blühte, längere Zeit über seine Dummheit nachdenken zu können.

Die beiden Schlitten hatte mir die Feldpost überlassen. Die abgetriebenen Pferde waren eben erst von einer rückwärtigen Station eingetroffen und kamen nur noch im Schritt vorwärts.

Nach Aufnahme des in Aillevillers befindlichen Detachements, welches übrigens in der Nacht nicht beunruhigt worden war, ritt ich mit meinem Burschen bis Plombières voraus, um möglichst frische Pferde zu besorgen, fand die Stadt aber nicht besetzt und mußte wieder Kehrt machen.

Solche Ritte pflegte der General etwas dickfellig zu nennen, wenn er sie selbst unternahm, was gar nicht selten passirte; bei anderen liebte er sie aber nicht.

Gelegentlich machte mir's der General auch zum Vorwurfe, daß meinerseits, wie er gehört habe, vielfach verabsäumt würde, genügende Bedeckung zu fordern. Als ich dann gehorsamst bemerkte, daß ich eben im Begriff stände, den 70 km langen Weg nach Epinal zurückzulegen und es mir sehr angenehm sein würde, dies unter sicherer Bedeckung ermöglichen zu können, streifte der feurige Blick des Generals, begleitet von einem zusagenden Kopfnicken, den neben ihm stehenden Major v. Grolman, der sonst stets in der liebenswürdigsten und zuvorkommendsten Weise die Interessen der Feldeisenbahn-Abtheilung wahrnahm, sich jetzt aber genöthigt sah, in verständnißvoller Auffassung des vernommenen „Liedes ohne Worte" in ähnlicher Weise mit einer Körperbewegung zu antworten, welche erkennen ließ, daß das geflügelte Wort „Wo nichts ist, hat der Kaiser sein Recht verloren" auch auf diesen Fall paßte. Wir drei lachten und es blieb beim Alten.

Theoretische Rathschläge, wie sie der Oberst v. Widdern in seiner eben erschienenen Schrift über den Etappendienst und den Eisenbahnschutz giebt, sind in den Wind geschlagen.

Es wäre ja unzweifelhaft mancher beim Bau und Betriebe der Eisenbahnen in Feindesland vorgekommene Unfall verhindert worden, wenn, wie obengenannter Herr verlangt, jeder Bahnhof eine aus=

reichende Besatzung und die Mitwirkenden überall genügende Bedeckung gehabt hätten.

Aber welche Truppenmasse wäre hierzu erforderlich gewesen! Eine Feld-Armee derart zu schwächen kann dem nicht sehr erheblichen Gewinn gegenüber doch wohl nicht als gerechtfertigt erscheinen.

Die Mairie in Plombières ließ sich durch meine kleine Macht nicht imponiren. Verpflegung wurde zwar gegen Zahlung auf dem Marktplatze verabfolgt, aber Pferde gab es wieder nicht.

Wir trafen infolgedessen erst gegen 8 Uhr abends in Epinal ein, wo wir leider über Nacht bleiben mußten, weil die Betriebskommission keinen Extrazug gestellt hatte.

Der General v. Werder telegraphirte: „Nach eben eingetroffenem Befehle des Grafen Moltke hat Feldeisenbahn Befehl, sofort nach Toul abzugehen, um die dort gesprengte Eisenbahnbrücke mit allen Kräften herzustellen. Melden Sie ihren Abmarsch, die verlassenen und angetroffenen Verhältnisse."

Dann telegraphirte Wiebe, der schon am Abend vorher in Xertigny Kenntniß von Moltkes Depesche erhalten hatte, und mit seinen Mannschaften verständigerweise sofort nach Fontenoy vorausgeeilt war, daß nicht die ganze Brücke, sondern nur zwei Bögen derselben eingestürzt seien, und die Sprengöffnung 34 m Länge hätte.

Die von mir getroffenen Dispositionen schossen hiernach weit übers Ziel hinaus, konnten aber jetzt in der Eile nur zum geringsten Theil wieder rückgängig gemacht werden.

Die Exekutivkommission in Versailles und das Generalgouvernement in Nancy erhielten Nachricht, daß die Abtheilung erst am folgenden Tage eintreffen könne, und die Arbeitseintheilung wurde, wie folgt, geändert.

Stalweit kehrte mit seinem Pionierdetachement nach St. Loup zurück, um, sobald die Verhältnisse es gestatten sollten, die Bahn nach Vesoul betriebsfähig herzustellen.

Janson blieb in Xertigny, um die dort befindlichen Betriebsmittel lauffähig zu machen und demnächst in Gemeinschaft mit Stalweit den Betrieb auf der Strecke Xertigny—Vesoul zu leiten.

Wiebes Detachement wurde von Fontenoy zurückbeordert, um zunächst unter Kränter die Arbeiten bei Xertigny wieder aufzunehmen, wohin Wiebe nach einigen Tagen ebenfalls zurückkehren sollte.

Die Leitung auf der Baustelle bei Fontenoy übernahm ich selbst, unterstützt von v. Kietzel und Ruoff.

Das 80 Mann starke Pionierdetachement befehligten Jahr und Kauffmann.

24. Januar. Ankunft in Fontenoy.
Wir trafen am folgenden Mittag in Nancy ein. Auf dem Bahnhofsvorplatze lagerten 300 französische Arbeiter, welche der Präfekt, Graf Renard, zur Verfügung stellte, und infolge meiner von St. Loup gegebenen Depeschen waren bereits Extrazüge von Saarbrücken sowie Karlsruhe mit Zimmerleuten, Maurern und Baumaterialien aller Art eingetroffen.

Ein erstauntes Mitglied der Betriebskommission begrüßte mich mit den Worten: „Krohn, sind Sie denn rein des Teufels, was wollen Sie mit all' den Extrazügen, die unseren Bahnhof verstopfen? Das Loch soll ja einer Anordnung der Exekutivkommission gemäß zugekarrt werden!" und beruhigte sich erst, nachdem ihm mitgetheilt war, auf Grund welcher Voraussetzungen diese Vorkehrungen getroffen waren.

Nach einem Besuche beim Generalgouverneur v. Bonin und dem Präfetten, Graf Renard, welch letzterer sehr ungehalten darüber war, daß die Mairie viele untaugliche Leute gestellt hatte, die ich zurückließ, fuhren wir nach Fontenoy.

Auf dem Bahnhofe Frouard schloß sich auf höheren Befehl ein bayerischer Brückentrain mit 100 Pionieren der Abtheilung an, für welchen sich jedoch keine Verwendung auf der Baustelle fand.

Fontenoy liegt 24 km westlich von Nancy und 9 km östlich von Toul. Wir trafen gegen 2 Uhr an der 800 m vom Orte entfernten Brücke ein und begannen sofort mit der Arbeit.

Das Flußbett war unter der Sprengöffnung fast ganz wasserfrei. Außer zwei überwölbten, 4 m breiten Durchfahrten in den Landpfeilern hatte die Brücke sieben Oeffnungen von je 16,5 m lichter Weite mit korbbogenförmigen Ueberwölbungen. Die Länge der Brücke betrug 150 m und die Weite der auf zwei Bögen beschränkten Sprengöffnung 34,5 m.

Nach Anordnung des Generalgouverneurs v. Bonin hatten wir in Toul Quartier zu beziehen, wo auch die französischen Arbeiter in Baracken untergebracht wurden. Die Beförderung nach und von der Baustelle geschah in Extrazügen, welche vor Tagesanbruch von Toul abgelassen wurden und nach Eintritt der Dunkelheit dahin zurückkehrten.

Viel bequemer wäre es gewesen, wenn wir in Fontenoy hätten unterkommen können; aber dies nur einige 70 Häuser zählende Dorf war zur Strafe der Einwohner, welche bei den Vorbereitungen zur Sprengung der Brücke Hülfe geleistet hatten, derart eingeäschert, daß die aus Landwehr bestehende Bedeckungskompagnie des Hauptmanns Sandkuhl*) nicht einmal angemessen darin untergebracht werden konnte.

Die alten Leute lagen bedauerlicherweise innerhalb der vier Wände eines abgebrannten Güterschuppens bei recht schlechtem kalten Wetter unter freiem Himmel, weil außer einem kleinen Kämmerchen in dem Eisenbahn=Stationsgebäude, worin sich der Hauptmann mit seinem Lieutenant theilte, kein bedeckter Raum auf dem Bahnhofe oder in der Nähe desselben vorhanden war.

Das noch brennende Dorf machte einen schauerlichen Eindruck. Prasselnd stürzten jetzt noch die Häuser ein, und die hellen Flammen leuchteten, als es dunkel wurde, bis zur Baustelle. Einige Katzen, welche auf den rauchenden Brandstätten umherschlichen, waren die einzigen sichtbaren, lebenden Wesen in dem von den Einwohnern verlassenen Dorfe.

Gleich am ersten Abend hatten Kauffmann und ich rechtes Pech auf der Fahrt nach Toul. Wiebe war mit den Arbeitern vorausgefahren und hatte Auftrag, den Zug sofort wieder zurückzuschicken.

Nachdem wir bei bitterer Kälte und Schneegestöber eine Stunde vergeblich gewartet und Löwenhunger bekommen hatten, begaben wir uns zu Fuß die Bahn entlang auf den Weg. Das Laufen über Schwellen, welche mit scharfkantigem Steinschlag verfüllt und leicht mit Schnee bedeckt sind, ist, zumal bei stockdunkeler Nacht, eine heillose Quälerei. Wir waren daher sehr froh nach etwa halbstündigem Schneckengange die Laternen des uns entgegenkommenden Zuges leuchten zu sehen.

Der Stationsbeamte in Toul hatte denselben nicht früher aus dem vollgepfropften Bahnhofe herausbringen können.

Kauffmann schrieb damals an die Seinigen:

„Wir stiegen in einen Wagen dritter Güte. Krohn saß mir gegenüber und schimpfte, daß nicht rascher gefahren würde; ich aber meinte, im Dunkeln sei es so besser. Kaum gesagt, als plötzlich ein donnerähnliches Krachen und Klirren erfolgte, ich dem Krohn gegen die Brust und er mit dem Kopfe gegen die Rückwand flog. Alle

---

*) Major a. D. Zur Zeit Polizeirath in Magdeburg.

Scheiben entzwei. Wir waren auf einen Munitionszug und unser Wagen in einen anderen aus dem Geleise gesprungenen gefahren. Zum Glück befand ich mich mit Krohn in der letzten Abtheilung des Wagens. Die weiter vorn sitzenden Pioniere waren mit den Köpfen und Gewehren so gegeneinander gestoßen, daß viele derselben bluteten und Beulen davontrugen."

Froh darüber, daß wir wenigstens mit heilen Knochen davongekommen waren, wanderten wir, ohne uns um Weiteres zu bekümmern und den Ursachen oder Folgen des kleinen Unfalls nachzugehen, wozu man im Kriege nicht neugierig genug ist, zur Stadt hinein, wo Wiebe ein gutes Quartier für mich ausfindig gemacht hatte.

Bauausführung. Die Executivkommission hatte, wie schon gesagt, angeordnet, die Sprengöffnung mittelst einer Dammschüttung zu schließen, wozu etwa 7000 cbm Masse gehörte.

Nach Einebnung der Trümmer im Flußbette wurden zunächst zwei Holzbrücken geschlagen. Die eine für den Arbeitszugbetrieb bestimmte verband das südliche Geleis und war aus acht auf Schwellen verzimmerten 8 m hohen Böcken gebildet. Die zweite, eine schmale Fußgängerbrücke, lag etwa in der Mittellinie der zweigeleisigen Brücke und in gleicher Höhe mit dem Boden der Eisenbahnwagen, so daß sie als Perron diente, über den hinweg man bequem aus einem Wagen in den anderen treten konnte. Um möglichst viele Arbeiterkolonnen gleichzeitig anstellen zu können, wurden unter und neben diesen Brücken in verschiedenen Höhen Karrbahnen auf Holzgerüsten angeordnet. Die Bodengewinnung war wegen der starken Frostdecke und weil die Frostklumpen der Vorsicht halber ausgesondert werden mußten, sehr beschwerlich. Die Angriffspunkte in Planumshöhe, wo mit Abtragung der Schneedämme begonnen war, wurden bald ganz aufgegeben, weil die Masse durch und durch fest gefroren war. Es blieb daher keine andere Wahl, als geeignetes Füllmaterial mit Arbeitszügen heranzuschaffen.

Auf der Fontenoyer Seite lieferten die Trümmer und Mauerreste einiger massiv aufgeführten Häuser des Dorfes, welche zum Entsetzen der inzwischen vereinzelt wieder zurückgekehrten bedauernswerthen Besitzer abgebrochen wurden, genügende Massen, die mittelst Kippkarren von Schüttgerüsten aus direct in die Arbeitszugwagen gestürzt wurden.

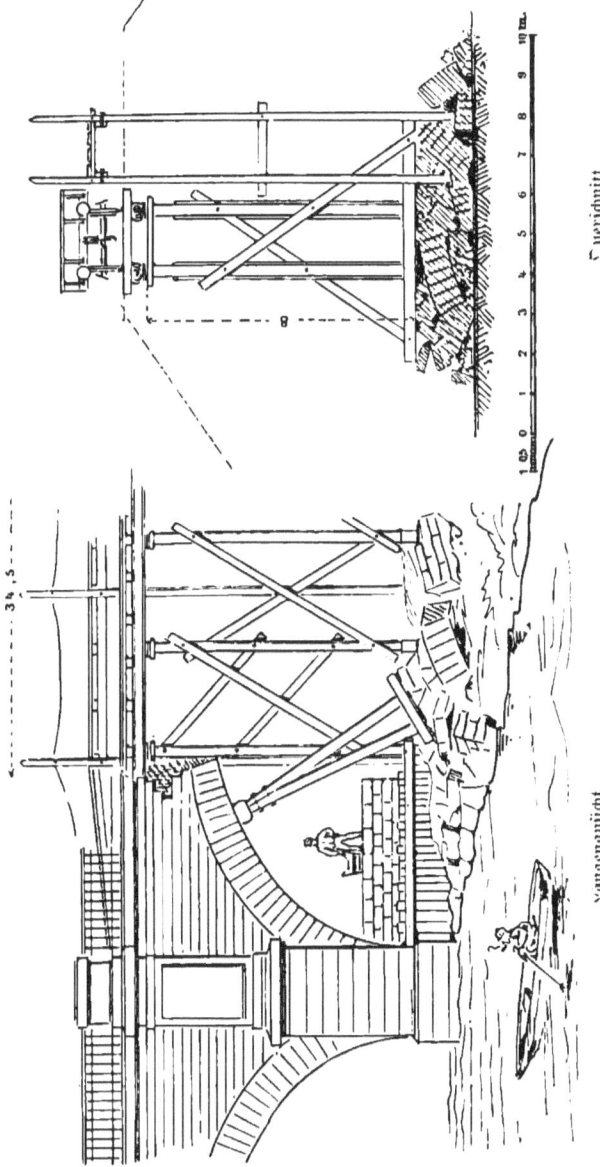

Mosel-Brücke bei Fontenoy.

Brücke bei Fontenoy.

Sehr viel umständlicher war die Materialbeschaffung auf der Touler Seite. Nachdem hier alle Brüstungsmauern, Treppen u. s. w. längs der Bahn abgebrochen und die theils aus fein behauenen Werkstücken bestehenden Vorräthe eines großen Steinlagerplatzes bei Toul geräumt waren, mußte Kies und Schotter aus einem 35 km von der Baustelle entfernten Lager westlich von Toul herangefahren werden.

Obwohl nun nach Anordnung der Exekutivkommission die Züge der Abtheilung allen anderen voraus befördert werden sollten und der mit der Leitung des Fahrdienstes auf dieser Strecke betraute Kollege Hanke, welcher dem Leser schon von meiner Fahrt nach Metz bekannt ist, unser Interesse mit anerkennenswerthem Eifer wahrnahm, kamen doch wiederholt Verstöße dagegen vor, die ebenso wie die beim Durchfahren der mit Zügen vollgestellten Bahnhöfe Toul und Pagny sur Meuse entstehenden Aufenthalte störend auf den Fortgang unserer Arbeiten wirkten. Erhebliche Unfälle haben wir jedoch ungeachtet des manchmal etwas wilden Fahrens ohne festen Fahrplan nicht zu beklagen gehabt.

Da das Flußbett der Mosel durch die Schüttung um mehr als den vierten Theil der Breite eingeengt wurde, war vorauszusehen, daß das an sich schon gefährliche Hochwasser der Mosel an dieser Stelle noch erheblich reißender werden würde. Die Dammböschungen mußten deshalb solide abgepflastert und durch Steinschüttungen am Fuße geschützt werden. Der 2,5 m starke Strompfeiler, gegen welchen sich die Dammschüttung legte, wurde um 4,5 m verstärkt, damit die vierfüßigen Böschungskegel ohne Berührung der Durchflußöffnung an demselben verlaufen konnten.

Die Fundirung dieses Verstärkungspfeilers geschah mittelst Beton zwischen Spundwänden. Es war ein wahrer Segen, daß wir bei diesen Arbeiten einen sehr niedrigen Wasserstand hatten.

Da die Nächte kalt, dunkel und nebelig waren, konnten sie nur theilweise zur Hülfe genommen werden. Es kam daher um so mehr darauf an, die Tageszeit voll und ganz auszunutzen. Frühstücks- und Mittagspausen wurden aus diesem Grunde nicht gemacht, sondern die Leute bekamen abends um 9 Uhr warmes Essen in Toul, morgens daselbst Kaffee mit Brot, und das Frühstück auf der Baustelle in folgender Weise verabfolgt.

Sobald der von der Etappe in Foutenoy sein ausgestattete acht bedeckte Wagen starke Frühstückszug an der Brücke erschien, mußte auf ein gegebenes Signal, was Beine hatte, so rasch wie möglich nach der westlichen Seite des Eisenbahndammes laufen. Ein zweites Signal eröffnete den Sturm auf den Frühstückszug bezw. die in den Thüröffnungen der Wagen liegenden Klumpen Speck mit Weiß=brot, welche Delikatessen, wenn sie vergriffen waren, durch andere auf vorgeschobenen Brettstückchen fein geordnete immer rasch wieder ersetzt wurden. Wer seinen Theil erwischt hatte, eilte sofort an die Arbeit zurück, während welcher das vorläufig in dem Kittel ver=borgene Frühstück nach und nach in den Magen spazierte. Eine derartige Abfütterung von 400 Menschen dauerte kaum 15 Minuten. Die Löhnung der Franzosen erfolgte in derselben Weise wie bei unseren übrigen größeren Bauten durch die Vertrauensmänner der zu den Kontributionen verpflichteten Gemeinden.

Arbeiter-verhältnisse. (Graf Renard.) Ich habe schon erwähnt, daß viele der vom Präfekten, Grafen Renard, in Nancy requirirten Arbeiter als unbrauchbar zurück=gewiesen werden mußten. Die Uebrigen, zumeist Handwerker, welche auch nicht viel taugten, wurden ebenfalls laufen gelassen, nachdem sich schon am zweiten Tage brauchbarere Landbewohner gegen Zahlung hoher Löhne freiwillig gestellt hatten.

Dies verdroß den Präfekten, der nun noch einmal einige Hundert Kerle requiriren und mit einem Extrazuge nach Fontenoy befördern ließ.

Auf seine telegraphische Anfrage: „Sind nunmehr genug Arbeiter dort oder wie viele noch erforderlich?" lautete die Antwort: „Sie haben Schuster und Schneider geschickt, die ich wieder laufen lasse. Habe mir selbst geholfen und brauche keine Arbeiter aus Nancy mehr."

Den folgenden Tag ließ mich der Graf dringend ersuchen möglichst doch sofort zu ihm zu kommen. Ich vergesse in meinem Leben das komische Bild nicht, welches sich mir beim Eintreten in den Präfekturssaal darbot. Der wohlbeleibte Herr saß in einem großen Sessel an dem langen mit grünem Tuche überzogenen Tische, in welchem zur Unterbringung des umfangreichen Bauches ein ent=sprechendes halbkreisförmiges Loch geschnitten war, und rauchte hinten übergelehnt eine kolossale Importcigarre. Nachdem er mir auch von dieser seinen Sorte offerirt hatte und dann mit dem Finger auf einen vor ihm liegenden großen Haufen, mindestens 1 m langer und fast ebenso breiter, knallgelber Affichen zeigte, sagte er: „Sehen Sie sich die Dinger einmal an! Das haben Sie mir ein=gebrockt und was rathen Sie mir nun?"

Mit zollhohen Buchstaben stand auf diesen vom Maire unterzeichneten Affichen gedruckt, daß die Preußen immer noch Arbeiter beim Brückenbau brauchten. Der Graf Renard verlange deren 300 und habe damit gedroht, Bewohner von Nancy erschießen lassen zu wollen, wenn nicht bis Nachmittag wirklich brauchbare Leute gestellt würden. In ironischer Sprechform appellirte der Maire dann an das Mitleid der Einwohner, welche im Interesse der noch nicht genannten Unglücklichen dringend ersucht wurden, sich recht zahlreich, mit dem erforderlichen Arbeitszeug versehen, zur vorgeschriebenen Zeit auf dem Bahnhofe einfinden zu wollen, da man bei der bekannten Grausamkeit der Preußen bestimmt annehmen könne, daß der Präfekt anderenfalls seine Drohung ausführen würde.

Das war freilich ein böser Hereinfall für den Grafen! „Geben Sie mal Acht!" — sagte er — „Es kommt kein Kerl, und erschießen kann ich doch auch Niemand lassen."

Da war schlecht rathen!

Nach der wenig tröstlichen Mittheilung, daß ich in der That keine Arbeiter mehr gebrauchen könne und, wenn welche geschickt würden, sie wieder laufen lassen müsse, überließ ich, herzlich lachend, den mit langem Gesichte dasitzenden Grafen seinem Schicksale und fuhr zurück. Nachmittags sah ich eine Menge Menschen der Bahn entlang auf die Baustelle zukommen, obwohl in einiger Entfernung Posten aufgestellt waren, welche es verhindern sollten, daß die Arbeiter durch Passanten oder Zuschauer gestört würden. Da jene ihre Schuldigkeit nicht gethan zu haben schienen, sprengte der Etappenadjutant dem Menschenhaufen entgegen, kam aber lachend zurück und meldete das Erscheinen einiger Hundert Arbeiter, welche mit der Bahn von Nancy gekommen seien, an denen, wie er meinte, ich meine Freude haben würde. Voran marschirten Herren in den elegantesten Anzügen, mit schwarzseidenen Cylindern, glanzledernen Stiefeln und den feinsten Pariser Glacéhandschuhen. Der gebrochen deutsch sprechende Wortführer, welcher sich mir als Doctor der Medicin und Sohn des verjagten Präfekten in Nancy vorstellte, bat auch im Namen der anderen Herren entlassen zu werden, weil sie die ihnen zugemuthete Arbeit doch unmöglich verrichten könnten und bereit wären geeignete Vertreter zu stellen. Er erzählte dann auf Befragen, daß sie sich mittags in einem Café am Stanislausplatze befunden hätten, als ganz unerwartet eine Regimentsmusik angetreten sei, die liebliche Weisen aufgespielt und die Menschen

hinausgelockt habe. Dann sei der Platz durch Soldaten abgesperrt
worden, und ehe man sich's versehen hätte, wären alle Anwesenden
jeglichen Standes und Alters wie eine Herde Schafe nach dem
Bahnhofe getrieben, wo ihnen mitgetheilt wurde, daß sie zur Arbeit
bei Fontenoy bestimmt seien.*)

Der Doktor trug dies mit halb lachender und so verschmitzter
Miene vor, daß man glauben konnte, er beneide den Grafen Renard
wegen der Art und Weise, wie dieser sich aus der ihm von dem
übermüthigen Maire eingebrockten peinlichen Situation gezogen hatte.

Wir haben dann herzlich über den guten Witz gelacht, mehr
aber noch über die verblüfften Gesichter, welche die Franzosen machten,
als ich denselben bedeutete, daß ihnen die angenehme Erinnerung nicht
erspart werden könne, auch einmal in unserem Dienste die Karren
geschoben zu haben, wofür sie sich dann bei ihrem Maire gefälligst
bedanken möchten. „Wohl oder übel" mußten sie eine Fahrt machen
und durften dann Reißaus übers Feld nach der Chaussee nehmen,
wobei man Verschiedenen das Vergnügen ansah, welches ihnen diese
eigenthümliche Extrafahrt gemacht hatte.

Hieran knüpfte sich ein allerliebstes Nachspiel.

Der Hauptmann Sandstuhl lud mich nach diesem scherzhaften
Erlebnisse ein, doch auch einmal sein Quartier auf dem Bahnhofe
anzusehen und abends ein Glas Wein bei ihm zu trinken.

Als ich eintrat kochte er mit seinem Lieutenant Buchholz**) in
dem Eckkamine einer kleinen Bude, worin außer dem breiten Bette
nur noch ein Stuhl und ein ganz kleiner Tisch stand. Da es in dem
engen Raume entsetzlich heiß geworden war, hatten wir uns alle
drei, so weit es der Anstand erlaubte, entkleidet und müssen in den
vom Liebesgaben-Onkel gestifteten, feuerrothen Unterbeinkleidern und
Jacken possirlich ausgesehen haben.

Als wir so auf der Bettlehne sitzend die Eier verzehrten und
ein Glas Sekt, den der kleine Lieutenant wer weiß wo erwischt
hatte, dazu tranken, meldete die Ordonnanz eine Dame, und kaum
war auf meine Anfrage, ob sie jung und hübsch sei, die Antwort
vernehmen: „Ne, aber alt und sie rauscht man bloß so von Seide!",
da stand schon in der Thür eine ganz schwarzgekleidete, große, auffallend hübsche, vornehme alte Dame mit schneeweißem Haar.

---

*) Hierunter befanden sich, wie ich hinterher gehört habe, auch Deutsche
welche sich in der Eile nicht hatten legitimiren können.

**) Zur Zeit Major z. D.

Ohne sich durch die Teufelsköstüme abschrecken zu lassen und Notiz von unserer Verlegenheit zu nehmen, in der Jeder zunächst nach seinen Pantalons griff, führte sich die aufgeregte Französin sofort als die Frau des verjagten Präfekten in Nancy, bezw. Mutter des vorerwähnten Doktors der Medizin ein und schimpfte derart auf die grausamen Preußen, daß uns angst und bange vor uns selbst hätte werden müssen, wenn alles das, was sie sagte, wahr gewesen wäre.

Wir sahen uns eine Weile verblüfft und fragend an, da man in der That nicht wußte, was man dazu sagen sollte, bis der Hauptmann, der am geläufigsten französisch sprach, sich erbot derselben entsprechend heimzuleuchten.

„Madame", begann er, „ereifern Sie sich nicht, sondern seien Sie versichert, daß wir Alles thun werden, um Ihren Herrn Sohn ausfindig zu machen! Haben Sie nur die Freundlichkeit, mir zu diesem Zwecke zu folgen."

Während wir uns dann rasch ankleideten und ich an den Hauptmann die Frage richtete: „Donnerwetter, was soll denn daraus werden?", ließ er eine Stalllaterne anzünden und dann ging es im Gänsemarsche die schmale Treppe hinunter über den Vorplatz nach dem Güterschuppen, in dem unter freiem Himmel seine Leute lagen.

Als die Dame dann wiederholt tüchtig über die Preußen losgezogen und das „pauvre France" bedauert hatte, dessen Söhne so grausam behandelt würden, daß sie, Wind und Wetter in kalter Nacht ausgesetzt, alle draufgehen müßten, da rief der Hauptmann in die vier Wände hinein: „Guten Abend, Leute!"

Rasch flogen die Mäntel von den Gesichtern herunter, und als dann der Gegengruß aus dem Munde lauter bärtiger Krieger erfolgte, trat unsere Dame ganz erstaunt und erschreckt einen Schritt zurück.

Bei dem Ausrufe: „Das sind ja keine Franzosen!" mochte sie wohl schon fühlen, wie sie hereingefallen war. Als der Hauptmann dann aber den Spieß umdrehte und in seiner, höflicher Form alle Vorwürfe, welche sie uns gemacht hatte, in sarkastischer Weise ihren Landsleuten zurückgab und besonders hervorhob, daß diese all das Elend des Krieges sowie das nicht beneidenswerthe Dasein seiner Leute, welche als gute Familienväter viel lieber daheim geblieben wären, verschuldet hätten, da traten der Dame die Thränen in die ausdrucksvollen Augen und es ging eine Umwandlung mit ihr vor, wie sie nur bei diesem ebenso empfindsamen wie leichtgläubigen Volke denkbar ist. Sie kehrte mit uns wieder in die enge Bude zurück, wo wir wohl noch eine Stunde beim Glase Sekt geplaudert haben.

Man sollte es nicht für möglich halten, daß die Dame aus Nancy, einer Stadt, die sich doch nun schon seit fast einem halben Jahre mitten im Kriegslärm befand, keine Ahnung von dem hatte, was sich draußen ereignete und Freund wie Feind unvermeidlich ertragen mußte.

Indem sie sich hiermit entschuldigte und tief beklagte, uns unrecht gethan zu haben, versprach sie, Aufklärung in ihre Bekanntenkreise bringen sowie denselben mittheilen zu wollen, in welch beklagenswerther Lage sie unsere, aus Familienvätern bestehende Landwehr gefunden habe. Zu dunkler Nacht fuhr die Dame dann, unser Anerbieten, ihr Bedeckung mitzugeben, freundlich ablehnend, allein in ihrer Equipage nach Nancy zurück.

Leider ist mir der nette Brief abhanden gekommen, in dem sie sich am folgenden Tage für die gute scherzhafte Behandlung ihres Sohnes bedankte, den sie in sehr fideler Stimmung schon bei ihrer Rückkehr in Nancy vorgefunden hatte.

Zu der Schrift „Le pillage et l'incendie de Fontenoy" theilt der Geistliche des Dorfes, ein Abbé Briel, bezüglich der hier erwähnten Vorgänge Folgendes mit:

„Nos habiles et prudents ennemis ne pouvant laisser longtemps la ligne du chemin de fer interceptée, firent rapidement travailler au rétablissement du pont détruit; tous les villages voisins furent appelés, sous les menaces les plus sévères. On se rappelle encore à Nancy les mesures vexatoires que prirent les Prussiens pour se procurer des ouvriers. Ils en reclamèrent 300; ils ne se présentèrent pas. Les Allemands interdirent toute espèce de travail dans les ateliers et les usines sous peine d'une amende de 5000 fr.; les ouvriers ne vinrent pas. Le préfet Rénard communiqua alors à M. le Maire le document suivant qui fut placardé sur les murs de la ville:

»Si demain à midi, 500 ouvriers des chantiers ne se trouvent pas à la gare, les surveillants d'abord, certain nombre d'ouvriers ensuite seront fusillés sur place.

Nancy, le 25 janvier 1871.

Le Préfet, Renard.«

Alors quelques ouvriers se présentèrent à la gare, mais le préfet ne fut content ni du nombre ni de la qualité des bras qui se mettaient à sa disposition.

Le vendredi 26 janvier, le maire de Nancy reçut encore du préfet prussien la lettre suivante:

»La mairie ayant envoyé à Fontenoy pour les travaux de la reconstruction du pont sauté des vieillards, des malades et des enfants, je l'invite à envoyer demain, à 7 heures, à la gare du chemin de fer, 150 ouvriers capables.

En cas de refus, je serais forcé de faire saisir des individus valides, habitants de Nancy, sans prendre garde à leur position sociale et de les faire conduire à Fontenoy.

Recevez, M. le maire…

Le Préfet, Renard.«

Cette razzia d'hommes fut exécutée entre midi et une heure sur la place Stanislas, pendant que la musique militaire allemande faisait entendre ses concerts les plus mélodieux. Les Prussiens ramassèrent ainsi 150 à 200 individus de tout âge et de tout costume, depuis les élèves du Lycée et de simples gamins jusqu'à des hommes graves, en paletot et d'un âge très-mûr."

Die unseren Truppen in derselben Schrift zum Vorwurf gemachten rohen Ausschreitungen sind nicht von diesen, sondern von hergelaufenem französischen Gesindel in Fontenoy verübt. Als bester Beweis hierfür kann eine schriftliche Danksagung dienen, welche der Hauptmann Sandtuhl von dem Pfarrer des Nachbarortes dafür erhielt, daß er ihn von dem Vorgefallenen in Kenntniß setzte und seine Mannschaften zur Verfügung stellte, um werthvolle Gegenstände, zumal die Kirchengeräthe, zu verladen und in Sicherheit zu bringen.

Wenn übrigens in dem ersten Wirrwarr Grausamkeiten auf unserer Seite vorgekommen sein sollten, so dürfte man sich auch nicht darüber wundern, weil die Truppen nach dem perfiden Ueberfalle gesehen haben wollten, daß die Franzosen unseren Leuten Nasen und Ohren abgeschnitten hätten. Ob dies wahr ist, hat zwar nicht bewiesen werden können.

So ganz ohne scheint die Behauptung trotz der französischen Verwahrungen aber doch nicht zu sein, indem selbst der Abbé Briel auf Seite 33 seiner Schrift Folgendes anführt:

„Je veux être impartial jusque dans les plus petits détails. Un de nos soldats, au retour, se vanta dans un village d'avoir l'extrémité d'une oreille. J'aime à croire que c'était une pure fanfaronnade. En revenant du pont, il avait dit en passant à côté du cadavre: »Je vais couper le bout d'une oreille«; un sergent, se retournant indigné, lui répond: »Je vous défends absolument de toucher à cet homme: il est mort, respectons-le«; je m'en tiens à ce noble langage si digne d'un cœur français."

Ist das nicht zum Lachen!?

29. Januar. Eisernes Kreuz und Kapitulation von Paris.

Ein hoher, doppelter Freudentag war der 29. Januar.

Jahr hatte die Brücken in der Pariser Linie auf Sprengminen untersucht und thatsächlich einige derselben noch mit Pulverfässern besetzt gefunden. Jetzt brachte er in demselben Augenblicke, als das Victoriaschießen von den Wällen der Festung Toul die umliegenden Detachements, welchen die außergewöhnliche Veranlassung unbekannt war, in Alarmzustand versetzte, die erste Nachricht von der Pariser Kapitulation und die Post mir das Eiserne Kreuz mit einem, dem Ausdrucke besonderer Freude Worte verleihenden Begleitschreiben des Generals v. Werder.

Damals war die der Abtheilung in meiner Person zu Theil gewordene Auszeichnung noch keine so allgemeine wie einige Zeit später. Wir waren daher hoch erfreut über diese Anerkennung unserer Leistungen.

Bauzeit.

Ich komme nun wieder auf die Bauausführung zurück.

Am 24. Januar war die Abtheilung bekanntlich in Fontenoy eingetroffen. Da Arbeitskräfte und Baumaterialien aller Art im Ueberfluß zur Verfügung standen, gelang es die Fußgängerbrücke schon am zweiten Tage fertigzustellen, infolgedessen die Pontonkolonne keine Brücke zu schlagen brauchte und abmarschirte.

Nach vier Tagen, d. h. am 29. Januar, und nicht am 31., wie im Generalstabswerke irrthümlich angegeben ist, war auch die 34,5 m lange Brücke für den Arbeitszugbetrieb soweit vollendet, daß Wagen hinübergeschoben wurden und am 30. Januar, also fünf Tage nach dem Eintreffen der Abtheilung, fuhren wir stolz mit der ersten Lokomotive hinüber.

Ich hielt es für ganz unbedenklich und selbstverständlich, daß von diesem Augenblicke ab auch die Züge der Betriebskommission die

Brücke mit ihren Maschinen passiren dürften, ließ einen derselben nach Benachrichtigung der Station Toul durchfahren und gab entsprechende Depesche an die Betriebskommission in Nancy.

Da kam ich aber schön an!

Es erschien deren Vorsitzender mit der großen Aktenmappe und Gefolge.

Die Sache wurde für Lokomotivbetrieb noch nicht für sicher genug gehalten und deshalb durch Depesche allen Betheiligten mitgetheilt, „daß vom 31. Januar ab die Post sowie Gefangenenzüge vorsichtig über die Brücke geschoben werden würden, während die Truppen auch ferner noch zwischen Fontenoy und Toul marschiren müßten".

Es war zum Lachen, wenn man, nachdem eben einer unserer Züge mit zwei schweren Lokomotiven die Brücke passirt hatte, sah, wie ein leichter Post= oder Gefangenenzug hinübergedrückt wurde und die Lokomotive sich dann furchtsam rückwärts konzentrirte.

Ungeachtet des Elends auf dem Landwege, wo einige Tausend requirirte kümmerliche Fuhrwerke und Pferde den Verkehr nothdürftig bewältigten, eröffnete die Betriebskommission den regelmäßigen Lokomotivbetrieb erst nach vielem Drängen am 4. Februar auf einem und zwar dem südlichen Geleise.

Ich erhielt damals folgende Depesche: „Ihrer gestrigen Mittheilung entgegen kann nördliches Geleis noch nicht befahren werden. Da 200 Schachtruthen Boden fehlen, sowie die Steinpackungen an den Kegeln und der größte Theil des Stopfkieses, ersuchen wir Sie, die noch rückständigen Arbeiten auszuführen."

Verdrießlich wegen dieser übertriebenen Bedenken fuhr ich selbigen Tags in die Vogesen zurück, wo wichtigere Aufgaben uns erwarteten, und ließ den Bahnmeister Biehler nebst einigen Leuten mit dem Auftrage zurück, solange dort zu bleiben, bis die Betriebskommission voll befriedigt sei.

In den vom großen Generalstabe herausgegebenen „Kriegsgeschichtlichen Einzelschriften" (Heft 2) ist über den Brückenbau Folgendes mitgetheilt: „Die angestrengte Thätigkeit der V. Feldeisenbahn=Abtheilung, welche am 24. Januar von Xertigny aus eintraf und durch ein bayerisches Pionierkommando, die Pontonkolonne des VII. Armeekorps und 300 aus der Umgegend herangezogene Civilarbeiter unterstützt wurde, sowie die eifrigen Bemühungen der Eisenbahnbetriebs=Kommission in Nancy, ermöglichten es, daß vom

31. Januar*) ab schon wieder einzelne Waggons über die Brücke geschoben, und daß am 4. Februar der regelrechte Betrieb auf einem Geleise und vom 11. Februar an auf beiden Geleisen wieder aufgenommen werden konnte. Bis dahin waren Truppen und Gefangenentransporte mittelst Fußmarsches von Toul bis Fontenoy gelangt, um hier auf einen anderen Zug übergeführt zu werden. Sämmtliche Munitions-, Proviant- und Krankenzüge wurden bis zur Wiederherstellung der Brücke auf die nördliche Bahnlinie über Mézières geleitet."

Der Ueberfall bei Fontenoy.

Der Ueberfall bei Fontenoy sowie die Sprengung der Mosel-Brücke daselbst sind so kühn angelegte und ausgeführte Kriegsthaten der Franzosen, daß ich es nicht unterlassen kann, Einiges darüber, aus der hochinteressanten Beschreibung in den vom großen Generalstabe herausgegebenen „Kriegsgeschichtlichen Einzelschriften", (Heft 2) mitzutheilen.

Die Offiziere Bernard und Conmös errichteten Anfang Dezember in einem Walde, welcher 8 km nördlich von Lamarche, 25 km von Neufchâteau und 50 km von Epinal entfernt in einer rund herum von deutschen Truppen besetzten Gegend lag, ein befestigtes Lager.

Von diesem aus beunruhigten sie wiederholt unsere Etappentruppen und bildeten ein aus 300 Köpfen bestehendes, Chasseurs des Vosges genanntes Freikorps ganz speziell für die Zerstörung der über Nancy führenden Haupteisenbahn-Verbindungslinie der deutschen Streitkräfte aus, welche gleichzeitig mit dem Vorrücken von Bourbaki durch Sprengung des Tunnels bei Toul oder der Mosel-Brücke bei Fontenoy bewirkt werden sollte. Das Unternehmen erlitt jedoch einen Aufschub, so daß die durch ein 800 Mann starkes Mobilgarden-Bataillon aus der Festung Langres unterstützten Chasseurs des Vosges erst am 18. Januar nachmittags 5 Uhr losmarschiren konnten.**)

Unter großen Mühseligkeiten wurden in kalter Winternacht und durch bis an die Knie reichenden Schnee auf schlechter Straße, theilweise sogar ohne Weg und Steg, 40 km zurückgelegt. Bernard traf morgens zwischen 8 und 9 Uhr, also nach 15stündigem Marsche,

---

*) Dies ist derselbe Irrthum wie im Generalstabswerke. Wagen sind schon am 29. Januar hinübergeschoben und die Pontonkolonne hat die Abtheilung nicht unterstützt.

**) Die Marschlinie ist in die Uebersichtskarte punktirt eingetragen.

in der etwa 10 km nördlich von Neufchâteau gelegenen Ferme de la Hagevaux ein.

Die Absicht, den Marsch abends fortzusetzen, kam nicht zur Ausführung, weil das Mobilgarden-Bataillon und namentlich die Offiziere desselben zu erschöpft und entmuthigt für einen zweiten Nachtmarsch waren. Bernard machte mit der schlappen Gesellschaft kurzen Prozeß und schickte sie ins Lager zurück.

Auf diesem Rückmarsche wurde das Bataillon in der Nähe von Bourmont nur 7 km von dem Lager La Vacherosse durch das rekognoszirende Detachement von Oberstlieutenant v. Dobschütz (2 Kompagnien Reserve-Jäger, 1 Kompagnie Landwehr und 2 Züge Reserve-Husaren) zersprengt und verlor 56 Gefangene.

Bernard setzte am folgenden Abend 8 Uhr den Marsch unter Anwendung der erdenklichsten Vorsicht fort.

Ein Mann in Civilkleidung ritt oder fuhr voran. Die dann folgende Avantgarde benutzte einen abgerichteten Hund und verschiedenfarbige Laternen zur Verständigung mit der bei 500 m Abstand in tiefer Stille folgenden Hauptkolonne.

Man marschirte so hintereinander, daß möglichst wenig Fußspuren im Schnee entstanden, die dann noch durch nachfolgende Leute mittelst Harken verwischt wurden. In den Ortschaften gingen elsässische Mannschaften voran, um bei den Bewohnern durch in deutscher Sprache zugerufene Drohungen den Glauben zu erwecken, daß deutsche Truppen den Ort durchschritten.

In einem 9stündigen Nachtmarsche wurden unter diesen erschwerenden Umständen über 30 km, davon die letzten 8 durch dichten Bergwald, zurückgelegt.

Die Abtheilung traf 5 Uhr morgens in der nur 600 m von der großen Straße Toul—Vancouleurs entfernt gelegenen Ferme St. Fiacre ein, hielt sich daselbst bis nachmittags 2 Uhr versteckt, überschritt dann ungesehen obige von deutschen Reiterpatrouillen bewachte Straße und schlug ohne Weg und Steg die Richtung nach dem noch 25 km entfernten Dorfe Fontenoy ein, nachdem durch Kundschafter die Nachricht eingegangen war, daß die Sprengung des nur 10 km entfernten Tunnels hinter Toul wegen der daselbst befindlichen starken Besatzung aussichtslos sei.

Da Wagen der Abtheilung nicht folgen konnten, wurde das mitgeführte Sprengpulver auf vier Pferden verladen.

Der Marsch ging im Abendnebel in einer Entfernung von nur 4 km um Toul herum. Marode wurden gewaltsam mitgeschleppt.

Als Posten fungirten elsässische Mannschaften, welche in große Decken gehüllt und mit preußischen Landwehrtschakos versehen waren. Um Mitternacht bewirkte die kühne Abtheilung in einem nur 40 Mann fassenden Fährbote, 4 km südöstlich von der Festung Toul, bei ziemlich starkem Eisgange den Uebergang über die Mosel und erreichte am 22. Januar, 5 Uhr früh, das Dorf Fontenoy.

Der Posten und die Wache am Bahnhofe, welche die Anrückenden anfangs für Kirchgänger gehalten hatten, wurden überwältigt, sieben Mann durch Bajonett und Dolchstiche verwundet, ebensoviele gefangen genommen und die Uebrigen entflohen.

Bernard wandte sich nun nach der Brücke, zerstörte die Telegraphenleitung, ließ die Schienen aufreißen und begab sich dann ans Suchen der Mine. Als dieselbe eben gefunden war und die Mineure auf Strickleitern hinabstiegen, um die Pulversäcke hineinzubringen, nahm man die Laterne eines von Toul abgelassenen Zuges wahr. Die Freischar machte sich schleunigst zur Abwehr eines Angriffes bereit.

Der Zug wurde jedoch, durch flüchtige Landwehrleute gewarnt, noch rechtzeitig zum Halten gebracht und dampfte zurück.

Fast gleichzeitig fuhr aus der entgegengesetzten Richtung der Postzug von Nancy heran, welchem der verwundete Wehrmann Pott, indem er sich laut schreiend auf den Bahndamm stellte, trotz der Dunkelheit mit Erfolg Haltesignal gab, wofür er später von einem Passagier 3000 Mark Belohnung erhielt.

Erst dreiviertel Stunden nach dem Ueberfalle auf dem Bahnhofe gelang die Sprengung der Brücke.

Ungeachtet von Toul Mannschaften mit der Eisenbahn eintrafen und dem angehaltenen Postzuge von Nancy einige Offiziere und 40 Mann entstiegen waren, bewirkte Bernard, sieben gefangene Preußen mit sich führend, den Rückzug am fast schon ganz hellen Morgen so elegant, daß er nur einen Verwundeten einbüßte. Er überschritt 7 km von Fontenoy unter Benutzung losgehauener Eisschollen unangefochten die Mosel und erreichte tief in der Nacht das Dorf Houdreville, welches nur 14 km westlich von der Eisenbahnstation Bayon liegt, die wir einige Tage später auf der Fahrt nach Fontenoy berührten.

Seit dem Aufbruch von St. Fiacre am Nachmittage vorher hatten die Chasseurs des Vosges 60 km durch Schnee und Eis, zum Theil außerhalb der Straßen zurückgelegt, zweimal unter schwierigen Umständen die Mosel überschritten und den Ueberfall sowie die Brückensprengung ausgeführt.

Nach dieser staunenswerthen Leistung machte sich's Bernard, wie wenn nun gar nichts mehr zu fürchten gewesen wäre, bequem, marschirte nur 20 km den Tag, traf am 24. Januar, abends 7 Uhr in Bulgnéville ein, wurde daselbst feierlich mit einer Illumination empfangen und erreichte mit seinen sieben gefangenen Preußen, ohne daß er auf einen Feind gestoßen oder verfolgt wäre, das Lager von La Vacheresse.

Die Freischar ist dann unglaublicherweise noch drei Wochen unbemerkt in demselben geblieben und erhielt am 14. Februar nach Abschluß des Waffenstillstandes freien Abzug hinter die Demarkationslinie.

Alle Achtung vor dieser braven Leistung eines Feindes! Ich würde es bedauert haben, wenn es den tapferen Burschen nach heldenmüthiger Ausführung des kühnen Planes noch schlecht ergangen wäre. Aber daß es unseren, rund herum in Neufchâteau, Toul, Nancy, Charmes und Epinal liegenden Etappentruppen nicht gelungen ist, dieselben auf dem Rückmarsche oder in ihrem Lager zu erwischen, von dem aus, wie sich später herausgestellt hat, die paar Kerle uns so oft beunruhigt haben, bleibt immerhin unerklärlich.

Nach dieser Abschweifung komme ich nun wieder auf unsere Thätigkeit in den Vogesen zurück.

Die Fahrt dahin war nicht sehr geeignet unsere Stimmung zu verbessern. Zunächst entgleiste der Zug, mit dem wir am 4. Februar nachmittags Toul verließen, ganz unmotivirt gleich beim Anziehen, und in Charmes hörte das Vergnügen ganz auf, weil Wagen eines gerissenen Militärzuges auf der vorliegenden Strecke stehengeblieben waren.

4. Februar. In die Vogesen zurück.

Dagegen hatten wir am folgenden Morgen das Glück, einen verlassenen Photographenapparat und bald darauf den dazugehörigen für die Aufnahme unserer Bauwerke aus Toul requirirten Künstler zu erwischen, welcher durchbrennen wollte, weil, wie er entschuldigend anführte, seine Landsleute ihn mit Prügeln bedroht hatten, falls er für uns arbeiten würde. Derselbe wurde Knoff zur strengen Beaufsichtigung überwiesen und hat seine Sache, wie die hier beigedruckten Verkleinerungen der von ihm gefertigten Aufnahmen zeigen, recht gut gemacht, zu seiner Freude die Photographien schließlich auch noch anständig bezahlt bekommen.

Bei Xertigny waren die Arbeiten nach Wiebes Rückkehr wieder in vollem Umfange aufgenommen. An Stelle von Schnee und Frost trat jetzt fast ebenso störendes, stürmisches Regenwetter. Das Nähere über die Ausführung dieses mit vielen Schwierigkeiten verknüpft gewesenen Baues soll an anderer Stelle im Zusammenhange mitgetheilt werden.

In dem Einschnitte vor dem Viadukte hatte am vergangenen Tage ein Zusammenstoß des von Epinal kommenden Zuges mit zu weit vorgerückten Materialienwagen stattgefunden, wobei einige gefangene französische Soldaten, welche beim Schieben derselben behülflich gewesen waren, verunglückten und mein Revisionswagen stark beschädigt wurde.

6. Februar. Nach Vesoul auf der Bahn.

Eingedenk der verschiedenen Erlebnisse und Strapazen bei den Fahrten nach Aillevillers dankte ich meinem Schöpfer jetzt mit dem Eisenbahnzuge nach Vesoul gelangen zu können.

Stalweit hatte seit dem Rückzuge von Bourbaki die auf der 80 km langen Strecke nach Fertigstellung des Viaduktes bei Aillevillers noch verbliebenen Hindernisse so rasch beseitigt, daß dieselbe bereits am 27. Januar in Betrieb gesetzt werden konnte. Aber auch Janson und der Lokomotivführer Oberheid verdienen die größte Anerkennung dafür, daß sie es fertig gebracht haben, mit einer einzigen Lokomotive, anfangs sogar ohne Manometer und Wasserstandsglas, welche Gegenstände in Xertigny entwendet waren, fast täglich in jeder Richtung einen Zug von 16 bis 20 Achsen auf dieser Strecke zu befördern.

Die unsägliche Arbeit und Mühe bei dem Landtransporte der Betriebsmittel von Domnou nach Xertigny war somit nicht umsonst aufgewendet, sondern wurde jetzt durch den Dank aller bei der Vermittelung des Verkehrs zwischen der Heimath und der Vogesen-Armee Betheiligten reichlich belohnt.

Nur derjenige, welcher das entsetzliche Elend auf der Etappenstraße zwischen Epinal und Vesoul aus eigener Anschauung kennen gelernt hat, kann sich einen Begriff davon machen, welche Hülfe die Weiterbenutzung der Bahn auf eine Entfernung von 80 km darbot, ungeachtet das letzte Hinderniß bei Xertigny noch bestand und der Verkehr daselbst durch Umsteigen bezw. Umladen vermittelt werden mußte.

Es traf sich so glücklich, daß in Vesoul zwei Lokomotiven und 100 Wagen erbeutet wurden, nach deren Instandsetzung sich ein geordneterer Betrieb ermöglichen ließ.

Die schlauen Franzosen hatten die Maschinen durch Abnahme und Beiseiteschaffung der Triebstangen unbrauchbar gemacht, diese aber so wenig vorsorglich versteckt, daß Janson deren Verbleib bald ermittelte und sie aus einem tiefen Brunnen hervorholte.

Kauffmann war sehr fidel, daß auch der von ihm zurückgelassene Telegraphenwagen wiedergefunden wurde.

Da Befehl von der Exekutivkommission ertheilt war, die Inbetriebsetzung der 62 km langen Strecke von Vesoul nach Belfort schleunigst vorzubereiten, blieb uns keine Zeit zur Besichtigung der schön gelegenen Stadt. Obwohl 30 km Bahn bis Lure fahrbar waren, mußten wir in Ermangelung einer disponiblen Lokomotive schon von Vesoul aus meinen Wagen benutzen.

7. Februar.
Nach Belfort.
Ognon-Brücke.

Ognon-Brücke bei Lure.

Kauffmann blieb daselbst zurück. Ich fuhr mit Stalweit und Jahr bis zu der hinter Lure gesprengten Ognon-Brücke.

Dieselbe hatte drei halbkreisförmig überwölbte Oeffnungen von je 7 m Spannweite; die durch Sprengung des westlichen Landpfeilers entstandene Lücke in der Bahn war 16 m lang und 10 m hoch.

Wir staunten, mit welcher Umständlichkeit die Ingenieure der vordringenden Bourbakischen Armee die Einleitung zur Beseitigung dieses unbedeutenden Hindernisses getroffen hatten.

In einer fein hergerichteten geräumigen Baubude befand sich als Beweis dafür, mit welcher Eile dieselben beim Vordringen unserer Armee den Platz geräumt haben müssen, das vollständige Werkzeug eines gut ausgestatteten Zeichenbüreaus sowie Meßgeräthe aller Art.

Die den Zimmererverband darstellende im Maßstabe von 1 : 50 aufgetragene Zeichnung war besser als die Konstruktion selbst, mit deren Ausführung man aber anscheinend besondere Ehre einzulegen beabsichtigt haben muß, da die auf der Baustelle vorhandenen Verbandhölzer nicht allein vollkantig geschnitten, sondern sogar rund herum behobelt waren.

An Stelle des erkrankten Wichmann übernahm jetzt Stalweit mit den preußischen Pionieren die Vollendung der Arbeit, und ich ritt am folgenden Morgen mit Jahr über Rouchamp nach Frahier, um durch die dort befindliche Telegraphenstation Erkundigungen darüber einziehen zu lassen, wann die nach Mittheilung unseres Generalstabes nahe bevorstehende Uebergabe von Belfort zu erwarten sei.

Da die Telegraphenleitung unterbrochen war, erhielten anwesende Husaren Befehl, den Aufenthalt des die Belagerung leitenden Generals v. Treskow zu ermitteln.

Nachdem uns ein Telegraphist in dem Dorfe herumgeführt und manche interessante Einzelheiten über die dort stattgehabten heißen Kämpfe mit Bourbaki erzählt hatte, konnten wir der durch die Musik der Geschütze bei Belfort aufs höchste gespannten Versuchung nicht mehr widerstehen, uns das Arbeiten derselben auch einmal aus unmittelbarer Nähe anzusehen, und begaben uns trotz des scheußlichen Wetters auf den Weg nach dem nur etwa 5 km entfernten Dorfe Essert, wo unsere Batterien in Thätigkeit sein sollten.

Im Begriff, an einer in die Tranchéen marschirenden Kompagnie vorbeizureiten, wurden wir von deren Hauptmann in recht barschem Tone mit dem Bemerken zurückgehalten: „Meine Herren, wenn Ihnen auch selbst nichts daran liegt angeschossen zu werden, so muß ich Sie doch im Interesse meiner Kompagnie dringend ersuchen hier abzusitzen und die Pferde da unten herumführen zu lassen. Oder ist es Ihnen unbekannt, daß Reiter von Château aus an dieser Stelle gesehen werden können und schon oft Feuer bekommen haben?"

Wir dankten freundlich für diese Aufmerksamkeit und begaben uns dann auch auf Schusters Rappen. Der Hauptmann war recht schlechter Laune und führte bittere Klage darüber, daß sich die Landwehr vor Belfort noch die Knochen kaput schießen lassen müsse, während doch, was wir bis dahin merkwürdigerweise nur gerüchtweise gehört hatten, schon am 28. Januar ein auf ganz Frankreich mit Ausnahme der Departements Côte d'Or, Jura und Doubs, ausgedehnter Waffenstillstand abgeschlossen sei, dem der Friede bald folgen werde. General v. Tresckow sei auf dem Holzwege, wenn er sich einbilde, die Festung in wenigen Tagen einnehmen zu können und deshalb zur Fortsetzung der Belagerung rathe.

Kein Mensch ziehe mehr freudig in die Vorpostenstellung, und man sei allgemein unzufrieden darüber, daß ungeachtet des am 27. Januar verunglückten Sturmversuches gegen die Forts Perches, welcher 10 Offiziere und über 400 Mann an Todten, Verwundeten und Gefangenen gekostet habe, immer noch unnütze Opfer gebracht werden sollten. „Weitere Versuche eines gewaltsamen Vorgehens" — heißt es in dem Generalstabswerke — „unterblieben jedoch nach dem verunglückten Sturme." Uebrigens machte es dem wohl nicht ohne Grund Verdrießlichen ein besonderes Vergnügen, uns Neugierige ebenfalls der Gefahr, die Knochen unnützerweise entzweigeschossen zu bekommen, entgegen zu führen.

„Da Sie die Absicht haben," sagte er, „sich die Beschießung aus unmittelbarer Nähe anzusehen, lade ich Sie freundlichst ein, mit in mein Vorpostenquartier zu kommen. Dasselbe befindet sich in einem Bauernhause diesseits der Barrikade, welche die Chaussee zwischen den Batterien absperrt, und bietet daher die beste Gelegenheit zur Besichtigung." Wir rückten dem Geschützdonner immer näher und fanden in der That einen herrlichen Beobachtungspunkt auf dem Boden des bezeichneten Hauses, von dem aus man durch ein Granatloch im Dache über die Barrikade hinwegsehen konnte, und das Château auf Schußweite vor Augen hatte.

Der Hauptmann entpuppte sich nun als ein sehr aufmerksamer Wirth. Er trat mit wärmenden Getränken an und ließ die nächststehenden Batteriechefs ersuchen, uns zu Ehren das Feuer gegen das Château zu eröffnen, welches, wie er versicherte, wohl bald Antwort geben würde.

So kam es denn auch in der That.

Als wir den feuernden Batterien eben einen Besuch abstatteten, und auf dem Bauche liegend über die Brustwehr hinweg mit dem Feldstecher die mangelhafte Wirkung unserer Geschosse beobachteten, hörten wir den Zuruf „Kopf weg, Bombe!" sowie bald darauf das unheimliche Brummen eines über die Batterie sausenden schweren Geschosses.

Wenn das nicht gewesen wäre, hätte man glauben sollen einer Schießübung beizuwohnen.

Das Château ist ein die Stadt hoch überragender Felsen von erheblichem Umfange, in dessen Innern stellenweis dreietagig übereinander Batterien eingebaut sind. Da die Geschosse ohne jede Wirkung an dem festen Gestein zerschellten, kam es darauf an die schmalen Geschützscharten zu treffen, was jedoch, so lange wir Zuschauer waren, nicht gelang.

Für diejenigen, aus welchen am eifrigsten geschossen wurde, hatten die Kanoniere besondere Bezeichnungen, wie „Hund", „Lümmel" und so fort.

Wohin unsere Kugeln trafen, konnte man selbst mit unbewaffneten Augen erkennen, da immerhin etwas von dem Gestein zermalmt und als Staub sichtbar wurde.

In der Regel entstand dann noch ein Streit darüber, welches Geschütz am besten geschossen hatte.

Durch Laufgräben, in welchen man sich die Wasserstiefel von oben vollfüllte, wenn der Fuß das schmale Laufbrett verfehlte, und über freies, von den Granaten aufgewühltes Terrain begaben wir uns dann wieder auf den Beobachtungsposten des Hauptmanns.

Nachdem wir hier noch einige Zeit bewundert hatten, mit welcher Fixigkeit ein im Dorfe zurückgebliebener, von unseren Leuten aus Gnade und Barmherzigkeit durchgefütterter alter Franzose sich hinterm Hause und sein Entelchen in dem Chausseedurchlasse verkroch, wenn eins der großen Festungsgeschosse, deren Flugbahn sie genau verfolgten, zu nahe kam, bedankten wir uns bei dem zuvorkommenden Wirthe recht freundlich mit dem Bemerken, daß er es uns nun wohl nicht mehr verdenken würde, wenn wir auf die Fortsetzung des interessanten Schauspiels und Doppelkonzerts verzichteten, weil das Bewußtsein, sich hier leichtsinnigerweise noch länger der Gefahr auszusetzen, durchaus kein angenehmes sei.

Der Hauptmann war ganz einverstanden, erklärte, sich über unser Ausharren gewundert und sich selbst als Verführer schon Vorwürfe gemacht zu haben, obwohl die Gefahr bei dem schlechten Schießen der Franzosen nicht allzugroß sei.

Kaum im Sattel, begrüßte uns jedoch eine platzende Granate aus solcher Nähe, daß die Gäule große Sätze und wir uns rasch aus dem Staube machten.

Nach dem Generalstabswerke wurden an diesem Tage sowie täglich während der letzten Belagerungswoche 1500 Geschosse gegen die Festung geworfen.

Ich erfuhr in Chalonvillars, daß dort beim Curé mir befreundete Stralsunder Artillerieoffiziere im Quartier lagen, und suchte sie auf.

Dieselben waren eben aus den Batterien zurückgekehrt, lagen lang ausgestreckt auf ihren Betten und befanden sich in einer Stimmung, welche die des eben verlassenen Hauptmanns an Bitterkeit fast noch übertraf.

Als jedoch der Curé in ziemlich stark angetrunkenem Zustande von irgend einer Wahl aus Héricourt zurückkam, unser Zeug inzwischen am Kamin getrocknet und der Tisch gedeckt war, wurde es noch äußerst fidel und dem dunkeln Rebensafte so fleißig zugesprochen, daß wir auf den jämmerlichen Reservematratzen in dem verqualmten Speisezimmer wie Götter geschlafen haben.

9. Februar. Nach Xertigny

Der Curé hatte am folgenden Morgen gründlichen Jammer, bat, über das Vorgefallene zu schweigen, und setzte uns noch ein kümmerliches Frühstück vor.

In Frahier war inzwischen die Benachrichtigung vom Hauptquartier eingetroffen, daß die Uebergabe der Festung nicht so nahe bevorstehe, als man erwartet hätte.

Wir ritten nun zunächst nach Ronchamp zurück, verhandelten daselbst mit einem Grubendirektor wegen Ueberlassung von Lokomotivkohlen, besuchten die Brückenbaustelle von Stalweit und fuhren, nachdem Wagen wie Pferde verladen waren, auf der Lokomotive nach Vesoul, wo jetzt auch der Hauptmann und Kaufmann Quartier bezogen hatten. In dem fahrplanmäßigen Zuge, mit dem ich bis Xertigny weiterfuhr, befanden sich etwa tausend Gefangene. Den armen Kerlen wäre es möglicherweise recht schlecht ergangen, wenn wir die großen Steine nicht rechtzeitig bemerkt und beseitigt hätten, welche ihre wenig rücksichtsvollen biederen Landsleute an zwei Stellen auf die Schienen gelegt hatten.

Solchen Unfug erlaubten sie sich in denjenigen Departements, auf welche sich der Waffenstillstand erstreckte. Die harten Strafen, welche während des Kriegszustandes ohne viele Umstände in Anwendung gebracht wurden, hatten also doch ihre gute Wirkung nicht verfehlt.

Der wachsende Verkehr bedingte eine Erweiterung aller Anlagen am Viadukte. Die Umsteige- und Umladeperrons mußten verlängert, die Wege von der einen Thalseite zur anderen verbreitert und in den Windungen bequemer hergestellt werden.

Frisch gefallener Schnee erschwerte diese Arbeiten außerordentlich und war Ursache, daß beim Einziehen der Horizontalverstrebungen am Viadukte in der schwindelnden Höhe von 30 m verschiedene Unfälle vorkamen.

Onkel Walter hatte sich bei dem Hundewetter einen gründlichen Hexenschuß geholt und schimpfte nicht schlecht, als ich über den krummen Buckel und sein saures Gesicht lachte.

Mit Klein sah es ganz traurig aus. Er litt an Bluthusten und mußte in die Heimath zurückbefördert werden.

Der ergangene Befehl zur Inbetriebsetzung der 116 km langen Eisenbahnstrecke von Vesoul nach Dôle, wo sich der General jetzt befand, rief mich nach Vesoul zurück.

12. Februar. Nach Gray.

Am folgenden, recht kalten Morgen dampfte ich mit Skalweit, Janson, Kauffmann, Jahr und einigen 50 Pionieren in der Richtung nach dem 58 km entfernten Knotenpunkte Gray ab, ohne eine Ahnung zu haben, wie es vor uns aussah.

Bei derartigen Rekognoszirungen wird selbstverständlich ganz langsam gefahren, zumal wenn Schnee liegt, der etwaige Hindernisse verdeckt.

Uebrigens waren fast überall französische Streckenbeamte anwesend, die, wenn sie auf die Lokomotive genommen und etwas eingeschüchtert wurden, Auskunft ertheilten.

Neben kleinen Hindernissen, wie aufgerissenen Schienen, gelösten Laschenverbindungen u. s. w., welche rasch beseitigt werden konnten, fanden sich hier längere Strecken, auf welchen abwechselnd die rechten und dann die linken Schwellenköpfe gehoben und mit Steinen unterstopft waren.

Da das Gestänge in dieser buckeligen Form festgefroren war, ließ es sich sehr schwer wieder in die richtige Lage bringen.

Wir schaukelten deshalb langsam hinüber, wo es nicht allzu schlecht aussah.

Bei Savoyeux wurde die Saône mittelst einer gewölbten Brücke von drei je 20 m weiten Oeffnungen überschritten. Abweichend von der Regel befanden sich die Minenkammern bei diesem Bauwerke nicht in einem der Landpfeiler, sondern in dem westlichen Strompfeiler. Auch hier war wie bei fast allen schon erwähnten Sprengungen nur die Ladung einer Kammer entzündet und die andere noch mit Pulverfässern besetzt, welche, da augenblicklich kein Gebrauch von deren Inhalt gemacht werden konnte, in die Saône entleert wurden.

Die Franzosen hatten die stehengebliebene Hälfte des Strompfeilers mit dem anliegenden, stark erschütterten Gewölbetheile derart nothdürftig abgestützt, daß sie beim Vormarsche der Bourbaki'schen Armee Wagen hinüberschieben konnten. Wir vervollständigten diese Konstruktion in der Eile etwas, wechselten einige ganz raffinirt schräg angeschnittene Stempel aus, griffen den Sicherheitskoeffizienten etwas leichtfertig und fuhren, ohne einige ängstliche Gesichter zu beachten, mit Gottvertrauen langsam hinüber.

Nachdem dann noch ein langer Tunnel vorsichtig durchfahren war, trafen wir bei Dunkelwerden in Gray, einem etwa 7000 Einwohner zählenden, an der Saône gelegenen, freundlichen Städtchen ein, wo Kauffmann und ich bei einer aus Karlsruhe gebürtigen Landsmännin sehr freundliche Aufnahme fanden.

Von Gray führen zwei Linien nach Dôle. Die östliche über Dampierre war durch totale Sprengung der unweit Gray gelegenen langen, eisernen Saône-Brücke unfahrbar gemacht.

Wir mußten daher die westliche Richtung über Pontailler einschlagen, konnten die Fahrt aber wegen verschiedener Hindernisse erst den folgenden Nachmittag antreten.

Ein theilweise gesprengtes, von den Franzosen ebenso wie die am vergangenen Tage befahrene Brücke bei Savoyeux, nothdürftig abgestütztes Bauwerk im Bahnhofe und die Beschaffung von Wasser für die Maschine verursachte einen unwillkommenen Aufenthalt.

13. Februar. Nach Dijon zum General v. Manteuffel.

Als ich, um Abschied von der Landsmännin zu nehmen, die übrigens nicht Inhaberin des Quartiers, sondern das Fräulein einer Gräfin Boissany war, noch einmal in die Stadt ritt, erregte ein Auflauf an dem großen Gitterthore einer Villenbesitzung meine Aufmerksamkeit, und siehe da, der Lieutenant Andrée, dessen Trompeterschimmel mich seiner Zeit so rasch nach Xertigny gebracht hatte, longirte mit seinem Rittmeister, beide in rothen Teufelskostümen und

Hemdsärmeln, mitten auf einem runden Rasenplatze stehend, die Pferde, deren Schwänze sie zum Zeitvertreib egal lang verschnitten.

Nach kurzer Begrüßung ging es weiter.

Alle Ortschaften an der Bahn waren dicht mit Truppen der Manteuffelschen Armee belegt. Was die Leute beim Erscheinen unseres Zuges für eine unbändige Freude hatten, läßt sich kaum beschreiben. Querfeldein kamen sie von weither in solcher Hast gerannt, daß wir manchmal laut gelacht haben, wenn gleichzeitig die jubelnd hochgeworfene Mütze in der Luft, und unten der Kerl einen unbeabsichtigten Purzelbaum schlug.

Hinter Pontailler wurde mit der französischen Begleitung auf der Lokomotive gewechselt, von der wir nun zu unserem Erstaunen erfuhren, daß wir uns jetzt in dem vom Waffenstillstande ausgeschlossenen Departement Côte d'Or und in unmittelbarer Nähe der noch vom Feinde besetzten, auf meiner Karte nicht genügend kenntlich gemachten Festung Auxonne befänden.

Der sich hinterher als zutreffend herausstellenden Beschreibung nach war die Situation folgende: Der Bahnhof gleichen Namens liegt südlich von der Festung zwischen dieser und einem Außenwerke. In demselben vereinigen sich die Bahnen Gray—Dôle und Dijon--Dôle, während man direkt von Gray nach Dijon mit Umgehung dieses Bahnhofes durch eine etwa 4 km von der Festung entfernte Kurve gelangt, welche jene beiden Bahnen mittelst Weichen auf freier Strecke verbindet.

Da die weitere Aussage der Franzosen, daß diese Umgehungsbahn sowie die 16 km lange Strecke bis Dijon fahrbar sei und in solcher Entfernung durch Wald gedeckt, an der Vorpostenstellung der Festung vorbeiführe, daß wir von dieser nichts zu fürchten hätten, wenig Glauben verdiente, wurde noch ein zufällig aufgegriffener zweiter französischer Bahnbeamter vernommen. Da dieser jene Aussage bestätigte, der Weg nach Dôle verlegt war, und es nicht rathsam erschien unverrichteter Sache auf dürftig in Stand gesetzter Strecke im Dunkeln Kehrt zu machen, entschlossen wir uns, die Fahrt in der Richtung auf Dijon fortzusetzen, zumal ich den Auftrag hatte, mich dort bei dem General v. Manteuffel, dem der Oberbefehl über die Wedersche Armee übertragen war, gelegentlich zu melden.

Im Halbdunkel rückte der Zug möglichst geräuschlos vor; die auf Auxonne gerichtete Weiche an der Abzweigung wurde umgestellt, und frei aufathmend befanden wir uns bald unangefochten außerhalb des Bereiches der Festung.

Da unsere Begleiter die Befürchtung aussprachen, daß Schienentorpedos auf der vorliegenden Strecke gelegt sein könnten, wurden Arbeiter requirirt, welche einen Bahnmeisterwagen dem Zuge vorausschieben mußten.

Wir kamen daher nur langsam vorwärts und trafen, da zum Ueberfluß auch noch die Lokomotive in einer starken Steigung den Dienst versagte, erst sehr spät abends in Dijon ein, von wo ich dem General v. Werder depeschirte:

„Brücke bei Gray hergestellt. Auxonne nicht zu passiren. Bin daran vorbei nach Dijon gefahren, wohin Befehle erbitte."

Diese 55 000 Einwohner zählende Stadt war so voll von Militär gepfropft, daß es uns erst nach langem Suchen gelang ein dürftiges Quartier und Verpflegung zu bekommen. Das bunte Treiben in einem Orte, wo sich das Hauptquartier einer großen Armee befindet, fesselt auch bei Nacht, und da wir im Hotel de la Cloche bei alten Bekannten und Kollegen der unter dem General v. Manteuffel stehenden Feldeisenbahn=Abtheilung IV ein gemüthliches Plätzchen fanden, wurde nicht viel aus der Nachtruhe.

14. Februar.
Als Parlamentär in Auxonne.

Als ich mich früh morgens erkundigte, wann der General v. Manteuffel zu sprechen sei, promenirte derselbe schon so majestätisch mit einem großen Stocke in der Hand auf dem Präfekturhofe herum, daß man bei dieser Erscheinung unwillkürlich an ein bekanntes Bild vom alten Fritz dachte. Meine Meldung wurde sehr gnädig entgegengenommen. Der General theilte mir mit, daß der Kommandant von Auxonne auf Grund des Präliminar=Waffenstillstandsvertrages verpflichtet sei, täglich einen Zug in jeder Richtung unter gewissen Beschränkungen durchzulassen. Ob der Herr schon Kenntniß hiervon habe, wisse er jedoch nicht. Jedenfalls müsse unter Beachtung der nöthigen Vorsichtsmaßregeln ein Versuch gemacht werden, zu welchem Zwecke mir der Chef des Generalstabes, Oberst v. Wartensleben,*) die etwa vorzuzeigenden Beweismittel mitgeben würde.

Dieser empfing mich äußerst zugeknöpft, ja fast unhöflich, behauptete, keine Kenntniß von der Feldeisenbahn Abtheilung V zu haben, und verwies mich an den General v. Werder, dem die Abtheilung ja unterstellt sei. Erst nachdem ich wiederholt hervorgehoben

---

*) Zur Zeit Kommandirender General.

hatte, daß ich ihn ohne Befehl vom General v. Manteuffel nicht belästigt haben würde, bequemte sich der stolze Herr, dessen Auftrag auszuführen.

Ich bekam eine Legitimation, eine beglaubigte Abschrift der bezüglichen Vertragsbestimmungen und verschiedene französische Zeitungen eingehändigt, aus welchen die Kriegslage zu ersehen war.

Nachdem mir der General v. Manteuffel bei der Verabschiedung noch guten Erfolg gewünscht und Grüße an den General v. Werder aufgetragen hatte, dampften wir, ohne von den Schönheiten Dijons etwas gesehen zu haben, in der Richtung nach Auxonne ab.

Wir waren schon mit kranker Lokomotive in Dijon angekommen; jetzt aber wollte der alte Kasten, an dem in der Nacht auch noch die Puffer abgestoßen waren, gar nicht mehr ziehen.

Ich ritt daher nach der Stadt zurück und erhielt Vorspann von der IV. Abtheilung.

Gegen Mittag befanden wir uns an der Barrikade, welche hinter der Abzweigungsweiche das Geleis nach Dôle versperrte, in der Nähe der berittenen feindlichen Vorposten, welche uns nun angesichts der Parlamentärflagge auf der Chaussee entgegentrabten.

Während wir Halt machen mußten, ritt ein Lancier nach Auxonne hinein, um dem Kommandanten Meldung zu erstatten, und nach einiger Zeit erschienen zwei Offiziere mit der Antwort, daß der Oberst bereit sei, Einen von uns zu empfangen.

Mir wurden nun die Augen verbunden, so daß ich die traurigen Gesichter nicht mehr gesehen habe, mit denen Kauffmann, Jahr und Stalweit, die gar zu gern mitgegangen wären, nach dem Zuge zurücktrollten.

Arm in Arm zwischen zwei feindlichen Offizieren mußte ich fast 4 km auf schmieriger Landstraße bei scheußlichem Wetter marschiren. Kein Laut wurde gewechselt; nur wenn sich die Plempen oder Wasserdichten bei dem Sturme verwickelten, vernahm man kurze entschuldigende Bemerkungen.

Aber ein unglaublicher Spektakel entstand bei unserem Erscheinen in der Festung. Nach dem Holzschuhgeklapper sollte man glauben, daß es in dem Nest gar keine andere Fußbekleidung gegeben hat. Groß und Klein muß da zusammengelaufen sein, um den prisonnier, für welchen man mich hielt, zu sehen und zu verhöhnen.

Nach dem Pferdegetrappel zu urtheilen, marschirten wir unter dem Schutze von Kavalleristen.

Die Offiziere hatten ihre liebe Noth, die aufgeregte Volksmasse bei diesem Durcheinander zu beschwichtigen, und hielten es sogar für angebracht, ab und zu beruhigende Worte an mich zu richten.

Nachdem das schwere Thor des Kommandanturgebäudes mit einem weit vernehmbaren Rucke hinter uns geschlossen und mir die Binde abgenommen war, konnte ich eine ganze Zeit lang kaum sehen, wobei dicke Tropfen an der heißen Stirn herunterliefen.

Die erste Bitte, welche ich an den sehr freundlichen, feinen, aber leider sehr schwerhörigen Kommandanten richtete, war daher die, mir den Rückweg durch Beschaffung eines Wagens erleichtern zu wollen, was derselbe auch versprach.

Ich wurde in Gegenwart des Ingenieuroffiziers vom Platze empfangen und begründete in kurzen Worten unser Verlangen, mit dem Eisenbahnzuge nach Dôle durchgelassen zu werden.

Das verdutzte Gesicht, welches die beiden Herren machten, ließ mich sofort vermuthen, daß sie noch keine Ahnung von dem traurigen Geschicke Frankreichs hatten; ja es machte sogar den Eindruck, wie wenn die fragenden Blicke, welche sie sich von Zeit zu Zeit zuwarfen, einen Zweifel bedeuteten, ob ich überhaupt bei Sinnen sei.

Nachdem ich dann meine sämmtlichen Schriftstücke und Zeitungen vorgelegt hatte, war wohl ein Ausdruck tiefen Schmerzes auf den echt französischen Soldatengesichtern zu erkennen, aber daß die Kapitulation von Belfort bevorstehe und Frankreich vollständig gedemüthigt sein sollte, das konnten sie weder fassen noch glauben und hielten dies nach wie vor für Schwindel.

Da beide Herren kein Wort deutsch verstanden und die Unterhaltung in ihrer Sprache meinerseits dem schwerhörigen Kommandanten gegenüber nicht übermäßig fließend geführt werden konnte, wurde ein schlecht deutsch sprechender Lehrer zur Aushülfe herbeigeholt.

Das Mißtrauen und die Klagen, in welchen sich dieses Männchen erging, waren geradezu komisch.

Nach stundenlangem Verhandeln sah ich ein, daß die Gesellschaft nicht zu überzeugen war, und machte deshalb den Vorschlag eine telegraphische Anfrage an das Kriegsministerium bezw. die Regierungsdelegation in Bordeaux zu richten, für deren Beförderung ich Sorge tragen würde.

Ganz froh, dies wenigstens erreicht zu haben, verabschiedete ich mich in verbindlicher Form.

Nach dem Lärm zu urtheilen, muß fast die ganze 5000 Köpfe zählende Einwohnerschaft zusammengelaufen sein, als ich wieder mit verbundenen Augen zwischen den beiden Offizieren auf der Straße erschien.

Traurigerweise hatte der Kommandant sein Versprechen, für einen Wagen zu sorgen, nicht gehalten und ließ sich durch meine Begleiter damit entschuldigen, daß es ihm wegen der Stimmung der Einwohner leider nicht möglich gewesen sei.

Daneben bereitete mir die Schauspielerbande noch eine andere und gerade nicht angenehme Ueberraschung.

Sie fingen nämlich, augenscheinlich um mich zu ängstigen, plötzlich an zu schießen. Wenn ich auch nicht leugnen will, daß der erste Schuß eine ähnliche Wirkung hatte, weil ich die aufgeregte Gesellschaft jeder Schandthat fähig hielt, so bedurfte es doch nicht der beruhigenden Mittheilung meiner Begleiter, daß nach der Scheibe geschossen würde, um die Situation richtig zu beurtheilen.

Froh war ich aber doch, als das Festungsthor hinter uns zugeschlagen wurde und der Spektatel aufhörte.

Als mir dann später die Binde abgenommen wurde, sah ich, daß außer den beiden Offizieren noch 12 Mobilgardisten meine Begleitung bildeten.

Am Zuge, wo der Mannschaft nicht einmal gestattet worden war auszusteigen, hatte sich infolge des langen Wartens und des bösen Hungers eine recht schlechte Stimmung eingestellt.

Wir fuhren deshalb rasch nach Gray, von wo aus ich den Generalen v. Manteuffel und v. Werder Bericht über den Mißerfolg erstattete.

Auf meine am vergangenen Tage von Dijon abgegebene Depesche fand ich folgende Antwort des Generals vor: „Kommandant von Auxonne ist aufgefordert zu gestatten, daß die Eisenbahn benutzt werden kann. Sie finden hier bedeutendes Material und drei Lokomotiven."

In dem Generalstabswerke heißt es: „Der Kommandant von Auxonne gab wegen mangelnder Anweisung die an dem Platze vorbeiführende Eisenbahn erst am 5. März frei."

Garibaldianer in Gray.

In Gray ereignete sich an diesem Tage noch folgende nette Geschichte.*)

Als unser Zug am Stationsgebäude hielt und zum Aussteigen geblasen wurde, sprengte ein Offizier in die Halle hinein und erklärte

---

*) Nach Ansicht von Jahr ist dies an einem anderen Tage passirt.

uns für Gefangene. Der Kerl sah putzig aus! Ich kann ihn nur mit Figuren vergleichen, die auf kleinen Bühnen italienische Banditen vorstellen.

Garibaldihut, Ueberwurf nebst Schärpe feuerroth und Sporen wie ein Kinderwagenrad groß.

Neben Waffen aller Art im Gürtel prangte in der Rechten ein dicker Knüppel, mit dessen kräftiger Hülfe der arme halbverhungerte Gaul, an dessen weit hervorragenden Rückenknochen man zur Noth eine Mütze aufhängen konnte, in Galopp gesetzt wurde.

Aber so lächerlich diese Erscheinung auch war, ließ sich doch nicht mit ihr spaßen, weil es von Kriegern in ähnlichen Kostümen ringsherum wimmelte.

Es waren Garibaldianer, die bei Langres gelegen hatten, nebst einigen Chasseurs des Vosges, welche die im Vorstehenden beschriebene Sprengung der Mosel=Brücke bei Fontenoy ausgeführt und uns so oft belästigt hatten. Dieselben behaupteten, infolge besonderer Uebereinkunft mit den deutschen Truppen freien Abzug hinter die Demarkationslinie zu haben, während der Kommandant von Gray sie feindlich behandele und den Durchmarsch nicht gestatten wolle. Da wir in unserer Ecke derart unklar darüber waren, wo Krieg oder Waffenstillstand herrschte, daß selbst der General v. Werder damals an die Seinigen schrieb: „In Bezug auf Krieg und Frieden ist hier allgemeine Konfusion", konnte die Situation recht ungemüthlich werden, und überlegten wir schon, was schlimmstenfalls zu machen sei, als von allen Seiten Marschsignale ertönten und die Truppen sich über die Saône=Brücke nach der Stadt hinein in Bewegung setzten.

Rasch wurde der Schimmel aus dem Wagen geholt und dann ging es, einer Einladung des Garibaldianers folgend, an der Spitze einer bunten Kavalkade im Trabe hinter der Truppe her, um auch das auf anderen Wegen jenseits der Stadt eingetroffene Hauptkorps zu sehen.

Von einer Konditorei aus rief mir Jemand zu: „Soll ich Sie befreien, Krohn, die Bande hat Sie wohl gefangen genommen?"

Es war die Stimme des mir bekannten Regierungsassessors v. Neumann, der jetzt als schneidiger Kommandant, in Premierlieutenants=Uniform der Reserve=Dragoner, beim fidelen Frühschoppen auf den kühnen Einfall gekommen war einigen tausend Garibaldianern den Weg mit seiner Eskadron zu verlegen.

Die Truppe, an der ich vorbeiritt, machte, abgesehen von den auffallend bunten und entsetzlich abgerissenen Uniformen, einen sehr guten und disziplinirten Eindruck. Es waren meistens hübsche, kräftige Süditaliener, deren ernste Gesichtszüge mir zumal imponirten, als ich allein zurückritt und keines Blickes von ihnen gewürdigt wurde.

Die Offiziere schimpften entsetzlich über die ihnen von den Franzosen zu Theil gewordene schlechte Behandlung.

Zumal beklagten sie sich darüber, daß man sie während der großen Kälte nicht einmal vorübergehend in die Festung Langres aufgenommen, sondern jämmerlich verpflegt draußen im Biwak liegen gelassen habe.

Nach diesem scherzhaften Zwischenfalle suchte ich das alte liebe Quartier bei der Landsmännin wieder auf und amüsirte mich abends mit dem fidelen Kommandanten.

15. bis 16. Febr. Zum Dank für die gute Aufnahme durfte die Landsmännin am andern Morgen mit nach Besoul fahren.

Am 16. besuchten Kauffmann und ich wieder die Brücken=baustelle bei Lure. Es war recht kaltes unfreundliches Wetter. Da Kauffmann an einer Erkältung mit Nasenbluten litt und alle Fenster in dem Personenwagen entzwei waren, nahmen wir in dem warmen Pferdewagen Platz.

18. Februar. (Einzug in Belfort.) Am 18. Februar traf endlich die lang ersehnte telegraphische Benachrichtigung vom General v. Tresckow ein, daß Belfort kapi=tulirt habe und bis zum 19. geräumt werden müsse. Gleichzeitig erging Befehl von Seiten der Exekutivkommission, die Eisenbahn Besoul—Belfort schleunigst in Betrieb zu nehmen.

Am 18. früh wurde mit allen greifbaren Mannschaften von Besoul aufgebrochen. Die ersten 41 km dieser Strecke waren nach Fertigstellung der Ognon=Brücke bis zum Bahnhofe Ronchamp fahrbar. Hier sah es aber noch bös aus. Die Wasserstation war wieder zerstört, so daß die Lokomotive nach einem entfernt gelegenen Eisenwerke fahren mußte, um Wasser und Kohlen zu nehmen.

Französische Arbeiter stellten sich nicht in genügender Zahl frei=willig ein und mußten daher requirirt werden. All dies nahm so viel Zeit in Anspruch, daß erst gegen 6 Uhr abends weitergefahren werden konnte. Wir hatten noch 21 km bis Belfort. 8 km hinter Ronchamp kamen wir in einen 1200 m langen Tunnel. Man war vor Beginn des Krieges mit der Ausführung eines zwischen den

Tunnelgeleisen angeordneten tiefen Entwässerungskanals beschäftigt gewesen und hatte nach Einstellung des Betriebes, jedenfalls absichtlich, einen möglichst wüsten Zustand geschaffen. Materialien aller Art versperrten die zum Theil sehr verworfenen Geleise. An vielen Stellen hatten sich Eisflächen und meterhohe Eiskegel von dem Tropfwasser der Gewölbe gebildet.

Die Beseitigung dieser Hindernisse war um so schwieriger, als die Fackeln und Lokomotivlaternen in der feuchten, dicken und durch Rauch sowie Dampf der Lokomotive geschwängerten Tunnelluft zeitweise erloschen. Unsere Leute arbeiteten trotz alledem wie die Teufel im Dunkeln an den Eisblöcken herum, ab und zu ein Streichholz anreißend, und verständigten sich durch Zurufe bezw. durch Hornsignale, wenn der Zug vorrücken sollte. Ueber die vielfachen höchstens in Umrissen sichtbaren Hindernisse von einer zur anderen Stelle zu gelangen, mußte man womöglich auf allen Vieren kriechen und kam dabei doch noch gelegentlich zu Fall. Ich war daher recht froh, als ich nach stundenlanger anstrengender Arbeit alle Leute wieder aus dem unheimlichen Loche heraus und im Zuge hatte.

Bei Bas-Evette war eine das Geleis versperrende Barrikade wegzuräumen und bei Valdoye begannen die durch die Festungsgeschosse verursachten Zerstörungen. An manchen Stellen sah es ganz toll auf dem Planum aus.

Loch an Loch hatten die Granaten gewühlt und die Schienen wie Thonpfeifenstiele zertrümmert. Leicht war es nicht, im Dunkel der Nacht dies Geleis in Ordnung zu bringen und einige Hundert Meter, welche unmittelbar an der Festung ganz fehlten, neu zu verlegen; aber je näher wir der Festung kamen und je deutlicher die Detonationen vernehmbar waren, welche, wie ich hinterher erfuhr, von Zerstörungen herrührten, welche die abziehende Besatzung noch vollführte, mit um so größerem Eifer wurde gearbeitet.

Als der Morgen dämmerte, stand unser Zug nach Beseitigung all dieser Hindernisse an dem durch nassen Wallgraben und Palisaden versperrten Eingange zur Festung. Während wir mit Wiederherstellung der über ersteren führenden Zugbrücke beschäftigt waren und jetzt vollständige Ruhe dort herrschte, wo noch vor so kurzer Zeit der Kriegslärm tobte, sah ich zwei deutsche Offiziere über eine hochgelegene Brücke in die Festung reiten.

Rasch wurde der Schimmel aus dem Wagen geholt, ein Signal gegeben und über die unter Wasser gesetzten Bahnhofsgeleise zu denselben hinübergeritten. Es waren Pionieroffiziere, und wir Drei die ersten Deutschen, welche nach der Kapitulation die Festung betraten.

Diese machte einen eigenthümlichen Eindruck! Außer einigen französischen Soldaten, welche als die Letzten eben die Festung verließen, war kein Mensch zu sehen. Alle schliefen sich nach der Unruhe der vergangenen Woche gründlich aus, in der Tag und Nacht die Kugeln in die Stadt gesaust waren. Diese gewährte ein Bild von noch allgemeinerer Verwüstung als seiner Zeit Straßburg. Viele Häuser waren total zerstört und fast alle mehr oder weniger angeschossen, so daß auf den mit Trümmern aller Art bedeckten Straßen kaum fortzukommen war. Als ich mich deshalb von den Offizieren, welche im Dienst vorwärts mußten, verabschiedete und Kehrt machte, waren immer noch alle Thüren geschlossen und keine Menschen zu sehen. Da lockte mich das vertrauenerweckende Aeußere einer ganz unbeschädigt gebliebenen Auberge. Auf mein Klopfen an dem breiten Einfahrtsthore erschien ein blaß und jämmerlich aussehender Herr im abgetragenen preußischen Militäranzuge. Der Aermste sah mich ganz erstaunt an und entpuppte sich als einer der preußischen Offiziere, welche bei dem verunglückten Sturme auf die Basses Perches verwundet und gefangen genommen waren. Seine Erbitterung darüber, daß der General v. Tresckow es abgelehnt hatte, dieselben auszutauschen, war ebenso groß wie die Freude jetzt endlich befreit und von den eigenen Kugeln nicht mehr bedroht zu sein. Uebrigens erklärte er, daß die Franzosen ihn anständig behandelt hätten, und holte einige gute Flaschen Wein aus dem Keller. Zu meinem Erstaunen gab es auch noch hinreichenden Vorrath an Brot, so daß ich reich beladen zu unserem Zuge zurückkehrte, wo mancher hungrige Magen sich an dem Mitgebrachten delektirte.

Während unsere Leute noch fleißig am Eingange zur Festung arbeiteten und ich nachmittags mit Kauffmann und Janson den Bahnhof besichtigte, wurde auf dem Château unter dem Donner der Kanonen aller Forts die preußische Fahne aufgehißt und dann hielt der General v. Tresckow, nachdem auf einem freien Platze unterhalb Miotte ein feierlicher Feldgottesdienst stattgefunden hatte, mit Deputationen aus den verschiedenen Truppentheilen der Belagerungs-Armee seinen feierlichen Einzug in die Festung.

Als ich an denselben heranritt und die Anwesenheit der Feldeisenbahn-Abtheilung meldete, machte sich unser Zug durch anhaltendes kräftiges Pfeifen und Freudensignale bemerkbar. Der General dankte und ertheilte dem Adjutanten Befehl, dies Ereigniß für die nächste Berichterstattung zu notiren.

Von Vesoul aus war ein Postbeamter mit ganzen Säcken voll Briefen und Packeten für die Belagerungstruppen mit uns gefahren, die jetzt im Bahnhofsgebäude sofort zur Vertheilung gelangten. Es machte einen rührenden Eindruck, Hunderte von bärtigen Landwehrleuten gleichzeitig die Nachrichten von Frau und Kind verschlingen zu sehen, welche wohl alle mit dem Ausdrucke der Freude über das in naher Aussicht stehende Wiedersehen schlossen.

Um den Leuten bessere Quartiere und Verpflegung nach des Tages und der Nacht Last besorgen zu können, als in Belfort zu haben waren, fuhren wir abends nach Ronchamp zurück. Bei unserer Ankunft im Dorfe war jedoch leider Alles schon zur Ruhe, so daß bei dem Herumsuchen im Dunkeln manche Hoffnung getäuscht sowie hier und da ein kräftiger Fluch vernommen wurde.

An diesem Tage hatte Jahr einen großen Kummer. Den Mangel an Verpflegung voraussehend, war vorsichtshalber von dem eisernen Bestande in Form der köstlichen Erbswurst etwas mitgenommen. Sein Bursche schleppte den für eine ganze Korporalschaft bestimmten Antheil. Als dann die Vertheilung vor sich gehen sollte, hatte der gefräßige Kerl sämmtliche Würste verzehrt, in dem guten Glauben, daß sie für ihn allein bestimmt seien. Eigentlich war es unrecht von Jahr, daß er einen so leistungsfähigen Burschen am anderen Tage zur Strafe neben dem Eisenbahnzuge herlaufen und von den übrigen Leuten auslachen ließ.

Früh morgens ging es wieder nach Belfort zurück. In dem Tunnel war abermals der Teufel los! Die alte Lokomotive schleuderte und versagte den Dienst, bis durchweg Asche gestreut war, was bei dem Zustande des Tunnels eine böse Arbeit war. In Belfort sah es jetzt schon ganz anders aus.

Hunderte von Bauern hatten einen Weg für ihre zweirädrigen Ochsenfuhrwerke durch die Trümmer in die Stadt gebahnt und boten Wein sowie allerlei Lebensmittel feil. Wo die Poularden, Würste, Schinken, Kuchen u. s. w. plötzlich herkamen, während doch unsere Requisitionskommandos ihre liebe Noth gehabt hatten in meilenweitem Umkreise von Belfort noch etwas zu finden, war Jedem ein Räthsel und ein schlagender Beweis für die außerordentliche Leistungsfähigkeit wie den großen Reichthum des Landes. Der Verkehr nahm bald einen solchen Umfang an, daß Militär zur Aufrechterhaltung der Ordnung und zum Aufräumen der Straßen kommandirt werden mußte.

Das Geschwätz unserer Marktweiber ist gar nichts im Vergleich mit dem Geschnatter der Franzosen bei solchen Gelegenheiten.

Als ich morgens Einkäufe für unsere Leute machte, sah ich v. Bock, dessen Name schon beim Einzuge von einigen in meiner Nähe haltenden Offizieren mit einem Kompagnieführer in Verbindung gebracht worden war, der nicht Schritt vor der Truppe hielt, in einiger Entfernung reiten, setzte ihm im Trabe nach und verabfolgte ihm „einen Festen" hintenüber. Es fehlte nicht viel, so hätten wir bei der dann folgenden Umarmung an der Erde gelegen. Der tolle Kerl war, wie schon erwähnt, nach dem Auftritte mit den Johannitern von Nancy nach Versailles zum Generaldirektor der Staatstelegraphie, General v. Chauvin, versetzt und dann als Kompagnieführer zur Belagerungs-Armee nach Belfort kommandirt. Heute traf er es gut, denn als wir zu unserem Zuge herauskamen, hatten die Freunde gerade Hammelkoteletten auf den zusammengesuchten Schwertern einer in die Luft geflogenen Freimaurerloge geröstet. Nach kräftiger Betheiligung an dieser Delikatesse und an meinem uralten Nordhäuser Korn verduftete Bock eiligst auf Nimmerwiedersehen im Feindeslande, um sich, wie er behauptete, als Kommandant nach den Basses Perches zu begeben, welche Stellung er übrigens nie bekleidet hat.

Um 4 Uhr nachmittags fuhr der Feldeisenbahnzug nach Ueberwindung vieler Hindernisse, von einem kräftigen Hurrah der Besatzung begrüßt, am Stationsgebäude vor, woraufunserem Leuten Ruhe gegönnt und erlaubt wurde, sich die Festung anzusehen.

Auch ich ritt mit Walter und Kauffmann zum Château hinauf. Wir hatten nicht den Eindruck, welchen das Generalstabswerk wiedergiebt, daß die Fortdauer der Belagerung in kürzester Frist zu einem vollständigen Erfolge geführt haben würde. In dem sturmfreien Château waren nur wenige Geschütze demontirt und Lebensmittel noch so reichlich vorhanden, daß man mit Mehl gefüllte Säcke zum Verstopfen der nicht mehr benutzten Schießscharten verwendet hatte.

Auf den General v. Tresckow war man allgemein nicht gut zu sprechen. Wenn er auch von dem großen Hauptquartier auf die Wichtigkeit der Besitznahme von Belfort hingewiesen war, so hätte er, nachdem Seine Majestät schon am 12. Februar die Ermächtigung ertheilt hatte der Garnison bei Uebergabe der Festung freien Abzug mit kriegerischen Ehren zu gestatten, doch wohl nicht vorschlagen sollen, die Beschießung fortzusetzen und ihm noch 48 Stunden Zeit zu geben, damit er dem Kommandanten die Uebergabebedingungen stellen könne.

Während unsere Blicke auf der in Stadt und Umgebung wahrnehmbaren furchtbaren Zerstörung ruhten, fand in unserer Nähe eine heftige Explosion statt und dicke Rauchwolken legten sich über den Bahnhof.

Befürchtend, daß dort ein Unglück passirt sei, ritten wir rasch zurück. Jansons Biereifer war die unschuldige Veranlassung zu unserem Schreck. Derselbe hatte unter den vorgefundenen Lokomotiven Reisigfeuer in den Löschgräben angemacht, um die Schmiere leichter abkratzen und demnächst den Gesundheitszustand der Lokomotiven besser beurtheilen zu können. Dies gab natürlich einen kolossalen Rauch und Gestank, hatte aber mit der Explosion, deren Ursache uns unbekannt blieb, nichts zu thun. Nachdem auf dem durch Anlage von Wällen, Kasematten, Verbarrikadirung der Fenster mittelst Eisenbahnschwellen u. s. w. zu einem kleinen Fort umgestalteten Bahnhofe gründlich aufgeräumt, ein Telegraphenapparat aufgestellt und das Büreau eingerichtet war, fuhren wir mit drei hintereinander gekuppelten Lokomotiven, von denen Janson die erste, Oberheidt die zweite und ich die dritte als Führer bediente, in Dampf ganz stolz bei Dunkelwerden nach Ronchamp zurück, weil in Belfort kein Unterkommen zu finden war.

Es machte einen rührenden Eindruck, als Oberheidt beim Vorbeifahren an seiner zurückgelassenen alten ausrangirten Lokomotive, die ihm während vier erlebnißreicher Monate so manche Sorge und schlaflose Nacht bereitet hatte, die Thränen in die Augen traten.

Vor dem Tunneleingange rasten Pferde auf dem Planum dem Zuge voraus und verschwanden in dem dunkeln Loche. Unter fortwährendem Dampfgeben und Pfeifen wurde langsam hinterher gefahren und Ronchamp noch bei guter Zeit erreicht, von wo wir am folgenden Tage früh morgens nach Vesoul fuhren.

Aus einem Briefe meiner Eltern ersah ich später, daß in den deutschen Zeitungen der Eifer und die Aufopferung ganz besonders gelobt worden war, mit welcher die deutschen Postbeamten es ermöglicht hätten, unsere tapferen Soldaten schon am Tage des Einmarsches in Belfort mit Briefen und Sendungen aller Art aus der Heimath zu beglücken.

Die Postbehörde war so gescheidt, ihr Licht nicht unter den Scheffel zu stellen, während von den Leistungen der Feldeisenbahnen in den Zeitungen kaum einmal die Rede gewesen sein soll.

<small>20. Februar. Nach Besoul und Dôle.</small>

Die Hauptarbeit war nun verrichtet. Bis auf die Strecke Dôle—Auxonne, wo sich der Kommandant immer noch weigerte, die Durchfahrt zu gestatten, und abgesehen von dem Viadukte bei Xertigny, über den jetzt erst Wagen geschoben werden konnten, waren sämmtliche in dem Okkupationsbereiche unserer Armee befindlichen Eisenbahnen fertiggestellt und in Betrieb gesetzt.

Die Kräfte der Abtheilung konnten nun zur Instandhaltung der Geleise auf den Strecken Epinal—Besoul—Belfort und Besoul—Dôle, von zusammen fast 300 km Länge, zweckmäßig verwendet werden. Das war aber auch hohe Zeit, denn der Oberbau, an dem seit bald einem halben Jahre fast nichts geschehen war, befand sich nach Eintritt der milden Witterung in kaum noch befahrbarem Zustande.

Am 21. Februar telegraphirte der General v. Werder, daß er mich in Dôle erwarte. Walter und Jahr fuhren mit. Kauffmann hatte sich bei den letzten Fahrten erkältet und mußte im Bette schwitzen.

Gemäß Verabredung mit der Feldeisenbahn-Abtheilung IV. hatte diese, während wir in Belfort arbeiteten, die Brücke bei Savoyeux entsprechend verstärkt.

Wir benutzten den Eisenbahnzug bis Pontailler und hatten dann noch einige 30 km zu reiten.

Seit dem vor sechs Wochen bewirkten Rückzuge unserer Armee nach Belfort war mir die Ehre, den General zu sehen, nicht zu Theil geworden. Das Herz schlug hoch bei dem Gedanken ihm jetzt persönlich zu den großen Erfolgen gratuliren zu können. Aber wie eigenthümlich war das Wiedersehen! Nach langem Suchen in den öden Gängen des Präfekturgebäudes, wo sich das Hauptquartier befand, bemerkte ich, wie Jemand, der mir den Rücken zukehrte, zerschlagene Kisten, Lorbeerkränze und dergleichen mehr in die Außenfeuerung eines Zimmerofens beförderte, und rief ihm zu: „Sie da, können Sie mir sagen, wo man sich bei Excellenz melden läßt?" Als sich der Betreffende umdrehte und ich näher herangetreten war, sah ich zu meinem Erstaunen den General vor mir stehen.

„Ja, ja," — sagte er — „so kann es Einem gehen, wenn man selbst Kalfaktor spielen muß, um nicht zu frieren. Verrathen Sie mir nicht, daß ich all die schönen Sachen aus der Heimath hier verbrenne."

Meine Glückwünsche wurden mit einem freundlichen Händedruck und den Worten beantwortet: „Das ist ja Alles recht schön. Aber hätte der liebe Gott uns nicht mit so tiefem Schnee und 12 Grad Kälte geholfen, wer weiß wie es dann bei uns aussähe! Die übertriebenen Ovationen unserer Landsleute sind mir übrigens höchst peinlich."

Recht lebhaft wurde ich später an diese bescheidenen Worte erinnert, als ich in einem Briefe des Generals an seine Schwester Folgendes las:

„Meine Wirksamkeit ist ein Sandkorn gegen das, was anderwärts in diesem gewaltigen Kriege geleistet ist. Ehre, dem Ehre gebührt, insbesondere auch meinem Generalstabschef v. Leszczynski, dem ich so gern seinen wesentlichen Antheil nicht schmälern lassen möchte."

Ich hatte mir den aus den Kämpfen an der Lisaine als Sieger hervorgegangenen General stolzer gedacht. Sein Auge war nicht mehr so lebendig wie früher, die Sprache ernster und das ganze Aeußere verrieth eine tiefe innere Verstimmung. An dieser schien mir nach Alledem, was man so beiläufig hörte, hauptsächlich der unerfreuliche dienstliche Verkehr mit dem Oberkommando Schuld zu sein, welches den General das Abhängigkeitsverhältniß etwas stark fühlen ließ, was um so empfindlicher für diesen sein mußte, als er bis dahin ein ganz selbständiges Kommando gehabt hatte. So ein klein wenig unverdiente Behandlung von oben herab war mir doch selbst schon seitens des Generalstabschefs in Dijon zu Theil geworden. Uebrigens machte auch der bedenkliche Gesundheitszustand in der Armee dem General schwere Sorgen, da bei manchen Bataillonen nur noch etwa 300 Mann dienstfähig waren und Pocken sowie Ruhr epidemisch auftraten.

An der Tafelrunde, bei herrlichem Wetter und geöffneten Fenstern, wurde die Stimmung jedoch bald recht heiter, wozu der immer frische, muntere Hauptmann v. Friedeburg, der leider zu früh im Jahre 1889 als Generalmajor und Offizier von der Armee gestorben ist, durch seine launig schildernden Ergüsse ein gut Theil beitrug. Derselbe hatte auch an diesem Tage Gelegenheitsverse bei der Hand, in welchen er mit großer Offenheit die Anwesenden zu betritteln pflegte.

„Na Friedeburg" — sprach der General, als er dies an dem Geflüster gemerkt hatte, — „legen Sie nur los, wenn ich auch wieder schlecht dabei fahre."

Und dann hörte man Sachen, die nur aus diesem Munde und so liebenswürdig vorgetragen ohne Groll hingenommen werden konnten, manchmal auch gute Wirkung gehabt haben sollen.

Ich hatte die Ehre, neben dem General zu sitzen und ihm eingehend über unsere Thätigkeit berichten zu dürfen.

An die Erzählung meiner Erlebnisse in Auxonne knüpfte sich eine Erörterung der Frage, ob es nicht vorzuziehen gewesen wäre, das Nest schon beim Vormarsch unserer Armee auszuräuchern. Dem General funkelten die Augen ordentlich wieder, als er zu Leszczynski gewendet sagte: „Sehen Sie, das haben wir davon, ich war immer der Meinung!"

Als dieser dann aber mit ernster Miene ruhig und selbstbewußt antwortete: „Ja Excellenz, wenn wir den Belagerungspark von Straßburg gehabt hätten, wäre das wohl gegangen, aber mit der Beschießung fester Plätze aus Feldgeschützen haben wir doch schlechte Erfahrungen gemacht", pflichtete der General ihm wieder bei.

In dem Generalstabswerke ist gesagt: „Werder hatte Auxonne schon am 13. November mit unschuldigen Granaten begrüßt und dann auf Anrathen von Leszczynski den Plan aufgegeben, dasselbe mit Feldgeschützen weiter zu beschießen.

Janson und Ruoff blieben nebst 50 Pionieren in Dôle zurück. Ersterer mit dem Auftrage, die erbeuteten Betriebsmittel, „2 Lokomotiven und 100 Wagen" sowie die Wasserstation in Stand zu setzen, und Ruoff, um die auf der 31 km langen Strecke bis Auxonne vorhandenen, geringfügigen Geleisunterbrechungen zu beseitigen.

Ich ritt noch am Abend 20 km bis Pesmes zurück, wo der Major Chelius ein Faß badisches Bier zum Besten gab. Das war ein Hochgenuß!

Wie ganz anders mundet doch der edle vaterländische Gerstensaft als der meistens jämmerliche Stoff, den die Franzosen brauen. Auch deren Weine, die wir zwar viel und gern getrunken haben, erfreuen nicht annähernd so des Menschen Herz wie der köstliche deutsche Traubensaft.

Nach einer ursidelen Zecherei bekam der am frischen, frühen Morgen angetretene Ritt nach Gray ganz vorzüglich, von wo ich nach einem kurzen Besuche bei Kauffmann, der zwei Tage im Bett gelegen hatte und das Zimmer noch nicht verlassen durfte, mit Walter per Bahn nach Vesoul weiterfuhr. *23. Februar.*

Der 24. Februar war in jeder Beziehung ein denkwürdiger, herrlicher Tag. Die Sonne hatte den Schnee weggeleckt und es war schönes warmes Frühlingswetter, als wir den Zug bestiegen, um erst in Aillevillers zu revidiren und dann zur Eröffnung des durchgehenden Betriebes nach Xertigny zu fahren. *24. Februar. Erste Fahrt über den Viadukt bei Xertigny und Baubeschreibung.*

Der stolze Viadukt stand vollendet und herrlich geschmückt da. Ein gutes im Freien eingenommenes Gabelfrühstück erhöhte die Stimmung und dann setzte sich der bekränzte Festzug langsam in Bewegung, unter dessen Last die bei Schnee und Eis aufgerichtete hohe Holzkonstruktion zwar derart krachte und knisterte, daß Einem hätte bange werden können, aber gut Stand hielt.

Wiebe, Krauter, Walter und der Zimmermeister Hübscher ernteten jetzt den wohlverdienten Dank für die lange mühevolle Arbeit. Nachdem ihre wie die Verdienste aller anderen Betheiligten in verschiedenen Reden entsprechend gewürdigt waren, lief der Festzug nach Epinal, wo die Feier fortgesetzt wurde.

Ueber die Ausführung dieses interessanten Baues habe ich Folgendes nachzutragen, wobei des besseren Verständnisses und Zusammenhanges wegen manches schon Gesagte wiederholt werden muß.

Der in einer scharfen Kurve liegende Viadukt hatte neun halbkreisförmig gewölbte Oeffnungen von je 12 m lichter Weite, 142 m Gesammtlänge und 37 m Höhe über der Thalsohle.

Je drei Oeffnungen bildeten eine Gruppe zwischen derart verstärkten Pfeilern, daß bei Sprengung irgend eines der schwächeren Mittelpfeiler nicht das ganze Bauwerk, sondern nur eine Gruppe einstürzen sollte.

Diese Anordnung findet man in Frankreich bei fast allen derartigen Bauwerken.

Als ich Mitte Oktober den stolzen Viadukt zuerst sah, war ein Pfeiler der Mittelgruppe bis auf den Grund gesprengt und durch den Einsturz der anliegenden Gewölbe eine 25 m weite Lücke entstanden, in welcher das mit allen Schwellen in vollem Zusammenhange gebliebene, einen flachen Bogen bildende Gestänge schwebte.

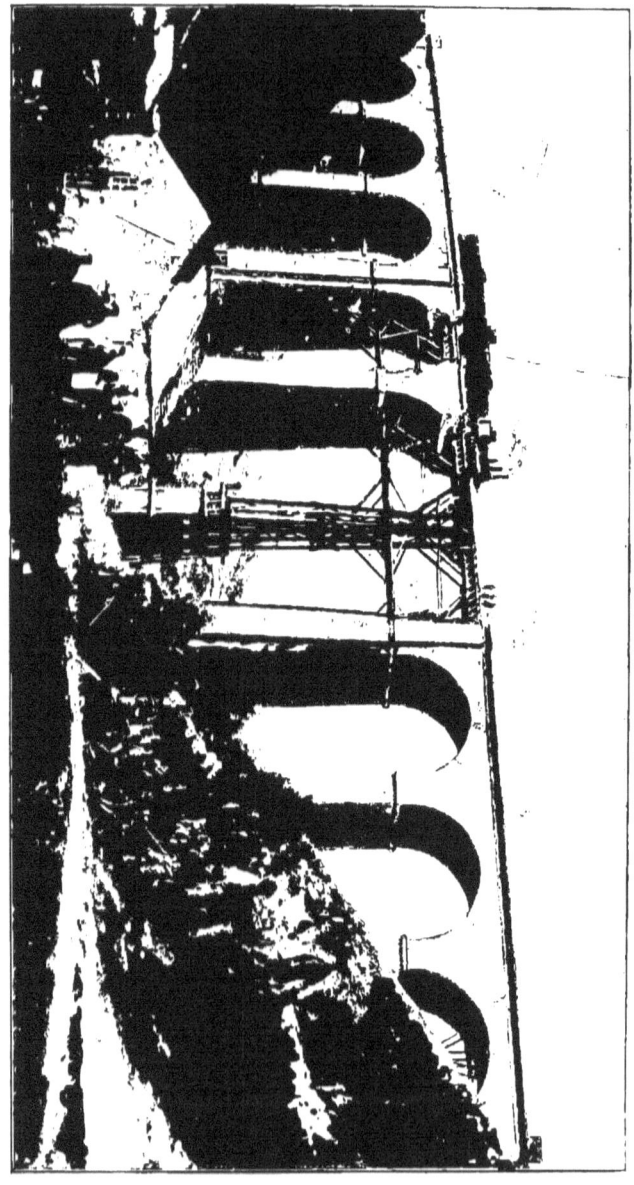

Viaduhl bei Ferligny.
142 m lang, 37 m hoch.

Es war etwas leichtsinnig von den Pionieren, daß sie sich dieser nur durch den Laschenverband zusammengehaltenen Hängebrücke

Viadukt bei Xertigny.

bedienten, um auf einem Bahnmeisterwagen den Telegraphendraht hinüber zu bringen.

Rascher, als sie wohl gedacht hatten, sauste der Wagen in die bedenkliche Schwingungen machende Gestängekurve hinunter und es bedurfte der allergrößten Kraftanstrengung, ihn aus der Senkung wieder in die Höhe zu bringen, was in der Weise bewerkstelligt wurde, daß die Pioniere, nachdem sie sich auf dem Wagen festgebunden hatten, liegend die Schienenköpfe erfaßten und sich an diesen langsam hinaufzogen.

Dem Leser ist schon bekannt, daß die Wiederherstellung des Viaduktes höheren Orts damals noch nicht beabsichtigt wurde und daß, als ungefähr einen Monat später der Befehl hierzu erging, alle Kräfte der noch schwachen Abtheilung anderweit in Anspruch genommen waren.

Erst nach Eintreffen der preußischen Pionier=Kompagnie und Vollendung der Mosel=Brücke bei Charmes konnte kräftig ans Werk gegangen werden.

Inzwischen war leider auch der dritte Bogen der Mittelgruppe eingestürzt und die zu überbrückende Oeffnung auf 38 m erweitert.

In dieser prangte als Zeichen der vorzüglichen Ausführung des stolzen Baues der ganz unbeschädigt gebliebene 37 m hohe und nur 3 m starke, aus Bruchsteinen gemauerte Zwischenpfeiler mit den 3 m weit überhängenden, in der großen Höhe mächtig auf den Beschauer wirkenden Gewölbeansatzstücken.

Die übrigen Bogen hatten so bedenkliche Risse bekommen, daß der Einsturz des ganzen Bauwerks befürchtet werden mußte.

Dieselben wurden deshalb zunächst durch Beseitigung des Gestänges und Bettungsmaterials so viel wie möglich entlastet.

Den gesprengten Pfeiler in der ganzen Höhe von 37 m durch eine Holzkonstruktion zu ersetzen, erschien sehr gewagt und es blieb daher ungeachtet der beim Bau der Mosel=Brücke zur Genüge kennen gelernten Schwierigkeit, bei starkem Frost Mauerwerk auszuführen, keine andere Wahl, als wieder zu diesem Mittel zu greifen.

Der mit den vorhandenen Bruchsteinen in Cement gemauerte Pfeiler wurde 13 m hoch und $\frac{7}{8}$ zu 6 m stark aufgeführt.

Die darauf stehenden, bis zur Kämpferhöhe der Gewölbe reichenden, je aus vier starken, beschlagenen Kiefernstämmen gebildeten, am Fußende 4,8 m breiten, sich nach oben auf 3,8 m verjüngenden Böcke waren 15 m hoch und durch kräftige Zangen zu einem festen Ganzen verbunden.

Ueber diese hinweg und die dritte Oeffnung der Mittelgruppe einbeziehend, streckten sich in Kämpferhöhe stark verstrebte Spannbalken.

Zwei in derselben Weise konstruirte, 9 m hohe Böcke bildeten den oberen Theil der Holzkonstruktion, auf der die 1,1 m hohen das Geleis tragenden hölzernen Gitterträger ruhten.

Lange Diagonalzangen, welche mit den Kopfschwellen der unteren und den Fußschwellen der oberen Böcke fest verschraubt wurden, verbanden diese wiederum zu einem festen Ganzen.

Unter der speziellen Leitung von Wiebe und Kräuter waren anfangs außer den requirirten französischen Arbeitern nur 24 badische Pioniere, 27 Zimmerleute, der Meister Hübscher und etwa

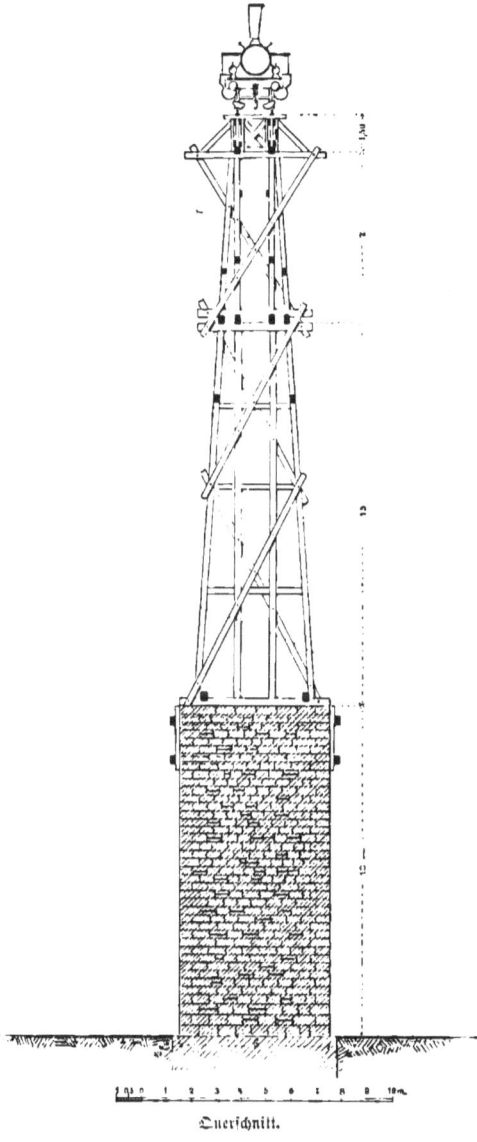

Querschnitt.
Viadukt bei Xertigny.

ebensoviele aus Nancy herangezogene Maurer auf der Baustelle thätig, bis später mehr Arbeitskräfte disponibel wurden.

Die Maurerarbeiten schritten bei den denkbar ungünstigsten Witterungsverhältnissen nur langsam vorwärts. Obwohl das aus den zusammengefrorenen Trümmern des eingestürzten Pfeilers gewonnene Steinmaterial vor der Wiederverwendung erwärmt und der Mörtel mit heißem Wasser bereitet wurde, gefror die Masse den Maurern unter den Fingern, so daß beim Eintritt einer Kälte von 10 bis 14 Grad die Arbeit tagelang ganz eingestellt werden mußte.

Um den Pfeiler gelegte kräftige Holzgürtel mit dazwischen getriebenen zu Keilen verarbeiteten eichenen Eisenbahnschwellen sollten das Herausfrieren einzelner bei der stärksten Kälte gemauerter Schichten verhindern.

Die Verzimmerung der Hölzer geschah auf dem großen Güter= schuppen in Epinal, leider aber auch mit Unterbrechungen, indem die Anfuhr der langen Stämme, welche in den Waldungen bei Plombières gefällt wurden, infolge der zunehmenden Unsicherheit rings um uns herum auf große Schwierigkeiten stieß.

Als dann das Gerüst in der Höhe des fertiggestellten Stein= sockels geschlagen war, von dem aus die Böcke gerichtet werden sollten, mußten wegen des Vordringens der Bourbakischen Armee die Arbeiten am 9. Januar ganz eingestellt und die schon auf der Bau= stelle befindlichen Hölzer rückwärts nach Charmes bezw. Blainville transportirt werden.

Diese Unterbrechung dauerte anderthalb Wochen bis zum 21. Januar und dann trat zwei Tage später eine neue Störung infolge des Abganges der Abtheilung nach Fontenoy bis Anfang Februar ein.

Von hier ab genügten, ungeachtet mancher unerwarteter Schwierigkeiten, drei Wochen bis zur Vollendung des Baues.

Das Richten der Böcke und das Einziehen der Spannbalken war eine halsbrechende Arbeit bei der ungünstigen Witterung.

Der freistehende Pfeiler schwankte, bezw. neigte sich, als die Böcke mittelst einer darauf angebrachten Winde hochgezogen werden sollten, derart, daß es nothwendig wurde ihn mit dem nächststehenden Gruppenpfeiler zu verankern.

Aber wer konnte wissen, was man den stehengebliebenen, anscheinend schon bis zur äußersten Grenze erschütterten Bautheilen noch zumuthen durfte. Ich bin, ehrlich gestanden, das beunruhigende Gefühl, daß die beim Richten der Holzkonstruktion nicht zu vermeidenden Er=

schütterungen vielleicht schon genügten, das Gleichgewicht zu stören und den vollständigen Einsturz des Viaduits herbeizuführen, wodurch Hunderte von Menschenleben gefährdet worden wären, erst losgeworden, nachdem die Verstärkungspfeiler durch Einziehen der Spannbalten in Kämpferhöhe gegeneinander abgestützt waren. Von der Zeit an ließ die unausgesetzt stattfindende, genaue Beobachtung der Gewölberisse eine Bewegung in dem Bauwerke nicht mehr erkennen. Trotzdem erschien es geboten, die Gewölbe möglichst wenig zu belasten. Es wurde deshalb auch kein Bettungsmaterial darauf gebracht, sondern das Gestänge in der ganzen Länge des Viaduits von 142 m auf darüber weggestreckte Längsbalten gelegt, welche von den Pfeilern aus gestützt wurden.

Für die Dauer der Bauzeit, während welcher der Verkehr am Viaduite durch Umsteigen bezw. Umladen vermittelt werden mußte, waren auf beiden Seiten desselben ausgedehnte Rampenanlagen, Perrons und Schuppen erforderlich, welche mittelst eines in bequemen Windungen und Steigungen durch das Thal führenden fahrbaren Weges miteinander verbunden wurden.

Zur Verpflegung der Leute waren dieselben Einrichtungen getroffen, welche sich beim Bau der Mosel=Brücke bewährt hatten.

Die Bauzeit betrug abzüglich der Unterbrechungen zwei Monate.

Als am Tage nach der Eröffnungsfeier der Postzug über den Viadukt fahren sollte, stritten der Postbeamte und das Zugpersonal der Betriebskommission.

Ersterer hatte Furcht und das Zugpersonal keine Instruktion. Der Post gegenüber half weder Zureden noch Befehl. Um der Sache ein Ende zu machen, mußten deren Sachen wahrhaftig ausgeladen, auf Karren wie bisher durchs Thal befördert und auf der anderen Seite wieder eingeladen werden. Nachdem an maßgebender Stelle auf die Lächerlichkeit dieser Weigerung aufmerksam gemacht war, blieben die Beamten und Postsachen bei den folgenden Zügen in den Wagen.

Aber die Betriebskommission weigerte sich, wohl nicht mit Unrecht, ihre Züge durchgehen zu lassen, weil infolge einer mir zur Last fallenden Versäumniß der Meldung höheren Orts noch keine Bestimmung hierüber getroffen war. Da nun ein Betriebswechsel weder am Viaduite noch auf dem Bahnhofe Domevy, wo sich keine Wasserstation befand, möglich war, blieb vorläufig weiter nichts übrig, als den Feldeisenbahn-Betrieb schon in Epinal beginnen zu lassen.

Jetzt wuchs uns aber die Sache über den Kopf.

Die Betriebskommission in Corbeil, welche seit dem 11. Februar Schienenverbindung mit Dijon über die von der 2. Section der Feldeisenbahn-Abtheilung IV wiederhergestellte Bahn Joigny—Tonnerre hatte, übernahm zwar vom 26. Februar ab die Strecke Dijon—Gray, auf der es am schlimmsten aussah, weil dort außer deren Zügen auch solche zweier Feldeisenbahn-Abtheilungen ohne festen Fahrplan verkehrten, in ihre Verwaltung, aber wir behielten immerhin noch zu viel an

den Strecken Epinal—Gray ...... = 156 km,
und Vesoul—Belfort.......... = 62 =
von zusammen ... = 218 km Länge.

Wenn auch auf der letztgenannten Bahnstrecke nur wenige Züge ohne bestimmten Fahrplan verkehrten, so wurde doch die Linie Epinal—Gray derart mit Nachschub von Material und Proviant für das Gebiet der Süd-Armee belastet, daß wir ungeachtet bereitwilliger Hülfe der IV. Feldeisenbahn-Abtheilung die Züge mit unseren sieben Maschinen nicht befördern konnten, zumal sich unter diesen eine wenig leistende leichte Schnellzuglokomotive, eine andere mit nur einseitigem Kolben und eine dritte mit halber Kuppelung befand, „Mängel“, welche momentan nicht beseitigt werden konnten, weil die Maschinen unausgesetzt Dienst thun mußten.

Auch das Beamtenpersonal reichte nicht annähernd aus. Von den 32 Stationen waren nur 4 mit qualifizirten Beamten besetzt; auf den übrigen verrichteten den Dienst Telegraphisten, welche von allen möglichen Regimentern abkommandirt und zum Theil mit dem Betriebsdienste gar nicht bekannt waren.

Als Zugführer und Bremser fungirten die badischen Vorarbeiter und die Bahnbewachung war, abgesehen von dem Patrouillendienste, französischen Beamten anvertraut, welche übrigens mit wenigen Ausnahmen ganz zuverlässig waren.

Der Bahnhof Epinal war bald mit Zügen, welche der Weiterbeförderung harrten, vollgestellt. Alles schrie und leider mit Recht!

Der mir befreundete Armee-Proviantmeister Marschall führte Klage über Klage, und fast täglich gingen dringende Bitten von den Stadtverwaltungen ein um Beförderung von Kohlen und sonstigen

Gegenständen, welche nicht berücksichtigt werden konnten, obwohl dies auch im Interesse der Armee sehr wünschenswerth gewesen wäre.

Endlich erhielten infolge wiederholt gestellter Anträge die Betriebskommissionen in Corbeil und Straßburg Anweisung, wegen Uebernahme des Betriebes mit mir in Verbindung zu treten, und fand dann am 2. März in Dijon eine Konferenz mit Vertretern derselben statt, in welcher vereinbart wurde, daß die Betriebskommission in Straßburg am 10. März den Betrieb auf der Hauptstrecke Epinal—Dijon übernehmen und die Feldeisenbahn-Abtheilung denselben auf der Strecke Besoul—Belfort behalten sollte. Daß die Betriebskommissionen sich so lange wie möglich weigerten, war denselben übrigens auch nicht zu verdenken, weil sie, wenn auch nicht in demselben Maße wie wir, ebenfalls Mangel an Betriebsmitteln und Beamten hatten.

Von dem französischen Fahrmaterial war nämlich nur verhältnißmäßig wenig in unsere Hände gefallen. Nach dem Generalstabswerke sind es bis Ende Januar im Ganzen 50 brauchbare Lokomotiven gewesen. Außer diesen erbeuteten und 75 angekauften liefen zu jener Zeit 280 von den heimathlichen Verwaltungen gestellte Lokomotiven, so daß also für den Betrieb des ausgedehnten okkupirten Bahnnetzes im Feindeslande überhaupt nur 405 Stück zur Verfügung standen.

Nach dem Falle von Paris traten dann noch 200 Stück hinzu, welche uns Frankreich gegen Zahlung einer entsprechenden Miethe überließ.

Es sollen dem heimathlichen Verkehr ferner 30 000 Wagenachsen und 3600 Eisenbahnbeamte entzogen gewesen sein.

Zu dem Generalstabswerke ist gesagt:

„Eine Störung dieser Bahnverbindung (Epinal—Dijon) trat nicht mehr ein, trotzdem die im Lande zerstreuten Freischaren sich nur allmählich dem Waffenstillstande unterwarfen und ihre völlige Unterdrückung noch verschiedentlich die Thätigkeit der deutschen Besatzungstruppen in Anspruch nahm."

So passirte es mir denn auch eines Abends, im Zuge zwischen Xertigny und Aillevillers beschossen zu werden. Ich erwachte infolge heftigen Stoßens und Schwankens des Wagens aus süßem Schlafe. Oberheid fuhr wie toll und antwortete, als ich nach vergeblichem Haltesignalgeben auf dem Trittbrette bis dicht an die Lokomotive gekommen war, auf meine Frage, was denn eigentlich los sei, ganz aufgeregt:

„Wenn geschossen wird, kann ich doch nicht halten!"

25. Februar.

28. Februar.
Präliminar-
Friedensschluß.

28. Februar.
Nach Dijon zur
Konferenz.

Walter blieb mit seinen Leuten noch bis zum 7. März in Xertigny und Wichmann in Aillevillers zurück, um die Schwellen auf dem etwas gesackten Viadukte zu unterklotzen. Die preußischen Pioniere arbeiteten auf den südlich von Vesoul gelegenen Strecken.

Der 26. Februar zeichnete sich neben der erfreulichen Thatsache, daß der Betrieb Gray—Dijon in die Verwaltung der Betriebskommission überging, noch dadurch aus, daß der Präliminarfriede an diesem Tage abgeschlossen und von da ab jeder Offizier und in gleichem Range stehende Beamte 15 Francs Portionszulage pro Tag erhielt, welche Beträge einer den Franzosen auferlegten Kontribution entnommen wurden.

Nachdem die Betriebsangelegenheiten in Vesoul geordnet waren, fuhr ich am 28. Februar nach Dijon, wo am 2. März die schon erwähnte Konferenz wegen Uebergabe des Betriebes stattfinden sollte.

Die Stadt Dijon ist sehr sehenswerth, hat breite, schöne Straßen, große öffentliche Gebäude und sonstige Sehenswürdigkeiten, weshalb sie auch wohl „Klein Paris" genannt wird.

Ich habe alles dies aber nur gestreift und die freie Zeit zur Besichtigung des Gefechtsfeldes verwendet, auf dem nach dreitägigem harten Ringen — wie das Generalstabswerk anführt — die einzige Fahne, welche die deutsche Armee in diesem Kriege verloren hat, unweit der Fabrik, mit Blut getränkt und zerschossen, durch Mannschaften der Brigade Ricciotti Garibaldi unter einem Haufen von Leichen braver 61er aufgefunden wurde.

Bauern, die ich auf dem Felde traf, hatten den Kampf beobachtet und erzählten mir von dem mit heldenmüthiger Tapferkeit geführten Angriffe der 61er auf das durch eine in drei Etagen übereinander mit Schießscharten versehene hohe Mauer umschlossene, gut vertheidigte Fabriketablissement. Noch jetzt konnte man an den massenhaft umherliegenden Patronenhülsen und abgeschossenen Aesten der Chausseepappeln deutlich erkennen, wie der Angriff sprungweise erfolgt und in ganz geringer Entfernung von dem Ziele leider abgewiesen war.

Hier wie überall, wo ich passagere Befestigungen gesehen habe, welche von Garibaldianern ausgeführt waren, fiel die schülerhaft penible Behandlung derselben auf, die soweit ging, daß die Profile der Erdwerke durch sauber behobelte Lattengerüste kenntlich gemacht waren.

Nach Dijon zurückgekehrt fand ich die betrübende Meldung vor, daß der gute Hauptmann Kactelhodt beim Sturze mit dem Pferde in Besoul das Bein gebrochen und infolgedessen Jahr das Kommando der Kompagnie übernommen hatte.

Auch der zur Konferenz erwartete Vertreter der Betriebskommission in Straßburg, Cronau,*) hatte Pech gehabt. Er saß in Besoul fest und bat, um rechtzeitig in Dijon eintreffen zu können, ihm einen Extrazug zu stellen.

„Maschine steht zu Ihrer Verfügung, wünsche angenehme Fahrt", lautete die Antwort.

Er kam aber nicht, sondern stellte sein Erscheinen erst für den folgenden Nachmittag in Aussicht.

Da machte irgend Jemand den Vorschlag, zur Ausfüllung der Zeit eine Spritztour mit unserem Eisenbahnzuge in die herrliche Burgunder Weingegend zu unternehmen. Die einige 20 km lange Strecke nach Nuits sei zwar nicht im Betriebe, aber fahrbar.

<small>2. März. Nach Nuits zur Weinprobe.</small>

Gesagt, gethan!

Der Vertreter der Betriebskommission in Corbeil, der Kollege Junte,**) trant auch gern einen guten Tropfen und ließ sich daher zu der Entdeckungsreise leicht verführen.

Man fährt durch ein flaches Land und erblickt, wohin man schaut, Weinstöcke und immer wieder Weinstöcke. Die ganze Ebene ist ein unbegrenzter Weingarten.

Die Stadt Nuits, bei der die v. Werder'sche Armee am 18. Dezember ein heißes Gefecht gehabt hatte, in welchem der Prinz Wilhelm von Baden die im Vorstehenden erwähnte Verwundung erhielt, besitzt außer einer recht schönen Kirche mit vorzüglichem Stoff gefüllte Weinkeller. Ein sehr gefälliger Intendanturbeamter, bei dem wir uns danach erkundigten, wo der beste Burgunder zu haben sei, lud zu sich ein mit der Versicherung, daß sein Quartiergeber einer der größten Weinbergsbesitzer und Händler in der Stadt sei. Burgunder, wie dieser uns vorsetzte, war noch nicht über unsere Lippen geflossen.

Ein General, der das Versprechen von uns hatte, nach Verlauf von zwei Stunden mit zurückfahren zu können, ließ wiederholt mit dem Hinzufügen hieran erinnern, daß ihm Unannehmlichkeiten erwachsen würden, wenn er die Meldezeit beim General v. Manteuffel, der ihn erwarte, versäume.

Aber wir waren immer noch nicht mit der Weinprobe fertig. Beim Aufbruch wurden vorsichtigerweise einige Versöhnungsflaschen

---

*) Zur Zeit Ober-Regierungsrath in Straßburg.

**) Zur Zeit Ober-Regierungsrath in Straßburg.

mitgenommen, welche auch die beabsichtigte Wirkung hatten, den nicht ohne Grund schlechtgelaunten Herrn wieder in bessere Stimmung zu versetzen.

So trafen wir denn in recht heiterer Weinlaune auf Bahnhof Dijon ein, wo mich der inzwischen ebenfalls angelangte Vertreter aus Straßburg mit dem Bemerken empfing:

„Na hören Sie mal, Herr Vetter, Sie haben da aber einen schönen Betrieb. Zu einem halb zertrümmerten Wagen dritter Güte kümmerlich untergebracht, ist mir fast Hören und Sehen vergangen, als der Lokomotivführer im Stockdunkel, mit annähernd 100 km Geschwindigkeit, auf nicht bewachter, holperiger Strecke los und durch die unbesetzten Bahnhöfe raste.

Als es nach verschiedenen vergeblichen Versuchen endlich gelang, den Kerl durch Pfeifen auf allen zehn Fingern zum Halten zu bewegen, bin ich vorsichtshalber bis Gray auf der Maschine gefahren und dort die Nacht geblieben."

Während wir recht herzlich hierüber lachten, trat der Bahnmeister Bier heran und überreichte mir einen unter den Schienen gefundenen, wohl erhaltenen Torpedo. Da war der Herr Vetter ganz aus dem Häuschen und überzeugt, daß einem solchen Franktireurbetriebe, „wie er sich ausdrückte", freilich sobald wie möglich ein Ende gemacht werden müsse.

Aber acht Tage lang blieb es doch noch beim Alten! Erst vom 10. März ab übernahm die Betriebskommission Straßburg die Bahn in ihre Verwaltung.

Die vorerwähnten, sogenannten Schienentorpedos haben wir einige Mal gefunden und ohne sie näher zu untersuchen ins Wasser geworfen. Der Sprengstoff befand sich in einer etwa 12 cm langen, 2 cm dicken, cylinderförmigen Blechbüchse und der Selbstzünder in einer dünnen Glasröhre. Erstere fand ihren Platz unter dem Fuße der Schiene und der auf Stoß reagierende Zünder auf dem Kopfe derselben. Um die Glasröhre in der richtigen Lage zu erhalten und dem Auge zu entziehen, wurde um den Schienenkopf eine dessen Farbe und Form entsprechende Kappe von dünnem Eisenblech geschoben. Es ist mir kein Fall bekannt, in welchem der mit diesen Torpedos beabsichtigte Zweck erreicht worden wäre. Wie wir hörten, sollen ängstliche Streckenbeamte die Zünder von den Schienenköpfen weggenommen haben, um das Unheil zu verhüten, welches beim Vor=

kommen eines Eisenbahnunfalls die benachbarten Ortschaften getroffen haben würde.

In Vesoul fand sich am folgenden Tage ein Haufen Arbeit vor. Stalweit meldete, daß die Strecke Belfort—Dannemarie fahrbar sei, und Jansen traf mit einer neuen Lokomotive von Straßburg ein, welche uns die Betriebskommission daselbst überlassen hatte.

3. bis 5. März. Nach Vesoul.

Dem guten Hauptmann mit dem Beinbruche ging es leidlich. Wichmann kam von Villevillers zurück und Walter erschien zur Empfangnahme des schon vor Straßburg wohlverdienten Eisernen Kreuzes.

Kauffmann war ganz gerührt wegen eines hübschen Zuges seiner liebenswürdigen Frau Wirthin. Als nämlich am vergangenen Tage, den 2. März, die Ratifikation der Friedenspräliminarien bekannt geworden war, überreichte ihm dieselbe einen herrlichen Strauß von schon im Freien gewachsenen Blumen mit einem zarten Händedrucke und den trügerischen Worten: „Wir sind jetzt Freunde."

In diesen Tagen trafen massenhaft französische Offiziere aus der Gefangenschaft ein und baten, unsere Züge benutzen zu dürfen.

Da kam mir ein guter Gedanke!

Nach der Organisation des Etappenwesens zur Zeit des Krieges vom 2. Mai 1867 war der Chef der Abtheilung bei besonders dringlichen und schwierigen Arbeiten berechtigt, vorübergehende Zulagen, und zwar für den Gemeinen bis zur Höhe von 10 Sgr., für den Unteroffizier bis 15 Sgr. pro Tag zu bewilligen, welche Ausgabe jedoch durch Kontributionsgelder gedeckt werden mußte.

Von obiger Berechtigung hatte ich vielfach Gebrauch gemacht, jedoch verabsäumt, rechtzeitig für die vorgeschriebene Deckung zu sorgen, und als die betreffenden Anträge bei dem Generalkommando gestellt wurden, war der Kontributionsfonds erschöpft.

Zur Vermeidung der umständlichen Schreibereien, welche, wie der Major v. Grolman vom Generalstabe sagte, vermuthlich aus diesem Anlasse bei dem Reichsrechnungshofe entstehen würden, nahm ich die Zuflucht zu einer sehr einfachen Friedenskontribution und beschaffte die fehlende Deckung in der Weise, daß jeder Franzose, welcher den Bahnhof Vesoul betreten wollte, ein 5 Francs-Billet lösen mußte, wofür er soweit fahren konnte wie er wollte.

v. Kietzel beaufsichtigte die Anfertigung und Verausgabung der Billets, für welche sich soviele Abnehmer fanden, daß schon nach wenigen Tagen mehr als der fehlende Geldbetrag vereinnahmt war und die Gesellschaft nun wieder umsonst fahren konnte, bis am 10. März die Betriebskommission einen geordneten Personenverkehr eröffnen ließ.

So ein Feldeisenbahnzug mit Franzosen sah äußerst komisch aus. Da leere Wagen nicht in genügender Zahl eingestellt werden konnten, kletterten die glücklichen Billetinhaber auf beliebige beladene Güterwagen. Ja, auf den Trittbrettern und oben auf den bedeckten Wagen saßen sie herum, und einige Kerle habe ich sogar rittlings auf den Pufferhälsen der Wagen mitfahren sehen.

Das war ein unglaubliches Durcheinanderschreien und Lamentiren, wenn solch ein Zug abging, und das Bild mit all den verschiedenen bunten Uniformen durcheinander ein so lustiges und interessantes, daß man das Auge erst abwendete, wenn dasselbe verschwand.

Merkwürdigerweise ist, soviel ich mich erinnere, kein einziger Unfall bei diesem Durcheinander passirt.

Aber die Hoffnung, daß dies Kontributionsverfahren den Zweck haben würde Weitläufigkeiten zu beseitigen, ging später doch nicht in Erfüllung.

Der Reichsrechnungshof verlangte zunächst den Nachweis, daß die Abtheilung von dem Generalkommando dazu ermächtigt gewesen sei. Der wurde zwar beigebracht, aber dann entstanden wieder Schwierigkeiten wegen der Buchung der Ueberschüsse, die, um sie los zu werden, schließlich in Form von Gratifikationen an die bei der Rechnungslegung betheiligt gewesenen Beamten vertheilt wurden.

5. März. Am 5. März fuhr ich mit Walter nach Xertigny, wo am Viadukt noch einige Verstärkungen der Horizontalverstrebungen angebracht werden mußten.

Es war dies die letzte Arbeit, welche die Zimmergesellen des Meisters Hübscher mit den badischen Pionieren ausführten. Dieselben hatten stets brav gearbeitet und kehrten nun, mit Dankesworten belohnt, noch 27 Mann hoch, in ihre Heimath zurück.

7. März. Prinz Wilhelm von Baden kehrt zurück. In Vesoul eben wieder angelangt, erhielt ich die freudige Nachricht, daß der Prinz Wilhelm von Baden geheilt nach der Armee zurückkehre und mit Extrazug von Epinal nach Dôle befördert zu werden wünsche.

Eisigkalt war das Wetter und trübe die Zeit, als ich den Verwundeten heimwärts begleitete; bei heiterem Himmel und nach ruhmvoll erkämpftem Frieden holte ich den glücklich Genesenen jetzt mit Kauffmann von Epinal ab.

Bei unserer Ankunft befand sich der Prinz mit dem Obersten v. Schmieden und seinem Arzte schon auf dem Bahnhofe. Die Wunde war brillant geheilt, das schöne Gesicht glücklicherweise nicht entstellt, und in der strammen militärischen Figur sowie Haltung glich er wieder ganz unserem Kronprinzen. Der hohe Herr gab der Freude darüber Ausdruck, daß es ihm vergönnt sei, seine Brigade im Feindeslande noch einmal wiederzusehen, die er während der Ehrentage in den Kämpfen an der Lisaine leider nicht habe befehligen können. Bei einem einfachen aus seinem Korbe gereichten Gabelfrühstück und einem vorzüglichen Tropfen, den wir aus einem, mir wegen des fein eingeschliffenen Wappens in Erinnerung gebliebenen hübschen Glase mit ihm tranken, verstrich rasch die Fahrzeit bis Xertigny. Der Viaduct interessirte den Prinzen sehr, zumal als er vernahm, daß fast ausschließlich badische Pioniere und Zimmerleute denselben wieder hergestellt hatten.

Unsere Fahrt endete in Gray, wo der Prinz seine bereits auf dem Marsche dahin befindliche Brigade erwarten wollte.

Die Benutzung einer ihm vom General v. Tresckow auf dem Bahnhofe zur Verfügung gestellten Equipage lehnte er mit den Worten „zu viel Güte" dankend ab, um mit uns zur Stadt hineinzugehen.

Nachdem uns dann noch die Ehre zu Theil geworden war, abends den Thee beim Prinzen einzunehmen, wurde der schöne Tag im Hotel de Lyon, wo ich mit Kauffmann und Janson wieder zusammentraf, recht fidel beschlossen.

Am folgenden Morgen traten wir die Weiterfahrt nach Dôle *8. März.* mit etwas schweren Köpfen an. Ich hatte Auftrag, den General von dort abzuholen, und Janson sollte die erbeuteten Betriebsmittel übernehmen. Ungeachtet vorhergegangener genauer Verständigung mit der Station Dijon wegen des Fahrplans war ich nach den bisherigen Erfahrungen mißtrauisch in diesem Bahnbereiche und fuhr deshalb auf der Locomotive. Die Vorsicht stellte sich als sehr angebracht heraus, denn — siehe da — hinter La Marche kam uns vor der Abzweigungskurve nach Richtung Dôle ein Zug der Feldeisenbahn-Abtheilung IV entgegen, mit dem wir bei geringerer Aufmerksamkeit voraussichtlich zusammengestoßen wären.

Der Kommandant von Auxonne hatte seit einigen Tagen die nach Dôle führende Bahn freigegeben, jedoch durften die Züge nicht in Auxonne halten, auch erst 3 km davon entfernt Wasser nehmen und nur zwischen morgens 6 und abends 6 Uhr den Bahnhof passiren.

Ich war natürlich neugierig, welchen Weg ich seiner Zeit mit verbundenen Augen zurückgelegt hatte, und ließ, um gründlich Umschau halten zu können, so langsam fahren, daß man glauben konnte, es sollte gehalten werden. Da erhoben die längs der Bahn stehenden Posten sowie die auf dem nahegelegenen Exerzirplatze und Walle in großer Zahl herumbummelnden Rothhosen ein heilloses Geschrei: „tout de suite, tout de suite!"

Als dies an der Sache nichts änderte und wir keine Miene dabei verzogen, wurden die Kerle schließlich so wüthend, daß sie die Zungen und einige sogar in Gegenwart ihrer Offiziere den hinteren Körpertheil aus der Hose herausstreckten.

Kurz vor Dôle lag am Ende des Tunnels bei Sampans ein verunglückter Zug im Graben, der freundlicherweise unser Geleis noch so eben frei ließ. Die beiden in der Richtung nach Dôle stehenden Lokomotiven befanden sich, tief in den Boden eingewühlt, außerhalb des Tunnels. Als wir langsam an denselben vorbeifuhren, wollte Oberheid gehört haben, wie mein Name gerufen wurde, und als wir Halt machten, meldete sich ein von der mir unterstellten Nordhausen—Erfurter Eisenbahn nach Frankreich abkommandirter Lokomotivführer nebst seinem Heizer.

Derselbe hatte den ersten Zug mit Ersatzmannschaften von Dijon nach Dôle fahren sollen, indeß nicht bemerkt, daß die Schienen aufgerissen waren, und erzählte nun, der Truppenkommandeur sei mit der Mannschaft, welche, von einigen Beulen und Quetschungen abgesehen, noch gut weggekommen war, abmarschirt, während er in der Hoffnung, bald Hülfe zu bekommen, pflichtgetreu bei seiner Lokomotive geblieben wäre.

Der arme ausgehungerte Teufel war nicht wenig froh, jetzt erlöst zu werden.

Dôle machte einen höchst traurigen Eindruck. Die Pockenepidemie hatte bedenklich zugenommen und der Weg nach dem Kirchhofe war stark frequentirt. Das ewige Glockengeläute bei dem einförmigen Gesange der den Särgen folgenden Priester und Chorknaben ist mir noch lebhaft in unangenehmer Erinnerung.

Kein Wunder daher, daß der General sein Hauptquartier so rasch wie möglich nach Vesoul zu verlegen beabsichtigte. Es sollte schon nachmittags gefahren werden. Da die Telegraphenleitung jedoch unterbrochen und nicht festzustellen war, ob die Bahn frei sei, wurde die Abfahrt auf den nächsten Tag verschoben, infolgedessen ich noch die Ehre hatte, vom General zum Diner eingeladen zu werden.

Morgens um 7½ Uhr erschien der General mit den Herren seines Stabes auf dem Bahnhofe und dann „adieu, trauriges Nest!" Von dem entgleisten Zuge lag nur noch eine Lokomotive im Graben. Auf dem Bahnhofe Anzonne wiederholten sich die Vorstellungen der rothhosigen französischen Schauspielergesellschaft, welche dem General jedoch so widerlich waren, daß er zum Fenster hinaus winkte, damit rascher gefahren werden sollte.

9. März. Mit dem General nach Vesoul.

In Vellexon kreuzten wir mit dem Sanitätszuge des Prinzen Karl von Baden. Dieser in aufopfernder Weise für Kranke und Verwundete sorgende hohe Samariter hatte den Zug manchmal unter recht ungünstigen äußeren Verhältnissen begleitet und im hohen Maße den Dank der Vogesen-Armee hierfür verdient. Denselben auszusprechen, war jetzt die Absicht des Generals, aber der Prinz befand sich diesmal leider nicht im Zuge.

Bei unserer Ankunft in Vesoul hatte ich die große Freude, die lieben 67er, unser altes Nordhauser Regiment, mit klingendem Spiel vorbeimarschiren zu sehen und die Bekannten, wenn auch nur flüchtig, begrüßen zu können. Mein Wagen, den ich sofort hinterherschickte, brachte leider nur Freund Sachse*) als Gast zurück. Ich bewirthete ihn mit anderen Freunden in dem mit hochfeinen Plüschfauteuils ausgestatteten Salon des an die Luft gesetzten Bahnhofsinspektors und führte den Gästen die besten Sorten des eben aus Nuits eingetroffenen Burgunders vor. Dieser edle Stoff hatte die eigenthümliche Wirkung, daß, als ich bei Tagesanbruch erwachte, die ganze Gesellschaft in den Fauteuils schnarchte und Keiner wußte, wer zuerst eingeschlafen war.

Den armen Sachse plagte ein noch nie dagewesener Moralischer, weil er sein Regiment vor dessen Ausmarsche um nicht mehr erreichen konnte. Er wurde, mit einem Tönnchen Heringe beschenkt, auf der Lokomotive in der Richtung nach Belfort hinterhergefahren.

---

*) Zur Zeit Major a. D.

Der Lokomotivführer erzählte später, daß sie das Regiment in der Nähe von Rouchamp auf der ziemlich weit von der Bahn abgelegenen Chaussee entdeckt hätten. Er habe den Lieutenant um den Weg dahin quer über Gräben und Hecken zwar bedauert, aber doch lachen müssen, wie sorgsam derselbe bei allen Sprüngen das Heringstönnchen fest unterm Arme gehalten habe.

Der Burgunder fand übrigens so viele Liebhaber, daß bei Eingang der Rechnung, wonach die Flasche 5 bis 10 Francs kostete, nur wenige mehr vorhanden waren. Schade, daß wir die nicht auch noch ausgetrunken haben, sie wären dann nicht im Koffer entzwei gegangen, worin der edle Stoff die schon mehr als nöthig gefärbte Wäsche überflüssigerweise ganz ruinirte.

An demselben Morgen traf der leicht erkrankte Chef des Generalstabes der Manteuffelschen Armee, Oberst v. Wartensleben, in Vesoul ein, der mich in Dijon etwas von oben herab behandelt hatte, und ließ mich um Weiterbeförderung nach der Heimath ersuchen.

Das wäre eine günstige Gelegenheit gewesen, Revanche zu nehmen. Ich brauchte nur zu sagen: „Die Feldeisenbahn-Abtheilung hat von heute ab mit dem Betriebe auf der Bahn nach Epinal nichts mehr zu thun; wenden Sie sich gefälligst an die Betriebskommission in Straßburg", und der stolze Herr Oberst hätte in der Tinte gesessen. Der bessere Mensch behielt aber die Oberhand. Wenn ich ihm die kleine Demüthigung auch nicht ersparte, daß er sich zu mir bemühen mußte, so beeilte ich mich doch sofort, dem Wunsche des wegen seiner hervorragenden soldatischen Leistungen hochachtbaren Mannes zu entsprechen, und ließ ihn weiter befördern.

Mittags war ich glücklich, der Exekutivkommission telegraphiren zu können: „Feldeisenbahn-Abtheilung hat heute Betrieb Epinal—Gray nebst den dabei beschäftigten Beamten an Betriebskommission Straßburg abgegeben."

Nun kamen langweilige Tage. Von einigen hübschen Spritztouren abgesehen wurde die Zeit mit lauter Kleinigkeiten, unerquicklichen Rechnungssachen und Zurückweisungen unverschämter Ansprüche der heimkehrenden höheren französischen Eisenbahnbeamten vertrödelt, die sich einbildeten, Alles bezahlt zu bekommen, was in ihrem Bahnbereiche genommen und anderswo verwendet war. Wagen und Pferde, welche wenig benutzt waren, seitdem man überall mit der Bahn hingelangen konnte, wurden wieder hervorgeholt und Kunstreiterei mit dem Diable rouge getrieben, wobei Einer nach dem

Andern Malheur hatte und ich auch einmal herunterrutschte, als sich's darum handelte, im Trabe aus dem Herrensitz in den der Damen zu wechseln.

Der gute Hauptmann wurde in einen Sanitätszug getragen und fuhr nach der Heimath ab. Das Bein ist nicht wieder in Ordnung gekommen, hat aber später noch Anlaß zu vielen Schreibereien wegen der Frage gegeben, ob die Verunglückung im Dienste passirt sei.

Auch Klein ging es wieder schlecht. Er benutzte denselben Zug nach der Heimath und starb daselbst bald darauf.

Der General litt an Pusteln, die an unbequemer, den Sitz behindernder Stelle saßen, und war schlecht gelaunt. „Ich habe es satt im Feindeslande ohne Krieg und wünschte, wir wären daheim" sagte er eines Tages zu mir.

Als ich mir dann erlaubte, ihm mehr Bewegung und zu dem Zwecke eine Fahrt mit unserem Zuge nach Belfort zu empfehlen, war er nicht abgeneigt und sprach: „Wollen Leszczynski fragen, ob der mit will, ich bin nun einmal so gewohnt, in Uebereinstimmung mit ihm zu handeln."

Die Sache machte sich!

Morgens 8 Uhr stand der Zug bereit, die Pferde wurden ver= *Mit dem General nach Belfort.* laden und fort ging's nach Belfort, wo ich, da die Herren noch nicht dort gewesen waren, die Führung übernahm und an sehr interessanten Unterhaltungen über die Belagerung theilnahm.

Wie reichlich die feindlichen Geschosse an einzelnen Stellen eingeschlagen waren, konnte man jetzt an den aus zusammengesuchten Sprengstücken gebildeten Kegeln ersehen, welche an Zahl und Größe den Heuhaufen in einer Wiese bei guter Ernte gleich kamen.

„Können Sie uns in derselben Weise morgen nach Nancy befördern?" fragte der General, als ich abends nach unserer Rückkehr bei ihm zu Tische saß, „oder muß man mit dem gewöhnlichen Bummelzuge fahren?"

Wenn auch nicht mehr Herr auf der Bahn, sagte ich zu, setzte Abfahrt= wie Ankunftszeit fest, und der General ließ dann einige Herren vom Generalstabe sowie verschiedene seiner Generäle, welche den Wunsch hegten, den Kaiser auf der Durchfahrt in Nancy zu sehen, einladen, sich 8 Uhr früh auf dem Bahnhofe einzufinden.

12. März. Mit dem General nach Nancy. Kaiserempfang.

Mein Fahrplan kollidirte nach Mittheilung der Betriebskommission in Nancy leider mit dem bereits für einen Sanitätszug des Prinzen Karl von Baden festgesetzten. Wenn die Abfahrtszeit und die Zuggeschwindigkeit beibehalten wurden, kamen wir dreiviertel Stunden zu früh nach Xertigny, wo die Kreuzung mit jenem Zuge stattfinden sollte. Erstere ließ sich ohne unangenehme Störung der vom General schon getroffenen Dispositionen nicht verlegen, und eine Verlangsamung der Fahrgeschwindigkeit scheute ich wegen des vermuthlich schlechten Eindrucks, den diese Aenderung gemacht haben würde.

Es wurde deshalb eine Kriegslist ersonnen und telegraphisch das Ersuchen an die mir bekannten Bahnhofskommandanten gerichtet, bei Ankunft des Zuges einen Tisch mit Bier vor dem Coupé des Generals aufstellen zu lassen.

Der Zugführer Bier bekam den Auftrag, beim Oeffnen der Wagenthüren „Bierstation X, Y)" zu rufen.

In Port sur Saône geschah dies zuerst. Der General hatte es überhört; aber der dem Perron zunächst sitzende General v. Hartmann bemerkte den Tisch und meinte, es sei zwar noch etwas früh zum Biertrinken, aber wenn die Zeit es erlaube, müsse die Aufmerksamkeit doch belohnt werden.

„Ganz nach Belieben", lautete die Antwort, „wir sind nicht an die Zeit gebunden und kommen schlimmstenfalls entsprechend später, als ich versprochen habe, in Nancy an." Nach 10 Minuten Aufenthalt fuhren wir weiter.

In Port d'Atellier wiederholte sich der Vorfall. Jetzt aber hatte der General verstanden und sprach zu Bier gewendet: „Daß es Wasserstationen giebt, ist mir zwar bekannt, aber wie kommen Sie dazu, „Bierstation" zu rufen?"

„Ist mir befohlen Excellenz, die Maschine nimmt zwar Wasser, aber für die Herren steht Bier hier", war die Antwort.

Schallendes Gelächter erfolgte dann, als der Zugführer die Frage „Wie heißen Sie?" mit „Bier, Excellenz" beantwortete.

Es wurden hier wieder 10 Minuten gewonnen und dann noch einmal in Lure.

Nachdem ich bescheiden darauf aufmerksam gemacht hatte, daß wir nun bald den Viadukt passiren würden, dessen Wiederherstellung Excellenz seiner Zeit in 14 Tagen für möglich gehalten habe, lachte der General und sprach: „Nun gut, wir wollen ihn einmal ansehen."

Als dann der Zug mitten auf der Holzkonstruktion hielt und der General aus der geöffneten Wagenthür direkt in eine Tiefe von 37 m frei hinabsah, meinte er: „Ich bin zwar ziemlich schwindelfrei, möchte mir aber das Bauwerk doch lieber vom Lande ansehen." Wir stiegen aus, und der Zug drückte nach dem Bahnhofe zurück, um den Sanitätszug, welcher nun fahrplanmäßig von Epinal abging, vorbei zu lassen.

Während der Baubesichtigung wurde der von Xertigny mitgenommene Tisch, auf dem jedoch statt Bier, welches der Bahnhofskommandant nicht hatte beschaffen können, Sekt und allerlei Konfekt stand, rasch aus dem Packwagen geholt und ein Sitzplatz um denselben herum arrangirt.

Der General schien anfangs zu glauben, daß die vorsorgliche Hand seines Faktotums hierbei im Spiele sei, und bat Platz zu nehmen. Erst nachdem ihm von diesem etwas zugeflüstert war, ergriff er sein Glas und sprach: „Meine Herren, Sie sind gewiß mit mir überrascht, nach den Bierstationen hier sogar eine Sektstation der Feldeisenbahn-Abtheilung kennen zu lernen. Unsere Bewunderung gilt aber in höherem Maße dem eben besichtigten Bauwerke. Indem ich Alles zurücknehme, was ich einmal in Bezug auf die zur Fertigstellung erforderliche Zeit gesagt haben soll, ersuche ich Sie, angesichts dieses stolzen Baues Ihre Gläser zu erheben und auf das Wohl aller derjenigen zu trinken, welche bei dessen Ausführung thätig gewesen sind."

Dann reichte er zur Bekräftigung dieser Worte den Betreffenden die Hand und meinte, als jetzt der erwartete Sanitätszug den Viadukt passirte: „Es war doch doppelt gut, daß wir hier ausgestiegen sind. Sonst hätten wir am Ende noch mit dem Prinzen tarambolirt."

Es that mir sehr leid, daß zwei der Hauptbetheiligten, Walter und Kräuter, an diesem herrlichen Morgen nicht zugegen waren. Sie kamen uns aber bei ihrer Rückkehr aus Toul, von wo sie Photographien geholt hatten, auf dem Bahnhofe Epinal noch in den Wurf und wurden nachträglich vom General belobt.

Wir trafen mit recht heiterer Laune in Nancy ein und fanden daselbst, trotz der kolossalen Vollheit, noch ein recht gutes Unterkommen.

13. März. Als ich am folgenden Morgen dem Generalgouverneur v. Bonin und unserem General die Aufwartung machte, war überall sehr gedrückte Stimmung.

„Hätten wir den Kaiser doch erst wieder in der Heimath" flüsterte man sich zu, befürchtend, daß ihm unterwegs noch ein Leid angethan werden könnte.

In Nancy waren an diesem Freudentage alle Fenster und Jalousien geschlossen. Außer deutschem Militär sah man kaum einen Menschen auf der Straße.

Es wurde Abend bis der Kaiser kam. Alle Straßen waren stockdunkel.

Eine zahlreich versammelte Generalität empfing ihn auf dem hübsch dekorirten und am Ausgange mit einem Ehrenbogen geschmückten Bahnhofe. Ich hatte Auftrag, dem General v. Moltke die Photographien unserer Bauwerke zu überreichen, und durfte mich daher beim Empfange betheiligen.

Mit vielen Anderen sind mir beim Erblicken des Kaisers und seiner Paladine vor Rührung und Freude die Thränen in die Augen getreten, und das Herz schlug mir hoch, als derselbe auf unseren geliebten General zuschritt, um ihm erst dankend die Hand zu reichen und ihn dann zu umarmen.

Von v. Moltke erhielt ich bei Ueberreichung der Mappe mit den Photographien unserer Bauwerke einen durch freundliche Dankesworte begleiteten deutschen Händedruck. Es war eine eigene Empfindung, mit diesem großen Manne zum ersten Male in persönliche Berührung zu kommen. Als ich demselben fünf Jahre später „als designirter Vorsitzender der Betriebsabtheilung der Militäreisenbahn-Direktion II für den Fall des Krieges" im Generalstabsgebäude meine Aufwartung machte, überraschte es mich aufs Höchste, daß derselbe sich jener Begegnung in Nancy noch erinnerte und mich erkannte. „Wir sind den Herren vom Civil", sagte er, „sehr dankbar, daß sie uns im Kriegsfalle wieder helfen wollen, denn auch bei der Neuorganisation können wir Sie nicht entbehren."

14. März. Am folgenden Tage war es zunächst Herzensbedürfniß, den General v. Werder zu dem warmen Empfange durch den Kaiser zu beglückwünschen. Er strahlte ordentlich vor Freude, und man erkannte an seinen lieben Gesichtszügen, welche Genugthuung ihm zu Theil geworden war.

Dann ging es zur großen Parade auf dem herrlichen Stanislausplatz, wo alle Welt, „die hinter den Jalousien versteckten Franzosen eingeschlossen", den greisen Heldenkaiser bewunderte.

Der französische Schriftsteller, Professor Lacroix, schildert diesen Eindruck mit folgenden treffenden Worten: „Le roi Guillaume est un grand et fort vieillard, large des reins et des épaules, le teint animé, la figure pleine, les joues rebondies, portant de belles moustaches blanches, avec toutes les apparences d'un homme à qui l'âge n'a encore rien enlevé de sa force. Il a parcouru les rangs de ses soldats qui étaient en tenue mais sans armes, et qui se tenaient droits, immobiles, la main au bonnet, pendant que le roi passait devant eux. Quant à lui, il s'arrêtait de temps en temps pour adresser familièrement la parole à quelques-uns d'entre eux, leur abaissant la main pendant qu'il leur parlait, et leur donnant une petite tape amicale sur la joue en les quittant. Cette simplicité, cette bonhomie indiquent assez en quels bons termes le roi est avec ses sujets."

Der General v. Werder gab im Hotel de Paris ein feines Diner.

Wenn ich mich recht erinnere, so waren außer dem Generalstabschef v. Leszczynski, dem Major v. Grolman und meiner Wenigkeit die Generale v. d. Goltz, v. Hartmann, v. Tresckow, v. Degenfeld, v. Kettler, v. Fransecky, Hann v. Weyhern und v. Glümer mit einigen Generalstabschefs anwesend.

Es war eine für mich hochinteressante vertrauliche Unterhaltung, welche diese Herren führten, die sich nach den unter v. Werders Führung erlebten großen Ereignissen hier zum ersten Male wieder zusammenfanden. Von verschiedenen derselben erhielt ich als Andenken an unsere gemeinschaftliche Fahrt ihre Photographien geschenkt, die in meinem Kriegsalbum aufbewahrt werden.

Der General v. Glümer, welcher ein großes Kunstinteresse bekundete, lud mich nach dem Diner zu einer Rundfahrt durch die schöne Stadt ein, deren interessante Bauten wir besichtigten. Dieselbe endete auf dem Bahnhofe, wo jetzt großer Empfang des Kronprinzen Friedrich stattfand, welcher unseren General ebenfalls besonders auszeichnete.

Den folgenden Morgen 7 Uhr fuhr der Kaiser weiter, und bald darauf wurde auch unser Extrazug abgelassen, den die meisten

15. März.
Nach Besoul.

der vorgenannten Herren zur Rückfahrt benutzten. Nach einem kurzen Aufenthalte in Epinal, wo bei dem Präfekten Bitter gefrühstückt wurde, trafen wir nachmittags wohlbehalten in Besoul ein.

Am folgenden Tage schlug rasch sowohl die gehobene Stimmung wie das Kaiserwetter um. Es schneite und der Generalstab rüstete sich zur Abfahrt nach der Heimath, während wir ungeduldig dem Befehle hierzu noch entgegensahen.

Bei dem Abschiedsessen, welches der General am Abend vor seiner den 17. März stattfindenden Abreise gab, sagte er: „Ueber Sie ist noch keine Bestimmung getroffen. Sie müssen das Weitere hier abwarten. Auf Wiedersehen in Straßburg, wo ich noch einige Zeit bleiben werde."

Als wir an einem der folgenden Tage von Xertigny zurückkehrten, wo wir ein Gruppenbild hatten aufnehmen lassen, machten sich übermüthige Franzosen noch einmal den Scherz, unseren Zug in der Nähe von Port zur Saône im Dunkeln ohne Erfolg anzuschießen.

Originell war in diesen Tagen das Treiben auf dem Exerzirplatze. Die Truppen übten daselbst zum ersten Male seit langer Zeit wieder mit preußischem Eifer den Paradermarsch und schmissen die Beine, wie wenn sie den massenhaft herumstehenden, erstaunten Franzosen in die Visagen hätten fliegen sollen.

20. März. Am 20. März machte folgende Depesche dem langweiligen Aufenthalte in Besoul ein Ende:

„General v. Werder!

Feldeisenbahn=Abtheilung V ist nach Mobilmachungsort zurück zu dirigiren. Zum Betriebsdienst der Kommission Straßburg abgegebene Beamte bleiben vorläufig in dieser Verwendung.

v. Moltke."

Nun war die Freude, in die Heimath zurückzukehren, groß.

Das Verladen ging mit einer Hast, wie wenn der Feind hinter uns gewesen wäre. Dichter= und Malerhände schrieben und zeichneten nette komische Sachen an die Wagen des Zuges. Sämmtliche wiederhergestellte Bauwerke paradirten dort in Kreidezeichnungen.

An dem Pisang mit der Zipfelmütze und dem Ochsentreiber Janson, wie er mit der langen Peitsche auf jenen drischt, hatten auch die neugierig herumstehenden Franzosen ihren Spaß.

Die französische Ostbahngesellschaft übernahm am 22. März den Betrieb Vesoul—Belfort, und nachdem dies letzte Geschäft erledigt war, schlug auch für uns die Stunde der Erlösung. Rasch wurde noch ein Gesamtbild der Abtheilung aufgenommen und dann dampften wir, seelenvergnügt nun wieder in die schöne Heimath zurückzukommen, nach Straßburg ab. 22. März. Nach Straßburg.

Es war Kaisers Geburtstag und großer Jubel auf allen Stationen. Mit nicht unberechtigtem Stolze warfen wir, wenn der Zug über unsere Holzbrücken sauste, noch einen letzten Blick zu den= selben hinunter, darüber nachdenkend, wie die Franzosen wohl den definitiven Zustand wieder herstellen würden. Dies Interesse führte mich drei Jahre später in die Vogesen zurück. Umsehen habe ich mich aber nicht können, weil ich in Vesoul wiedererkannt und so schlecht behandelt wurde, daß ich es zur Vermeidung ernstlicher Thätlich= keiten vorzog, ruhig in der Ecke des Eisenbahncoupés sitzend, die Gegend unverrichteter Sache zu durchfahren.

Als der Feldeisenbahnzug in Straßburg eintraf, war es schon so spät am Abend, daß wir vorzogen zu guter Letzt noch einmal im Wagen zu übernachten.

Die Abgabe der Pferde und des übrig gebliebenen Materials sowie die Erledigung anderer dienstlicher Angelegenheiten mit dem Generalkommando nahm daselbst zwei Tage in Anspruch.

Obwohl das requirirte Material schon in Vesoul und überall, wo sich sonst Gelegenheit dazu geboten hatte, an die französischen Ingenieure zurückgegeben war, befand sich in unserem Zuge noch eine ansehnliche Zahl von Wagen, die mit derartigen wie auch aus Kriegsfonds beschafften Baumaterialien und Werkzeugen aller Art beladen waren.

Dieselben wurden mit „Material der Feldeisenbahn=Abtheilung V" beschrieben und der Betriebskommission überwiesen, welche die Gegenstände später für Rechnung der Militärbehörde versteigert hat.

Recht schwer wurde mir die Trennung von meiner braven arabischen Schimmelstute, die mir ganz vorzügliche Dienste geleistet hatte. Bei hochelegantem Figur, mit langem bis fast auf die Erde reichenden Schweife, feurigen Augen und elastischem Bau hatte der Gaul ein so flottes, sicheres Gangwerk, daß er im Galopp hinter den Husaren nicht zurückblieb und über die Bahnhofsgeleise hinweg trabte, ohne auch nur eine Schiene mit den Hufen zu berühren.

Ich habe oft von in der Nähe Stehenden die Bemerkung gehört, „der Schimmel hätte Kunstreiterpferd werden müssen", wenn sie ihn mit dem nicht sehr vorschriftsmäßigen, etwas bunten französischen Sattel und Zaumzeug auf einem ganz schmalen, schräg gegen den Packwagen gelegten Brette von dem niedrigen Personenperron aus einklettern sahen.

Das Pferd war, wie schon erwähnt ist, von dem bei Plombières ansässigen pensionirten französischen General „de Mirbeck" requirirt, Jagdpferd seiner Tochter und ein Geschenk vom Kaiser Napoleon. Kein Wunder daher, daß der General den Gaul gern zurückhaben wollte.

Statt aber ordnungsmäßig vorstellig zu werden, in welchem Falle ich den Wunsch der Gräfin gern erfüllt haben würde, wenn mir ein anderes brauchbares Pferd gestellt worden wäre, schickte der General seinen Stallmeister mit dem Auftrage hinter uns her, den Schimmel gelegentlich auszuführen.

Dieser Schlauberger hatte aber das Malheur, unseren aufmerksamen Trainsoldaten in die Finger zu fallen, und verschwand nach Verabreichung einiger Denkzettel „auf Nimmerwiedersehen".

Nach Abschluß des Waffenstillstandes trat der General in blauem Frack mit goldenen Knöpfen, heller Binde und unförmlich großen Vatermördern in Besoul selbst bei mir an. Er beanspruchte in ganz unverschämter Weise die Herausgabe des, wie er sich ausdrückte, „gestohlenen Pferdes".

Ich befleißigte mich der größten Ruhe gegenüber seiner unmotivirten Aufregung, versuchte ihm klar zu machen, daß nicht meine Wenigkeit, sondern das Generalkommando des XIV. Armeekorps über das ordnungsmäßig requirirte Pferd zu verfügen hätte, und versprach dem alten Herrn sogar ihm zur Wiedererlangung desselben nach Kräften behülflich sein zu wollen, obwohl ich bisher beabsichtigt hatte, den Gaul gegen Zahlung der Taxe zu behalten. Als alle Bemühungen, dem General einen Begriff von dem geordneten Geschäftsgange in unserer Armee beizubringen, erfolglos blieben und die Schimpferei nicht aufhörte, riß mir schließlich die Geduld und entledigte ich mich des Unverschämten mittelst einer durch die Worte „Monsieur, s'il vous plait!" begleiteten leichten Handbewegung nach der Thür.

Wegen dieses Auftrittes habe ich mich einige Monate nach dem Kriege noch verantworten müssen.

Der General erhielt nämlich das Pferd nicht zurück und führte in einem Privatbriefe vom 21. März Beschwerde bei Bismarck, den er, nach dem Inhalte zu schließen, als Gesandter in Paris kennen gelernt hatte. Mit einer strammen Randverfügung von des Fürsten Hand versehen war dies Schreiben schon bei allen möglichen Kommandostellen herumgelaufen, bis endlich Anfang Mai irgend Jemand in dem schon bedenklich angeschwollenen Aktenfascikel darauf aufmerksam gemacht hatte, daß der Chef der Feldeisenbahn-Abtheilung V ein Pferd geritten habe, auf welches das beigefügte National passe.

„Ich will Ihnen nur wünschen, daß Alles in Ordnung ist", sagte eines Tages der Ministerialdirektor Weishaupt, als er mir vorläufige Mittheilung von dem Inhalte des unterwegs befindlichen Schreibens machte.

Man mußte über die Unverschämtheit und den Mangel an Wahrheitsliebe staunen, mit der dieser französische General die Sache darstellte. Daß er den Empfang des vom Korpskommando ausgestellten Requisitionsscheines bescheinigt hatte und von mir darauf aufmerksam gemacht worden war, welchen Weg er einzuschlagen habe, um das Pferd zurückzubekommen, davon stand kein Wort in dem Briefe; aber daß ich dasselbe gestohlen und ihn zur Thür hinausgeworfen hätte, wurde mit lügenhaften Phrasen geschildert. Ich war in der glücklichen Lage, die Abschrift des Requisitionsscheines, sowie die Originalbescheinigung über die in Straßburg ordnungsmäßig erfolgte Abgabe an das Pferdedepot einreichen zu können, und schloß meinen Rechtfertigungsbericht, wenn ich mich recht erinnere, mit dem Bemerken, daß mir ein unverschämterer, gebildeter Franzose als dieser General im Feindeslande nicht begegnet sei. Ich habe später nichts mehr von dieser Sache gehört und weiß daher auch nicht, ob man noch weitere Recherchen nach dem Pferde angestellt hat.

Rührend war der Abschied von dem General und den liebenswürdigen Herren seines Stabes. Die herablassende Freundlichkeit, mit der er in warmen Worten seiner Zufriedenheit mit unseren Leistungen sowie der Hoffnung Ausdruck gab, daß wir uns in diesem Leben, und wenn es sein sollte im Kriege, noch einmal wiedersehen möchten, hat einen nie zu verwischenden tiefen Eindruck bei mir hinterlassen.

Eine sichtbare Anerkennung bestand in der für mich beantragten Verleihung des Großherzoglich Badischen Ritterkreuzes erster Klasse mit Schwertern, des Ordens vom Zähringer Löwen.

Der Wunsch, den General noch einmal wieder zu sehen, ging einige Jahre später in Sondershausen in Erfüllung, wo derselbe einen Kriegskameraden besuchte.

Der General war ein großer Musikfreund und lauschte gerade den Tönen einer Orchesterprobe, als ich ihn begrüßte. „Herr Gott", sagte er, „es fällt mir jetzt erst wieder ein, daß Sie hier in der Nähe stationirt sind." Er ließ seine Lieblingssinfonie im Stiche und begab sich mit mir in den herrlichen Park, wo manche Kriegs=erinnerungen aufgefrischt wurden. Ich hatte meine Herzensfreude an der anscheinend geistigen und körperlichen Frische des alten schneidigen Feldherrn, der ohne zu bemerken, daß wir von allen Fenstern aus beobachtet wurden, manchmal minutenlang in lebhafter Unterhaltung stehen blieb und mit seinem Stocke erklärende Figuren auf den Erd=boden kritzelte.

Den folgenden Tag begleitete ich ihn nach Erfurt. An der Coupéthür stand der Bahnmeister Bier als Zugführer. Der General fixirte denselben sofort und lachte laut, als er auf die Frage: „Wie heißen Sie, ich habe Sie doch auch schon irgendwo gesehen?" die Antwort erhielt „Bier, Excellenz. Wir waren in Frankreich zusammen."

Er erinnerte sich mit Humor der Fahrt von Besoul nach Nancy und meinte dann: „Ja, ja! das waren doch schöne Zeiten, jetzt ist es mit Ihren Bierstationen auch wohl nichts mehr."

Unterwegs schlug diese Stimmung leider in eine hypochon=drische um.

„Die Stellung als kommandirender General in Karlsruhe" sagte er, „legt mir Verpflichtungen, zumal auch in gesellschaftlicher Beziehung auf, denen mein Körper nicht mehr gewachsen ist; die Nerven sind zerrüttet und es plagen mich rheumatische Schmerzen. Hätte ich Leszczynski nicht noch, so wäre ich schon gegangen."

Am 12. September 1875 feierte der General sein fünfzigjähriges Dienstjubiläum, bei welcher Gelegenheit ihn der Kaiser durch Ver=leihung des „Schwarzen Adler=Ordens" auszeichnete.

Ich befand mich selbstverständlich unter den Gratulanten.

Das nachstehende liebenswürdige Danksagungsschreiben ist das letzte directe Lebenszeichen, welches ich von meinem hohen Gönner erhalten habe.

Der General v. Werder starb am 12. September 1887.

Friede seiner Asche!

Verehrter Herr Direktor

Herzlichen Dank für Ihre freundlichen Glückwünsche zu meinem [illegible] [illegible] und der Hoffnung, daß Ihre Verletzung, die ich bedauert habe, ganz beseitigt ist und Sie sich in bekannter Jugendfrische wiederum bewegen, zeichne ich mich in alter [illegible] Ihren dankbaren treuen Kameraden

v. Moltke

20/9 75

25. März.
Nach Karlsruhe.

An einem wunderbar schönen Frühlingsmorgen, mit tiefblauem Himmel und strahlendem Sonnenschein fuhren wir beim Klange der Sonntagsglocken, gehoben durch das Bewußtsein, bald wieder den alten guten deutschen Boden unter den Füßen zu haben, am 25. März auf einem mit Tischen und Stühlen besetzten, offenen Eisenbahnwagen mit unserem Zuge frühmorgens von Straßburg ab.

Nachdem die Grenze überschritten war und die so lange entbehrte „deutsche Traube", die doch schließlich über alle feinen französischen Weine den Sieg davonträgt, gewirkt hatte, wurde die Stimmung bei dem warmen herzlichen Empfange auf allen badischen Stationen derart ausgelassen, daß in Achern mit den aus der Kirche kommenden schmucken Bauermädeln zuerst auf dem Perron und dann auf dem offenen Wagen bei Harmonikabegleitung flott getanzt und die kleine fidele Gesellschaft bis zur nächsten Station mitgenommen wurde.

25. bis 30. März.

Vom 25. bis 30. März blieben wir zum Zweck der Auflösung der Abtheilung in Karlsruhe, wo mir überall, zumal auch bei den Prinzen Wilhelm und Karl von Baden, ein äußerst freundlicher Empfang zu Theil wurde.

30. März.
Nach Berlin.

Jahr und Kauffmann fuhren mit ihrer Kompagnie schon am 28. März nach Berlin.

Ich folgte mit Walter und Janson, die bei der Rechnungslegung behülflich sein sollten, am 30. desselben Monats.

Wir wurden im Victoria-Hotel einquartiert und haben dann noch drei fidele Wochen in Spree-Athen zusammen verlebt, wo es damals etwas toll herging.

Wir alle danken Gott, daß wir diese große Zeit erlebt haben und gesund an Leib wie Seele in das liebe Vaterland zurückgekehrt sind.

Möge stets im Auge behalten werden, daß das französische geflügelte Wort:

„Ils n'ont rien appris, ni rien oublié"

auf die Franzosen selbst am besten paßt.

Anlagen.

Anlage I.

Feldeisenbahn-Abtheilung V.

Epinal, den 29. October 1870.

An
die Executivkommission
in
Versailles.

Zufolge einer vom General v. Moltke am 16. d. Mts. an den Generallieutenant v. Werder gerichteten, am 19. d. Mts. in meine Hände gelangten Depesche, sind die Arbeiten zur Fahrbarmachung der Linie Blainville—Epinal sofort in Angriff genommen.

Die Bahn war zunächst durch Sprengung der Brücke bei Bayon von 18 m Weite und 13 m Höhe unterbrochen, woselbst eine hölzerne Jochbrücke hergestellt wurde. Auf dem halben Wege zwischen Bayon und Charmes versperrten zwei ineinandergefahrene Lokomotiven das Geleis.

Es sind beide Hindernisse inzwischen beseitigt, die Geleise auf Bahnhof Charmes hergestellt und der Betrieb auf der Strecke Blainville—Charmes ist seitens der Feldeisenbahn-Abtheilung eröffnet. Dem Gouvernement sowie der Betriebskommission in Straßburg ist die erforderliche Anzeige gemacht. Die zweite Unterbrechung befindet sich etwa 4 km hinter Charmes, woselbst die 128,5 m lange, gewölbte Mosel-Brücke vollständig gesprengt ist. Zum Zweck der Herstellung derselben wurden, da sämmtliche Zimmerleute dieser Gegend auf Befehl des Gouvernements zum Bau der Straßenbrücke bei Bayon requirirt sind, 50 Zimmerleute aus Karlsruhe und 28 Maurer aus Nancy beordert; die Brücke wird in der auf beifolgender Skizze angedeuteten Konstruktionsweise hergestellt. Da die Pfeiler sämmtlich unter dem Wasserspiegel der Mosel umgekippt sind, ihre Aufmauerung daher ohne große Schwierigkeiten und Zeitaufwand nicht ermöglicht werden kann, bleibt nichts Anderes übrig, als die Holzkonstruktion*) auf die umgestürzten Mauerklötze zu setzen und die

---

*) An Stelle der Holzkonstruktion ist Mauerwerk getreten.

verhältnißmäßig weiten Oeffnungen mit Fachwerkträgern zu überspannen. Die Herstellung von Zwischenpfeilern bietet zumal deswegen große Schwierigkeiten, weil das Einrammen von Pfählen wegen der Gewölbetrümmer und des steinigen Untergrundes nach den stattgehabten Versuchen fast unmöglich ist. Wenngleich feststeht, daß diese umgestürzten Pfeiler seit der Sprengung, das ist etwa 18 Wochen, ihre Lage nicht verändert und Unterwaschungen nicht stattgefunden haben, dürfte damit doch nicht jedes Bedenken geschwunden sein, daß dieselben kein vollständig sicheres Fundament bieten; doch wird man erst, wenn das jetzt eingetretene Hochwasser, bei welchem die Trümmer und die hergestellte Laufbrücke zum Theil überfluthet werden, verlaufen ist, ein bestimmtes Urtheil gewinnen können.

Die Hölzer zur Herstellung der in Arbeit begriffenen Fachwerkträger sind in Form von Schwellen größtentheils hier vorhanden. Die Beschaffung der Gurtungshölzer bietet bis zu diesem Augenblick noch große Schwierigkeiten, weil Requisitionen bei dem Mangel an militärischen Bedeckungsmannschaften sowie der Unsicherheit sämmtlicher Straßen, sehr schwierig sind und bereits die beiden Ingenieure Gockel und Spitzmüller, welche zum Zweck der Verladung von Holz und Eisen nach Remiremont geschickt waren, daselbst aufgehoben sind.

Aus vorgenannten Gründen läßt sich nicht mit Gewißheit übersehen, ob in der dem General v. Werder vorläufig angegebenen Zeit es möglich sein wird, das Bauwerk herzustellen, und bitte ich die Exekutivkommission ganz gehorsamst, Bestimmung darüber treffen zu wollen, ob die Arbeiten in der bezeichneten Weise fortgeführt werden sollen. Hinter Epinal sind in der Bahn nach Vesoul noch zwei große Viadukte gesprengt, zu deren Herstellung ich bis zu diesem Augenblick keinen Befehl erhalten habe.

Krohn,
Chef der Feldeisenbahn-Abtheilung V.

Anlage II.

Feldeisenbahn-Abtheilung des
XIV. Armeekorps.

Charmes, 2. November 1870.

An
das Generalkommando des
XIV. Armeekorps.

Dem Generalkommando beehre ich mich beiliegend ganz gehorsamst Abschrift des unter dem 27. v. Mts. an die Exekutivkommission gerichteten Berichtes über die Thätigkeit der Feldeisenbahn-Abtheilung zu übersenden.

Der Wasserstand der Mosel ist inzwischen noch wesentlich gestiegen, und da die Nothbrücken zum größten Theile fortgerissen sind, hat der Bau in den letzten Tagen nur wenig gefördert werden können. Dem Bestreben, die Arbeiten zu forciren, haben sich auch noch andere Hindernisse in den Weg gestellt.

Zunächst beehre ich mich darauf hinzuweisen, daß die der Feldeisenbahn zur Disposition stehenden Hülfskräfte zur Ausführung der übertragenen Arbeiten nicht ausreichen, die Heranziehung anderweitiger Unterstützung aber bisher aus dem Grunde unmöglich gewesen ist, weil diese in Ermangelung eines General-Etappeninspekteurs auf dem Wege, welchen das Reglement vorschreibt, nicht beschafft werden konnte und die Requisition von Arbeitskräften wie Materialien von den betreffenden Präfekturen direkt abgelehnt wurde, da alle Kräfte des hiesigen Gouvernements bereits übermäßig in Anspruch genommen seien.

In diesem Falle schreibt das Reglement über die Organisation des Etappenwesens im Kriege vom 2. Mai 1867 vor, daß die zu bestreitenden Ausgaben durch Kontributionen ersetzt werden sollen; aber auch diese werden von dem Gouvernement für unausführbar gehalten.

Die Feldeisenbahn-Abtheilung hat daher bei der Beschaffung der nothwendigsten Materialien die größten Schwierigkeiten gehabt und ist erst seit gestern durch einen von der Präfektur in Epinal erhaltenen Vorschuß von 12 000 Francs in die Lage versetzt, ihren Verbindlichkeiten nachkommen zu können.

Nachdem nun inzwischen der fernere Befehl ertheilt ist, auch die weiteren Bauten auf der Linie zwischen Epinal und Vesoul in Angriff zu nehmen, und das Generalgouvernement mir auf einen bezüglichen Antrag, ob selbiges die Mittel für Ausführung der bezüglichen Bauten beschaffen wird, keine Auskunft ertheilt hat, bitte ich das Generalkommando ganz gehorsamst, die für diesen Zweck erforderlichen Mittel im Betrage von zunächst 100 000 bis 120 000 Francs der Feldeisenbahn=Abtheilung geneigtest zur Verfügung stellen zu wollen.

Der Viadukt hinter Epinal wie der bei Xertigny ist sofort in Angriff genommen. Da zur Beaufsichtigung dieser weit voneinander entfernt gelegenen Baustellen, nach Gefangennahme der Ingenieure Gockel und Spitzmüller, das überwiesene Personal nicht genügt, habe ich unter Vorbehalt der Genehmigung des Generalkommandos die zum Pionierdetachement der Feldeisenbahn=Abtheilung kommandirten badischen Kriegsfreiwilligen Kräuter und Ruoff als Ingenieure resp. Bauführer im Sinne des Reglements vom 2. Mai 1867 eingereiht und bitte um hochgeneigte Bestätigung.

Ferner habe ich zur Förderung der Arbeiten die Exekutivkommission um Ueberlassung einer leichten Lokomotive gebeten, welche, nachdem sie per Achse von Charmes bis Romecy befördert sein wird, den Dienst auf jener Seite übernehmen soll.*) Bezüglich definitiver Inbetriebnahme der Strecke Blainville—Charmes, auf welcher die Transporte aller Art bisher seitens der Feldeisenbahn=Abtheilung bewirkt wurden, habe ich, nachdem der Bahnhof Charmes mit genügender Geleislage versehen ist, entsprechende Anträge an das Gouvernement und die Betriebskommission in Straßburg gerichtet; da auf dieselben jedoch bis heute kein Bescheid ertheilt wurde und die Feldeisenbahn=Abtheilung außer Stande ist, ihre Kräfte durch Wahrnehmung des Betriebsdienstes zu zersplittern, habe ich den betreffenden Verwaltungen mitgetheilt, daß derartige Transporte durch die Feldeisenbahn=Abtheilung hinfort nicht mehr bewirkt werden können, und nehme an, daß daraufhin der Betrieb anders geregelt werden wird.

Ferner berichte ich gehorsamst, daß das Pionierdetachement bei dem unausgesetzten schlechten Wetter bezüglich des Schuhwerkes völlig

---

*) Die Lokomotive wurde nicht überwiesen.

abgerissen und mit wärmenden Unterkleidern momentan sehr ungenügend ausgestattet ist. Der Premierlieutenant Walter richtet daher wiederholt die gehorsamste Bitte an das Generalkommando, im Interesse der Mannschaft geneigtest Anordnungen treffen zu wollen.

Bezüglich der beiden gefangenen Ingenieure beehre ich mich gehorsamst zu berichten, daß der Generalgouverneur, General v. Bonin, mir auf Ansuchen die Zusage ertheilt hat, die nach Nancy geführten Geiseln nicht früher entlassen zu wollen, bis die Auslieferung der Gefangenen, welche sich in Belfort befinden sollen, erfolgt sei.

Die Beläge über die bisher verausgabten Gelder im Betrage von .... sind von Seiten der Kassenkommission an die Generalintendantur übersandt, und bitte ich, mit Rücksicht darauf, daß der der Feldeisenbahn überwiesene Zahlmeister mit den betreffenden Geschäften durchaus nicht betraut war, eine sofortige Revision derselben geneigtest anordnen und die etwaigen Monita mir thunlichst bald zugehen lassen zu wollen.

Schließlich bemerke ich gehorsamst, daß der der Feldeisenbahn überwiesene Baumeister Ruttkowsky krankheitshalber den Dienst verlassen mußte, und der Bauführer Krüger sich augenblicklich noch im Lazareth bei Metz befindet.

gez. Krohn.

Anlage III.

Feldeisenbahn-Abtheilung Nr. V.

Charmes, den 2. Dezember 1870.

An
die Exekutivkommission
in
Versailles.

Im Anschluß an den unterm 28. Oktober cr. erstatteten Bericht über den Stand der hiesigen Bauten, welchem ich Mitte vorigen Monats einen zweiten folgen ließ, der jedoch nicht an die Adresse gelangt zu sein scheint, berichte ich Folgendes ganz gehorsamst.

1. Mosel-Brücke bei Charmes. Nachdem auf den umgestürzten Pfeilern der Mosel-Brücke bereits mit den Maurerarbeiten begonnen war, gelang es durch Aufräumen des Flußbettes den Stau zu beseitigen, nach Eintritt des niedrigen Wasserstandes die alten Fundamente frei zu machen und große Hausteine darauf zu versetzen, so daß nunmehr die inzwischen vollendete Aufmauerung der Pfeiler, in Höhe von 4 m, als vollständig solid betrachtet werden kann. Die Arbeiten wurden übrigens durch zweimal eingetretenes Hochwasser, welches einen großen Theil der Laufbrücken fortnahm, wesentlich gestört. Damit die Maurerarbeiten ihren Fortgang nehmen konnten, sind während der Zeit, in welcher der hohe Wasserstand die Gewinnung der Brückensteine aus dem Flußbett unmöglich machte, die Brüstungsmauern der sonstigen Bauwerke auf der Strecke abgebrochen und die Materialien mit Eisenbahnwaggons an die Baustelle gebracht. Die Zimmerarbeiten nahmen einen so raschen Fortgang, daß ich die Hoffnung hegte, das Werk bis zum 6. d. M. vollenden zu können; das inzwischen eingetretene Frost- und Schneewetter behindert jedoch das Aufstellen der drei letzten Gitterträger in dem Maße, daß vor Ende dieser Woche auf den Abschluß der Arbeit nicht zu rechnen ist.

Ungeachtet der größten Vorsicht und solid hergestellter Rüstungen kommt es täglich vor, daß Zimmerleute und Pioniere in die Mosel stürzen und mit den bereitgehaltenen Booten wieder aufgegangen werden. Bisher hat nur einer derselben einen Beinbruch und ein anderer eine starke Quetschung davongetragen. Der Stand der Arbeit ist aus der beigefügten Handskizze zu ersehen.

Nachdem am 2. v. Mts. der Befehl ertheilt war, auch die weitere Strecke von Epinal bis Vesoul wieder herzustellen, wurde zunächst der Viadukt bei Epinal in Angriff genommen. Die Sprengung des 20 m hohen Mittelpfeilers war nicht vollständig gelungen, da die eine Mine versagt hatte. Die stehengebliebene Hälfte der beiden anschließenden, 15 m weiten Gewölbe und der Rest des Pfeilers waren jedoch derartig beschädigt, daß das Geleis nicht darauf verlegt werden konnte. Es wurde daher vorgezogen, den Rest durch eine neue Sprengung zu beseitigen, welche vollkommen gelungen ist. Beide Oeffnungen sind mit den in Metz vorgefundenen hölzernen Gitterträgern überspannt, welche auf zwei solid konstruirten hölzernen Böcken ruhen. Das Bauwerk ist inzwischen vollendet und hinter demselben zur Abzweigung nach Remiremont eine Weiche eingelegt. *2. Viadukt bei Epinal.*

Die Sprengung des Viadukts bei Xertigny ist in derselben Weise ausgeführt wie die bei Epinal. Ursprünglich war nur der hohe Mittelpfeiler und die umliegenden Gewölbe eingestürzt. Das dritte Gewölbe ist erst später nachgefallen und deuten die bei a und b entstandenen Risse darauf hin, daß die stärkeren Pfeiler c und d dem Seitenschube resp. der Spannung der Gewölbe nicht vollständig Widerstand geleistet haben. Eine Erweiterung dieser Risse hat nicht stattgefunden. Es wird beabsichtigt resp. ist kräftig damit begonnen, den Mittelpfeiler 13 m hoch wieder aufzumauern und in der Höhe der Kämpfer starke Spannbalken einzuziehen, um demnächst die Oeffnungen mit hölzernen Gitterträgern zu überspannen. Die hierzu erforderlichen langen Hölzer werden in der Gegend von Plombières geschlagen und in Epinal verzimmert. *3. Viadukt bei Xertigny.*

Da die Heranschaffung jedoch mit großen Schwierigkeiten verbunden ist, kann bezüglich der Vollendung der Arbeit augenblicklich noch kein Termin angegeben werden.

Die 60 m lange Brücke bei Aillevillers (zwei gewölbte Oeffnungen) ist vollständig gesprengt. Dreißig laufende Meter werden mit Gitterträgern überspannt, 15 m an jedem Ende mit starken Balken, welche durch hölzerne, auf Mauerwerk gesetzte Böcke unterstützt werden. Die Pfeiler sind fertig gemauert und mit Aufstellen der Böcke ist begonnen. Die Gitterträger sind an Ort und Stelle, so daß die Brücke in 14 Tagen vollendet sein kann. *4. Brücke bei Aillevillers.*

In Ermangelung einer vollständigen Zeichnung, welche sich an Ort und Stelle befindet, bitte ich die Uebersendung des ursprünglichen Projekts mit flüchtiger Abänderung zu entschuldigen.

Auf der weiteren Strecke bis Besoul befinden sich nur kleinere Zerstörungen, so daß mit Ausschluß der Strecke zwischen den Haltestellen Dounoux und Xertigny die ganze Bahn in etwa 14 Tagen bis Bellexon, wo sich die nächste gesprengte Brücke befindet, befahren werden kann. Zwischen dort und Gray ist nur noch ein Bauwerk bei Savoneux zerstört.

Da der Herr General v. Werder großes Gewicht darauf legt, die Eisenbahnverbindung so weit wie möglich, wenn auch mit Unterbrechungen, zu bekommen, ist folgendes Arrangement beabsichtigt.

Nach Herstellung der Mosel-Brücke bei Charmes, also etwa in acht Tagen, soll der Betrieb bis Dounoux, und auf der Zweigbahn nach Remiremont eröffnet werden. Die Haltestelle Dounoux wird zu diesem Zwecke als Endstation entsprechend erweitert, und sind vorläufig einige Hundert Ruthen neue Geleise nebst den zugehörigen Weichen, Rampen u. s. w. in Ausführung begriffen. Da sich südlich von Xertigny nur wenige Wagen und keine Maschinen befinden, müssen die fehlenden Betriebsmittel per Achse von Dounoux nach Xertigny geschafft werden, zu welchem Zwecke die Ueberweisung der entsprechenden Wagen beantragt wurde.

Die Bahn kann dann bis Bellexon befahren werden. Ueber die Zerstörungen bei diesem Orte und Savoyeux habe ich Näheres noch nicht in Erfahrung bringen können.

Die Zusammensetzung der Feldeisenbahn-Abtheilung betreffend, theile ich gehorsamst mit, daß vor einigen Tagen die Eisenbahn-Kompagnie aus Berlin in Stärke von 150 Mann eingetroffen ist.

Bis dahin standen mir, außer dem auf beiliegendem Verzeichniß aufgeführten technischen Personal, welches erst am 24. November entsprechend verstärkt wurde, nur 50 Pioniere des XIV. Armeekorps zur Verfügung.

Nachdem die Abtheilung nunmehr vollzählig ist, erscheint der Eintritt des Bauführers Krüger nicht mehr erforderlich, und bitte ich, demselben entsprechende Mittheilung nach Ems „Panorama"-Lazareth, wo derselbe sich noch als Rekonvaleszent befindet, zugehen zu lassen.

gez. Krohn.

Anlage IV.

V. Feldeisenbahn-Abtheilung.

Charmes, 8. Dezember 1870.

An
das Generalkommando des
XIV. Armeekorps.

Dem Generalkommando übersende ich beiliegend gehorsamst Abschrift des unterm 2. d. Mts. an die Exekutivkommission gerichteten Berichts über die Thätigkeit der V. Feldeisenbahn-Abtheilung.

Inzwischen sind die Gitterträger der Mosel-Brücke ungeachtet des schlechten Wetters fertig montirt und nur noch auf drei Oeffnungen die Schwellen und Schienen zu legen, welche Arbeit am Dienstag vollendet sein wird.

Der Umfang der in ungefähr sechs Wochen und der schlechtesten Jahreszeit aufgeführten, wiederholt durch Hochwasser unterbrochenen Arbeiten dürfte aus gehorsamst beigefügter Skizze zu ersehen sein und danach beurtheilt werden können, daß die diesseitigen Arbeiten mit Energie betrieben wurden. Wegen Eröffnung des Betriebes bis Epinal habe ich die erforderlichen Anträge rechtzeitig gestellt und werde, falls die Betriebskommission zu Nancy denselben nicht sofort übernehmen sollte, Sorge dafür tragen, daß die Transporte mit den Maschinen der Feldeisenbahn-Abtheilung bewirkt und bis Donneux weitergeführt werden.

Die Arbeiten zum Zweck der Erweiterung dieses Bahnhofes sind durch Frost und Schnee in der letzten Zeit sehr gestört worden. Die Entladung der Züge kann dessenungeachtet daselbst sofort bewirkt werden. Zum Zweck der Ueberführung der Maschinen und Wagen von Donneux nach Xertigny, wo der Viadukt noch geraume Zeit eine Unterbrechung der Linie bilden wird, habe ich schon vor Wochen die Ueberweisung eines entsprechenden Wagens bei der Exekutivkommission beantragt, denselben aber bis heute noch nicht erhalten, weil diese Fuhrwerke zum Theil vor Paris noch nicht entbehrlich geworden oder durch die längere Verwendung unbrauchbar geworden sind. Ich habe daher gestern einen Ingenieur nach Karlsruhe geschickt, welcher hoffentlich schon übermorgen mit einem der Maschinenbau-Gesellschaft daselbst gehörigen Wagen hier eintreffen wird, und soll dann mit dem Transport sofort begonnen werden.

Für Beurtheilung der Zahl der zu überführenden Wagen und Maschinen würde mir eine ungefähre Angabe des Umfangs der zu erwartenden Transporte sehr erwünscht sein, wie auch eine Angabe darüber, ob sich auf den hinter St. Loup gelegenen Stationen, welche ich wegen Mangels an Zeit noch nicht erreicht habe, irgendwelche Betriebsmittel befinden.

Die Brücke bei Aillevillers, wovon Skizze gehorsamst beigefügt ist, wird rechtzeitig vollendet und würde schon fertig sein, wenn der Transport der langen Gitterträger und Hölzer nicht mit so großen Schwierigkeiten verbunden wäre.

Die Eröffnung des Betriebes bis Vesoul bezw. weiter hängt daher augenblicklich nur noch von der Ueberführung der Betriebsmittel ab.

Die Mittel zur Ausführung der Bauten hat die Präfektur Epinal bisher in Höhe von 52 000 Francs vorschußweise zur Verfügung gestellt, und bitte ich Entscheidung darüber treffen zu wollen, ob und in welcher Weise dieselben durch Kontributionen wieder ersetzt werden sollen, wie das Reglement betreffend die Organisation des Etappenwesens vorschreibt, wobei ich wiederholt darauf aufmerksam zu machen mir erlaube, daß die Feldeisenbahn-Abtheilung in Ermangelung eines General-Etappeninspekteurs nicht überall nach dem Wortlaute jener Bestimmungen verfahren kann.

Schließlich zeige ich gehorsamst an, daß die Eisenbahn-Kompagnie inzwischen von Berlin hier eingetroffen ist und die Mannschaften sich auf den Baustellen Charmes, Epinal, Doumoux, Xertigny und Aillevillers vertheilt befinden.

Der Kompagnieführer, Hauptmann Kaetelhodt, ist vorläufig in Epinal stationirt, wohin ich morgen auch übersiedeln werde.

Das Pionierdetachement des Premierlieutenants Walter bitte ich gehorsamst bis auf Weiteres hier noch belassen zu wollen, weil dasselbe zweckmäßig verwendet wird und sehr tüchtige Arbeitskräfte enthält.

gez. Krohn.

Anlage V.

Betrifft die Rechnungslegung.

Die Rechnungslegung machte sehr viele Umstände.

Obwohl in den reglementarischen Vorschriften ausdrücklich gesagt war, daß die Einrichtung des Kassenwesens, hinsichtlich der zu technischen Zwecken bestimmten Betriebsfonds der Abtheilung, nur im Allgemeinen den in der Militärverwaltung geltenden Grundsätzen zu entsprechen braucht, und daß auf die in Betracht kommenden, besonderen Verhältnisse sachgemäße Rücksicht zu nehmen sei, wurde dennoch von der Centralabtheilung des Kriegsministeriums, wie aus dem hier folgenden Abschnitte eines an dasselbe gerichteten Berichts zu ersehen ist, mit der größten Penibilität verfahren.

Bericht
betreffend die Rechnungslegung der
Feldeisenbahn-Abtheilung V.

Berlin, 15. Mai 1871.

. . . . ꝛc. ꝛc.

Die Anlegung eines besonderen Abrechnungsbuches mit soviel Titeln, wie die Abtheilung Bauten ausgeführt hat, halte ich aus dem Grunde für überflüssig, weil diese Arbeit keinenfalls dahin führt, über die Kosten der einzelnen Bauten auch nur ein annähernd klares Bild zu bekommen.

Abgesehen davon, daß weder die bei den Bauausführungen beschäftigt gewesenen requirirten französischen Arbeiter noch die requirirten Fuhrwerke und Materialien von der Abtheilung bezahlt wurden, ist auch der Nachweis über die Verwendung der käuflich erworbenen Gegenstände in der gewünschten Weise nicht möglich. Obgleich ich im Anfange streng darauf gehalten habe, daß die bezüglichen Nachweise geführt werden sollten, so wurde doch durch besondere Umstände die Ausführung unmöglich. Die Abtheilung war nämlich dreimal genöthigt, mit allen Materialien ganz plötzlich, und ohne die Bestände an den einzelnen Baustellen vorher feststellen zu können, aufzubrechen. Das Verladen auf Arbeitszüge und andere Fuhrwerke mußte sogar nachts und nicht ohne Gefahr zweimal beim Vorrücken der Bourbakischen Armee und ein anderes Mal bei der Abkommandirung zum Brückenbau bei Fontenoy bewirkt werden. Es war daher ganz unmöglich, den Verbrauch an den einzelnen Baustellen zu ermitteln. Erst nachdem die Arbeiten abgeschlossen und die Materialien von den einzelnen Baustellen aufgesammelt waren, ist der Bestand festgestellt. Die von der Direktion der Verkehrsanstalten geliehenen Geräthe und Werkzeuge wurden zurückerstattet und die übrigen Materialien sind durch Vermittelung dieser Behörde in Karlsruhe öffentlich versteigert worden.

Außerdem befinden sich noch bei der Betriebskommission in Straßburg die auf beiliegendem Verzeichnisse aufgeführten Bauhölzer und Träger, welche am zweckmäßigsten dort veräußert werden dürften.

Die Abrechnung mit der Direktion der Verkehrsanstalten zu Karlsruhe ist in diesem Augenblicke noch nicht abgeschlossen.

Was schließlich die nach Ansicht des Zahlmeisters noch auszuführenden Arbeiten zum Zweck vorschriftsmäßiger Rechnungslegung betrifft, so erlaube ich mir den gehorsamsten Antrag zu stellen, dieselben geneigtest irgend einem selbständigen Beamten übertragen zu wollen, weil die Verpflichtungen, welche ich als Direktor der Nordhausen—Erfurter Eisenbahngesellschaft dieser gegenüber habe, mir eine verantwortliche Kontrole nicht mehr ermöglichen, zumal ich den Nachweis führen kann, daß ich stets bemüht gewesen bin, allen Vorschriften zu entsprechen und die Schwierigkeiten, welche die Rechnungslegung jetzt verursacht, mir nicht zur Last gelegt werden können.

Die Feldeisenbahn-Abtheilung Nr. V wurde bekanntlich in Straßburg vom XIV. Armeekorps gebildet.

An Stelle der Pionier-Kompagnie erhielt ich ein schwaches Detachement unter dem Kommando des großherzoglich badischen Premierlieutenants Walter. Da dieser keine besondere Kasse hatte, mußten die Ausgaben für die Pioniere aus den sächlichen Fonds der Abtheilung mitbestritten werden. Da dies Verfahren den reglementarischen Bestimmungen nicht entsprach und ich schon damals fürchtete, auf Schwierigkeiten bei der Abrechnung zu stoßen, machte ich der Feldintendantur des XIV. Armeekorps bei Einreichung der Beläge vom Monat Oktober in einem Schreiben vom 15. November entsprechende Vorschläge mit der Bitte um weitere Bestimmung und beantragte gleichzeitig die Ablösung des mir überwiesenen, vollständig unfähigen badischen Rechnungsbeamten ...., welche auch erfolgte, nachdem derselbe die schriftliche Erklärung abgegeben hatte, daß er die Geschäfte weder verstehe noch erlernen könne.

Schon etwas früher richtete ich mit Schreiben vom 2. November die Bitte an das Generalkommando des XIV. Armeekorps, mit Rücksicht darauf, daß ich keinen zuverlässigen sachkundigen Zahlmeister hätte, die sofortige Revision der eingehenden Rechnungen geneigtest anordnen und mir etwaige Monita wie bezügliche Vorschriften thunlichst bald zugehen lassen zu wollen. In demselben Berichte habe ich ferner angezeigt, daß betreffs der Beschaffung von Arbeitskräften und Materialien nicht nach dem Wortlaute des „Reglements über Organisation des Etappenwesens zur Zeit des Krieges vom 2. Mai 1870" verfahren werden könne, weil die Requisitionsanträge von den betreffenden Präfekturen abgelehnt wurden, da angeblich alle Kräfte des Gouvernements Nancy schon übermäßig in Anspruch genommen seien und deshalb auch die Ausgaben nicht durch Kontributionen ersetzt werden könnten.

Unterm 8. Dezember 1870 habe ich das Generalkommando wiederholt darauf aufmerksam gemacht, daß die Feldeisenbahn-Abtheilung Nr. V nicht überall in der Lage sei, korrekt nach dem Wortlaute der betreffenden Bestimmungen zu verfahren.

Ferner habe ich bei Einreichung weiterer Beläge die Feldintendantur im Schreiben vom 26. Januar wiederholt dringend um eine Aeußerung gebeten, ob die Aufstellung der Rechnungen gutgeheißen würde, und Anzeige davon gemacht, daß auch nach Eintreffen der Garde-Pionier-Kompagnie das badische Detachement aus den mir zur Verfügung gestellten sächlichen Fonds unterhalten werden mußte, weil jene nur die im Kriegsverpflegungs-Etat vorgesehenen Ausgaben leisten wolle.

Ferner machte ich fortgesetzt darauf aufmerksam, daß der neue Rechnungsbeamte ebensowenig wie der frühere zu gebrauchen sei, und gab schon im Dezember 1870 eine Depesche an den Hauptmann v. Friedeburg im Generalstabe des XIV. Armeekorps, daß .... dumm, ohne Geschäftskenntniß und dabei impertinent, seine Abberufung daher durchaus erforderlich sei.

Da meine Zeit durch anderweite Geschäfte schon übermäßig in Anspruch genommen war, konnte ich mich persönlich nicht um die Details der Rechnungsführung bekümmern und hoffe daher, daß das königliche Kriegsministerium mir keinen Vorwurf daraus machen wird, wenn die Abwickelung der Rechnungslegung auf mancherlei Schwierigkeiten stößt, welche bei ordnungsmäßiger Führung der Geschäfte vermieden worden wären.

gez. Krohn,
Chef der Feldeisenbahn-Abtheilung V.

Meinem Antrage wurde durch Uebertragung der Arbeiten an einen Zahlmeister entsprochen, so daß ich nur die Unterschriften zu leisten hatte.

Dieser fleißige Mann hat dann noch 12 Monate gebraucht, um die Rechnung in die verlangte Form zu bringen. Im August 1872 konnte erst das Konto bei der General-Kriegskasse mit 13 Vorschüssen im Betrage von 137 040 Mark, welche verschiedene Feldintendanturen, das Generalgouvernement in Nancy und die Präfekturen in Besoul und Epinal geleistet hatten, aufgelöst werden.

Der Abschluß des Kontos „Erlös aus Eisenbahn-Fahrbillets" gelang sogar erst im September 1872 und die Kriegskorrespondenzen haben noch bis ins Jahr 1873 hinein gedauert.

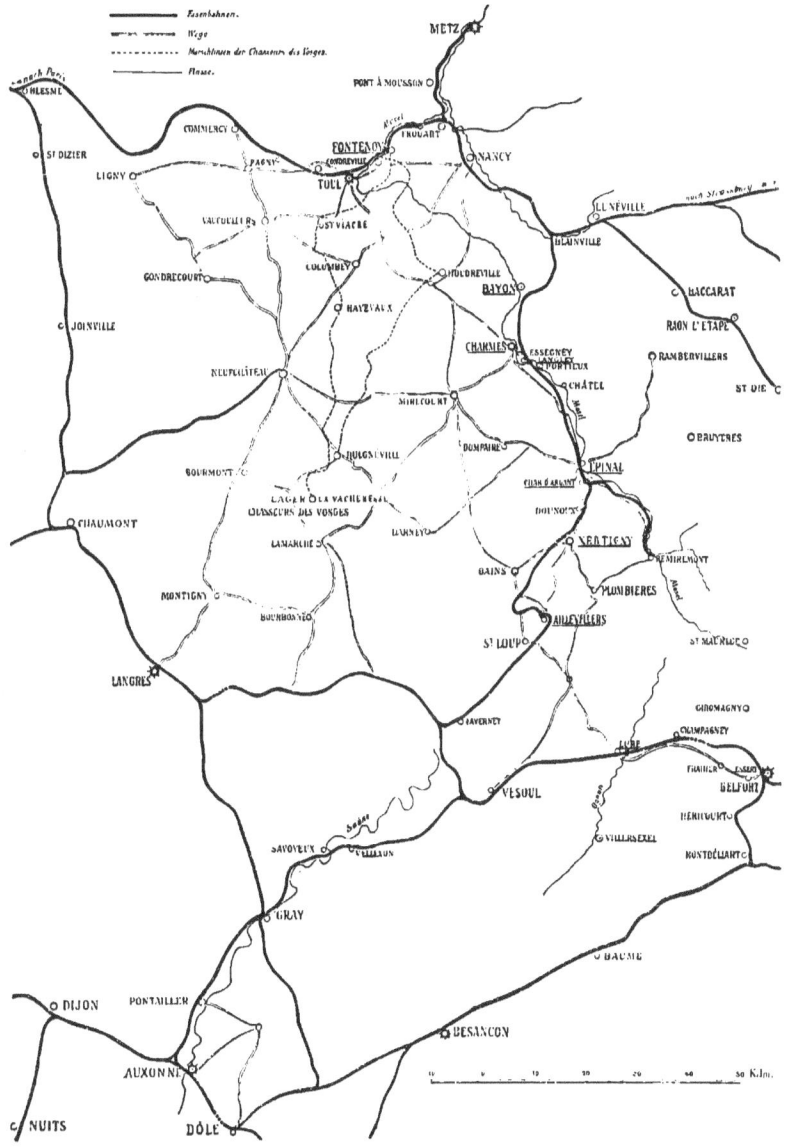

www.ingramcontent.com/pod-product-compliance
Lightning Source LLC
Chambersburg PA
CBHW020824230426
43666CB00007B/1096